La fin d'un Québec traditionnel
1914-1939

I. Histoire
Du Canada à «Notre État français»

DU MÊME AUTEUR

Histoire de la Nouvelle-France, 1524-1760, HMH, 1967, 249 p. (en coll. avec Noël Vallerand).

Histoire de l'Amérique du Nord britannique, 1760-1867, HMH, 1971, 370 p. (en coll. avec Noël Vallerand).

Civilisation et vie quotidienne en Nouvelle-France, Guérin, 1973, 1000 diapositives accompagnées d'un volume (207 p.) de commentaires et d'une bibliographie thématique.

Les voyages de Jacques Cartier, avec introduction, notes et commentaires. Remis en français moderne avec la collaboration de Marie Couturier, HMH, Cahiers du Québec, 1977, 158 p.

Les édifices conventuels du Vieux Montréal, HMH, Cahiers du Québec, 1980, 600 p.

Guy Delahaye ou la modernité littéraire, HMH, Cahiers du Québec, 1987, 549 p.

Guy Delahaye. Œuvres, édition critique, avec présentation, notes et variantes, HMH, Cahiers du Québec, 1988, 406 p.

Le Québec, 1830-1939 — Bibliographie thématique: Histoire et littérature, HMH, 1990, 173 p.

George Monro Grant. Le Québec pittoresque, présentation, HMH, Cahiers du Québec, 1991, 276 p.

ROBERT LAHAISE

La fin d'un Québec traditionnel 1914-1939

I. Histoire
Du Canada à «Notre État français»

Essai

l'HEXAGONE

Éditions de l'HEXAGONE
Une division du groupe Ville-Marie Littérature
1010, rue de la Gauchetière Est
Montréal, Québec H2L 2N5
Tél.: (514) 523-1182
Télécopieur: (514) 282-7530

Maquette de la couverture: Christiane Houle
Photo de la couverture: Le R-100 à Montréal en provenance d'Angleterre, on le retrouve au Canada du 1er au 13 août 1930.
Source: Musée McCord, MP 005/91 (1). Archives Notman.
Mise en pages: Édiscript enr.

DISTRIBUTEURS EXCLUSIFS:

• Pour le Québec, le Canada et les États-Unis:
LES MESSAGERIES ADP*
955, rue Amherst, Montréal, Québec H2L 3K4
Tél.: (514) 523-1182
Télécopieur: (514) 939-0406
* Filiale de Sogides ltée

• Pour la Belgique et le Luxembourg:
PRESSES DE BELGIQUE S.A.
Boulevard de l'Europe, 117, B-1301 Wavre
Tél.: (10) 41-59-66
(10) 41-78-50
Télécopieur: (10) 41-20-24

• Pour la Suisse:
TRANSAT S.A.
Route des Jeunes, 4 Ter, C.P. 125, 1211 Genève 26
Tél.: (41-22) 342-77-40
Télécopieur: (41-22) 343-46-46

• Pour la France et les autres pays:
INTER FORUM
Immeuble ORSUD, 3-5, avenue Galliéni, 94251, Gentilly Cédex
Tél.: (1) 47.40.66.07
Télécopieur: (1) 47.40.63.66
Commandes: Tél.: (16) 38.32.71.00
Télécopieur.: (16) 38.32.71.28
Télex: 780372

Dépôt légal: 2e trimestre 1994
Bibliothèque nationale du Québec
Bibliothèque nationale du Canada

ISBN 2-89005-513-8

Avant-propos

Deux constatations ont orienté le présent essai. D'une part, la littérature suit l'histoire, particulièrement dans une jeune société comme celle du Québec, qui, avant le deuxième conflit mondial, n'a guère eu le loisir de s'adonner à la gratuité de «l'art pour l'art». D'autre part, les écrivains publiés, faisant généralement partie des privilégiés — particulièrement encore dans ce même Québec traditionnel et conservateur d'avant 1940 — ont tendance à favoriser un certain *statu quo* et même à recycler nos défaites et erreurs en autant de victoires. Et c'est ainsi qu'on les retrouvera, pour la plupart, chantres indéfectibles:

— d'une «Conquête providentielle» en 1760, puisque la France est devenue athée;
— d'une Union bienfaisante, puisqu'elle permet aux Patriotes de 1837 de se retrouver dans de lucratives fonctions gouvernementales;
— d'une terre salvatrice, puisque l'industrie et le commerce sont réservés aux mercantiles Anglo-Saxons;
— d'une messianisation de notre saignée migratoire en Nouvelle-Angleterre, puisque nous convertirons les Anglo-Américains et les ferons bénéficier de notre supériorité culturelle;
— d'une chasteté morbido-obsessionnelle, puisque seul le sexe est interdit au curé;
— d'un misérabilisme choyant tuberculose et pauvreté, puisque nous sommes scrofuleux et pauvres;
— d'un nombrilisme, enfin, dithyrambiquement compensatoire, puisque notre politique est dirigée par Londres et

Ottawa, notre économie, par Londres, le *Golden Square Mile* et New York, et notre religion, par Rome!

Que reste-t-il, ô mânes, que reste-t-il, sinon de «traduire sans trahir» les silences ou insistances de nos écrivains, qui apparaissent alors aussi révélateurs de leurs fantasmes que de ceux des marginalisés! Et qu'on ne nous répète surtout pas que, sous prétexte d'obligatoirement se resituer dans un contexte historique, il faille nécessairement penser comme les mandarins de l'époque étudiée. Ce qui était alors stupide le demeure toujours. Reste évidemment à s'entendre sur la stupidité!

❏

Quant à la périodisation adoptée, tout choix étant aussi subjectif que discutable, je me contenterai de préciser ici pourquoi je pense que notre histoire et notre littérature, osmotiques, peuvent se diviser en trois grandes parties: 1534 à 1830, 1830 à 1939 et 1939 à aujourd'hui.

De l'époque de Jacques Cartier jusqu'à l'obtention d'un gouvernement responsable, nous ne formons qu'une colonie: française jusqu'à la défaite de 1760 — comment peut-on appeler Conquête le fait d'être battu! — et anglaise jusqu'en 1848, mais avec un impérialisme fortement contesté à compter des années 1830. Dans son célèbre discours loyaliste de 1820, Louis-Joseph Papineau considère que George III «respecté» a heureusement succédé à Louis XV «méprisé». Toutefois, le projet d'une Union assimilatrice que Londres veut imposer aux Canadiens français en 1822 lui fera progressivement perdre ses illusions d'une nation s'acheminant vers l'autonomie sous le protectorat britannique. Et vers 1830, avec ce *grand vent de liberté* qui balaie l'Occident «du Saint-Laurent aux rives de la Seine», les Patriotes se radicalisent et Papineau se républicanise...

Et qu'en est-il de notre littérature? Depuis ce même Jacques Cartier jusque vers 1830 toujours, les écrits concernant le Canada sont essentiellement rédigés par des Européens et imprimés en Europe. Certes, depuis 1764, une édition embryonnaire permet à quelques-uns des nôtres un commencement d'expression grâce au journalisme, mais on ne peut parler pour autant de *littérature* autochtone.

Or en 1830, en plus de notre premier recueil de poèmes — *Épîtres, satires, chansons, épigrammes et autres pièces de vers*, de

Michel Bibaud — commencent à paraître régulièrement des poèmes nationalistes dans divers journaux. Georges Boucher de Boucherville publie en 1835 nos deux premiers contes, *La tour de Trafalgar* et *Louise Chawinikisique*, et deux ans plus tard paraissent nos deux premiers romans, *L'influence d'un livre*, de Philippe Aubert de Gaspé fils, et *Les révélations du crime*, de François-Réal Angers. En cette même année 1837 — faste s'il en fut — Pierre Petitclair fait éditer *Griphon ou la vengeance d'un valet*, notre première comédie, et Napoléon (plus prosaïquement né Aimé-Nicolas) Aubin entreprend la publication du *Fantasque*, notre premier journal sarcastico-humoristique. Notre littérature est née. Pour ces diverses raisons, l'ère coloniale des années 1534-1830 nous a paru devoir fournir matière à une éventuelle première partie. Le siècle suivant (1830-1939) fera l'objet de la seconde.

Donc, vers 1830, alors que débute notre littérature, les Canadiens français prennent conscience que leur nation distincte ne pourra s'épanouir à l'intérieur de l'empire britannique. Après l'échec des rébellions, toutefois, le Québec, recroquevillé dans une religiosité craintive, tente péniblement de s'assurer une survie vaguement autarcique. Outre le Seigneur, on y chérira tout particulièrement *Je me souviens*, famille et terre. Mais à la veille du deuxième conflit mondial, la terre ne nourrit justement plus sa famille, et le Québécois ne se souvient plus très bien où se situe sa patrie.

Pour cette deuxième partie, s'étendant de 1830 à 1939, j'ai cru qu'une quadruple subdivision pouvait se justifier, toujours en tenant compte de l'interpénétration de l'histoire et de la littérature.

En premier lieu, de 1830 à 1860: «libéralisme sans liberté». Entraîné dans le grand mouvement libéralisant d'alors, le Québec de Papineau croit pouvoir tout espérer d'une métropole apparemment hésitante. Le réveil sera amer, mais l'Angleterre ne nous en accorde pas moins en 1848 le gouvernement responsable. Après une douzaine d'années d'unitarisme boiteux, le besoin d'une nouvelle constitution se fait profondément sentir. C'est durant ces années qu'on assiste à la naissance de notre littérature, Garneau et Crémazie ressuscitant un passé romantiquement revalorisé.

Au cours de la période allant de 1860 à 1896, la Confédération bâtit de toutes pièces un pays à la mesure et aux goûts d'une majorité définitivement anglophone. Et dans un Québec paradoxal, on retrouve, d'une part, un repli satisfait par les articles 92 et 93 du British North America Act lui accordant juridiction sur ses constitutions, affaires sociales et enseignement, et, d'autre part, un étrange messianisme où ces mêmes Québécois — sans pouvoir externe — se considèrent comme mandatés par le Père éternel pour promouvoir catholicisme et culture française dans un Occident aussi athée que mercantile. À compter de 1860, et pour le tiers de siècle à venir, les principaux écrivains d'une théorique «École patriotique de Québec» se feront les hérauts de cette mission clérico-nationaliste.

De 1896 à 1914, ouverture embryonnaire sur le monde et son esprit nouveau. Ce sera «le siècle du Canada», proclament les libéraux qui viennent de prendre le pouvoir après une trentaine d'années de purgatoire. Après avoir façonné la formidable ascension étatsunienne au XIXe siècle, les immigrants, espère-t-on, viendront maintenant faire de même au pays. Multiplication des voies de chemins de fer, création d'une flotte «canadienne en temps de paix et impériale en temps de guerre», peuplement de l'Ouest qui deviendra le «grenier de l'Occident», tout respire la prospérité. Les pionnières du féminisme naissant réclament leur juste part, et le modernisme — «synthèse de toutes les hérésies», geignait Pie X — fait une entrée discrète. En 1896 toujours, mais dans le Québec de l'*intelligentsia* cette fois, on fonde l'École littéraire de Montréal. Initialement polyvalente, elle accueille aussi bien les symbolistes que les parnassiens ou les régionalistes. Et jusqu'à la toute veille du premier conflit mondial, les exotistes, champions de l'universalisme et de l'art pour l'art, tiendront tête aux terroiristes, défenseurs d'un Québec traditionaliste. Mais ce juvénile enthousiasme de début de siècle se voit soudainement balayé par les «choses sérieuses»: la Première Guerre mondiale et ses suites.

De 1914 à 1939, le Canada suit l'Angleterre dans ses luttes impérialistes, se fait récompenser par le *statut de Westminster*, et s'embourbe — comme tout l'Occident d'ailleurs — dans la crise économique. C'est l'époque de la «sainte misère» et, littérairement parlant, on évacue les exotistes friands d'une Europe chaotique et païenne pour permettre un retour en force des terroiristes. Seules demeurent immuables et salvatrices l'Église et la terre. Mais cette dernière, épuisée, apparaît déphasée. L'année 1938 voit également s'achever un autre monde bien à nous, celui du roman historique, avec ses petits *Engagés du Grand Portage*, et celui du roman du terroir, avec ses *Trente arpents liquidés*.

À l'été de 1939, on réserve un accueil triomphal à George VI qui, comme par hasard, vient nous rendre visite. «L'Angleterre — murmure-t-on — se battra jusqu'au dernier homme de ses colonies».

Suivra enfin, de ce début de la Deuxième Guerre mondiale à aujourd'hui, un Québec inexpérimenté tentant de s'ouvrir à une certaine mondialisation des problèmes.

À l'intérieur de ce grand tout 1534-1994, seule sera vue la période couvrant les années 1914 à 1939. Intitulée globalement *La fin d'un Québec traditionnel*, elle comprendra trois tomes. Le premier, consacré à l'histoire, a pour titre *Du Canada à «notre État français»*, alors que le deuxième, portant sur la littérature, sera chapeauté par un nataliste *Dieu le ber*. Le troisième, enfin, comprendra les documents littéraires commentés illustrant les thèmes majeurs de cette période.

Du Canada à «Notre État français» 1914-1939

Dans une optique québécoise de l'histoire, précisons qu'en 1914, l'homme important s'appelle Henri Bourassa, croyant fermement en un Canada respectueux des «deux nations fondatrices» — on oublie les Amérindiens — *a mari usque ad mare*. Un quart de siècle plus tard, Bourassa a été remplacé dans le cœur des Canadiens français par l'abbé Lionel Groulx, s'exclamant en 1937: «Notre État français, nous l'aurons!"

D'un point de vue *canadian* cette fois, ajoutons que Bourassa et Groulx sont souvent perçus comme traîtres, et que mondialement, en ce début du XXe siècle, l'Europe semble encore bien convaincue que son impérialisme découle de droit divin, et que les populations et les matières premières des autres continents n'existent qu'en fonction de ses plaisirs et besoins.

Il y aura toutefois un obstacle à cette prétention, lorsque les métropolitains utiliseront systématiquement les colonisés comme chair à canon. «Les petits, les obscurs, les sans-grades» réclameront alors le droit de parole et bientôt d'action, provoquant de la sorte un réajustement des pouvoirs qui sera accompagné, comme il se doit, de pleurs et de grincements de dents.

En littérature, les valeurs d'inspiration européenne, prônées par les exotistes, apparaissent tristement païennes, et sont vite repoussées au profit d'une revitalisation des saines traditions terroiristes. Et, le bonheur n'étant point de ce monde, bénie soit cette crise économique qui nous rapproche d'autant du Seigneur. Il n'en demeure pas moins que la terre, jusqu'ici salvatrice, ne nourrissant plus sa famille, il faut maintenant la quitter pour la ville qui, elle, ne semble point de notre monde!

CHAPITRE PREMIER

Canada: Guerre et salaires

Au début du XXe siècle, une série d'alliances aboutit à la formation de deux blocs agressivement opposés: d'une part, la Triplice, comprenant l'Allemagne, l'Autriche-Hongrie et l'Italie, et d'autre part, la Triple Entente, engageant la France, l'Angleterre et la Russie. Ne prenant pas de chance, l'Italie avait également signé un traité d'alliance avec la France en 1906.

Le ressort tendu, il faut un prétexte à l'éternel bellicisme européen, et ce sera l'assassinat par un Serbe, le 28 juin 1914, de l'archiduc et futur empereur d'Autriche, François-Ferdinand. Après avoir consulté l'Allemagne, l'Autriche déclare la guerre à la Serbie le 28 juillet, sachant fort bien que cette dernière était protégée par les Russes. D'où la participation à la guerre de la Russie avec la France et l'Angleterre contre l'Autriche, l'Italie et l'Allemagne, laquelle avait conclu le 2 août un traité secret avec la Turquie. Quant au Japon, allié de l'Angleterre depuis 1902, et désireux de s'emparer de certaines possessions de l'Allemagne en Extrême-Orient, il déclare la guerre à cette dernière le 23 août.

Or un vieux brocard internationaliste a toujours cours: «Métropoles en guerre, colonies en guerre». Que feront donc le Québec — particulièrement concerné par l'«archiducal décès» — et le Canada en semblable galère?

Première Guerre mondiale

Avec ses quelque sept millions et demi d'habitants, le Canada de 1914 éprouve le besoin d'un arrêt provisoire pour digérer ses deux millions et demi d'immigrants récents, le parachèvement dispendieux de ses trois réseaux de chemin de fer et sa dette de 336 millions de dollars[1]. Mais l'entrée en guerre de sa métropole viendra tout bouleverser. Il s'agira toutefois de savoir jusqu'à quel point le dominion s'y engagera. Or les prémices ne sont guère encourageantes. Depuis que Joseph Chamberlain — ministre des Colonies rêvant d'une fédération politique au service de la Couronne — a convaincu ces mêmes colonies de participer à la guerre des Boers qui leur était totalement étrangère, le précédent, dénoncé par Henri Bourassa, est consommé. Et comme, en outre, les anglophones se voient mystiquement reliés à la mère patrie et prêts — comme le dira bientôt Arthur Meighen, futur premier ministre — à «mettre le Canada en banqueroute» pour sauver l'Angleterre, les 28 % de francophones ne pourront guère que regimber.

Depuis 1911, les conservateurs de Borden ont remplacé Laurier; ils ont tenté — vainement, à cause du refus des sénateurs majoritairement libéraux —, de créer une marine de guerre au service de l'Empire. Aussi, lorsque, le 4 août, l'Angleterre déclare la guerre à l'Allemagne, tensions et passions s'entrechoquent-elles au Parlement canadien, mais sans qu'aucune contribution n'y ait été jusqu'alors décidée. On ne perd toutefois rien pour attendre…

Comme le Canada se trouve «en état juridique de guerre», dès le 6 août, le cabinet Borden ordonne la levée d'un contingent de volontaires, l'envoi d'un million de sacs de farine à l'Angleterre et fait voter à cette dernière un crédit de 50 millions de dollars. Car, précise le premier ministre: «Nous sommes tous d'accord sur notre devoir; dans cette lutte, nos cœurs battent à l'unisson avec ceux de l'Angleterre et des autres colonies anglaises. […] L'honneur du Canada l'exige […] pour soutenir les principes de liberté.» Et Laurier de renchérir: «pour défendre la civilisation contre le désir effréné des conquêtes et de la domination[2]». Et il est de notoriété publique qu'en 1900, ce ne sont surtout pas les Britanniques qui pourraient penser à de telles *conquêtes et à la domination*.

Aussi, dès le 3 octobre 1914, un contingent de 32 000 Canadiens, dont 1200 francophones — accompagné de 15 000 chevaux et s'étendant sur 35 kilomètres! —, descend-il le Saint-Laurent pour «défendre la liberté». Durant les quatre années qui suivront, des 619 227 hommes en service actif, 427 227 iront au front[3], commandés par des anglophones et en anglais.

Initialement, il s'agit de volontaires, et le 17 janvier 1916, Borden peut encore déclarer: «J'ai clairement fait entendre à la population canadienne que nous n'entendons pas établir de conscription. Je le déclare de nouveau et explicitement.» Mais quelques mois plus tard, il prévenait discrètement les directeurs de banque de former des commis féminins, parce que les hommes seraient bientôt enrôlés. Ce fut là une belle démonstration d'hypocrisie, répétée telle quelle un quart de siècle plus tard et sur laquelle nous reviendrons dans la partie consacrée au Québec, étant donné que l'histoire officielle a voulu faire de cette province la seule à refuser l'enrôlement! Bien à tort toutefois, car à la suite de ladite conscription votée le 24 juillet 1917, environ 93 % des mobilisables — célibataires ou veufs sans enfants, âgés de vingt à trente-cinq ans — de *toutes* les provinces, demandèrent l'exemption. Autrement dit, les candidats au suicide se révélaient sans race. Et c'est ainsi qu'on apprendra en avril 1919 de la bouche même d'Arthur Meighen[4], alors ministre intérimaire de la Justice, combien demandèrent d'être exemptés (voir le tableau suivant).

TABLEAU I

	Hommes inscrits	Exemptions demandées
Ontario	124 965	116 092
Québec	115 602	113 291
Saskatchewan	45 536	43 318
Alberta	28 076	25 389
Nouvelle-Écosse	25 616	23 556
Manitoba	22 515	20 124
Colombie-Britannique	18 169	15 075
Nouveau-Brunswick	16 902	15 553
Île-du-Prince-Édouard	4 501	4 231

Shocking! Mais revenons à 1917, et haro quand même et haro toujours sur le Québec. Tellement d'ailleurs qu'on parle à Toronto d'«employer la force» pour mater ces éternels récalcitrants. Quelque 18 000 Québécois optent alors pour «les champs et les bois». Au printemps de 1918, la police fédérale tente de les retracer, les tensions s'exaspèrent, Toronto envoie un bataillon «d'Anglais» à

Québec, l'émeute éclate et le 1er avril, cinq Québécois sont tués. Mais la guerre achève, les *exemptions-shocking* se multiplient, et finalement très peu de conscrits se rendront outre-mer.

❑

Que retire globalement le Canada de sa participation à cette Première Guerre mondiale? Les conséquences sont on ne peut plus concrètes: 60 661 tués, quelque 150 000 blessés, et l'endettement a plus que quintuplé durant ces quatre années, dépassant maintenant les deux milliards de dollars.

Sur le plan national, anglophones et francophones se sont entre-déchirés, mais il en va de même depuis... 1628 au Canada, et 1066 en Europe! En outre, et comme toujours en temps de crise, le fédéral en a profité pour accroître ses pouvoirs, tant politiques que de taxation — impôts sur les compagnies en 1916 et sur les particuliers en 1917 — refusant évidemment de s'en départir par la suite.

Économiquement toutefois, les provinces des Prairies ont doublé leurs exportations de produits agricoles, alors que l'industrie des provinces centrales a presque triplé, et que la population y est devenue majoritairement urbaine. Institutions bancaires et financières ont dû s'adapter à ces transformations rapides et s'internationaliser. Enfin, de un milliard de dollars qu'il était en 1914, le commerce extérieur est passé à deux milliards et demi en 1918, faisant du Canada la huitième nation commerçante au monde.

Un tel bond commande des dividendes, et, comme le dit Borden: «On aurait tort de s'attendre à ce que nous envoyions 400 000 à 500 000 hommes sur le front et que nous acceptions de n'être pas plus pris en considération que si nous étions des jouets mécaniques.» Nous examinerons à cet effet ce qu'il en sera, d'une part, sur le plan international, et d'autre part, sur le plan canadien.

Salaire externe

> Les contrées qui s'associent pour porter l'épée ont le droit de s'associer pour porter le sceptre.

Cette phrase, digne d'être gravée dans le bronze, est d'Ernest Lapointe, successeur de Laurier comme chef de file des Canadiens français au fédéral. C'est ce même Ernest Lapointe qui, vingt ans plus tard, après avoir tonitrué sans cesse contre la félonie des conservateurs ayant imposé la conscription de 1917, nous mènera posthumement à celle de 1944. En attendant, si le Canada ne tient guère à se doter d'une politique extérieure précise, il veut cependant éviter d'être éternellement pris dans l'engrenage de conflits qui ne le concernent aucunement. Il lui faut donc — comme le de Gaulle de 1940 à Londres... — convaincre les autres qu'il existe. Les débuts ne seront pas faciles!

En 1915, on avait bien permis à Borden d'assister à Londres à un Conseil des ministres, mais un peu — chuchotait-on — comme un fiston qu'on invite au salon... L'année suivante, les premiers ministres des dominions participent officiellement aux réunions du British War Cabinet qui se transforme alors en Imperial War Cabinet. À la Conférence de guerre impériale de 1917, il est statué que tout amendement «devait reconnaître le droit des dominions et de l'Inde à faire entendre leurs voix en matière de politique et de relations étrangères» et, en 1918, on autorise le premier ministre d'un dominion à s'adresser directement au premier ministre de l'Angleterre, sans passer par le Colonial Office. Mais c'est bel et bien avec la fin du premier conflit mondial que sonne la *minute de vérité*.

Après tous ses efforts de guerre, le Canada sera-t-il encore considéré comme un mineur? En octobre 1918, Borden est invité à la Conférence des préliminaires de la paix, mais en tant que membre de la délégation britannique... Il demande que chacune des colonies soit distinctement représentée, ce qu'on lui accorde, car, en fait, l'opposition venait surtout des États-Unis et non de l'Angleterre, qui augmentait de la sorte sa représentation. Il en sera de même lors de la signature du traité de Versailles, le 28 juin 1919, que Borden soumettra — plutôt symboliquement — au Parlement canadien. Peu de temps avant, soit le 14 février, le Canada était devenu membre de la Société des Nations, à titre individuel.

En 1921, à la première conférence impériale d'après-guerre, les Britanniques veulent renouveler leur traité de 1902 avec le Japon. Or les États-Unis ne s'entendent pas avec ce dernier relativement à certaines possessions dans le Pacifique. Pris entre les États-Unis et l'Angleterre, le Canada se prononce finalement contre le renouvellement de ce traité, affirmant ainsi une politique extérieure différente de celle de l'Angleterre.

L'année suivante, à Chanak, petit port des Dardanelles, l'Angleterre, dont les intérêts commerciaux sont opposés à ceux de la

Turquie, entre en guerre avec cette dernière et demande l'aide militaire canadienne. L'hystérie reprend et, à Toronto, on s'écrie: «*Ready, aye, ready!*» Mais le Québec ne se sentant guère prêt à mourir pour Chanak, Mackenzie King, nouveau premier ministre du Canada, tergiverse, puis, finalement, Turcs et Anglais s'entendent.

En 1923, on passe de Chanak au flétan, afin de s'entendre avec les États-Unis pour réglementer cette pêche dans le Pacifique. Jusqu'alors, l'ambassadeur britannique à Washington signait seul, ou avec un représentant canadien, ces traités commerciaux. On avait d'ailleurs déjà préparé un traité intitulé «Convention entre les États-Unis et la Grande-Bretagne», titre que King veut changer en «Convention entre les États-Unis et le Canada»; il demande en outre qu'Ernest Lapointe, ministre de la Marine et des Pêcheries, soit habilité à le signer seul. Londres accepte ce second point, et titre l'entente à la Salomon: «Traité du Flétan». Le 2 mars, Lapointe «eut l'honneur insigne et sans précédent — comme le dira Meighen, scandalisé par un tel "affront", à la Chambre des communes le 27 juin — de signer seul le traité sans avoir à se heurter, dans toute sa gloire, à la signature de l'ambassadeur d'Angleterre». À cette remarque Lapointe répond: «Nous ne sommes pas en 1830; nous sommes en 1923 et personne ne devrait l'oublier [...] En signant ce traité et en acceptant la signature du Canada au bas de celui-ci, les États-Unis ont reconnu le statut international du Canada.» Lors de la conférence impériale suivante, on convient que les colonies peuvent signer de tels traités lorsque les intérêts britanniques ne sont pas en jeu. Pourquoi donc Bourrassa est-il seul à parler alors d'une «politique canadienne confectionnée à Londres et ratifiée à Ottawa par une majorité d'eunuques»?...

En cette même année, le Canada conteste l'article 10 de la Société des Nations qui stipule qu'en cas de guerre, le Conseil de ladite Société pouvait obliger ses membres à répondre par la force à l'agresseur. Il demande que ce soit au Parlement canadien de décider. La Société accepte cet amendement, considéré comme une «grande victoire canadienne». En d'autres termes, que l'Europe s'entre-déchire si ça l'amuse, mais comme on n'y a strictement aucun intérêt, qu'on nous laisse respirer.

> Trop de nos Gouvernements, depuis une trentaine d'années, ont semblé oublier que le Canada est un pays d'Amérique. Cette réalité est pourtant plus vraie, et de beaucoup, que tous

> les artifices de l'impérialisme panbritannique et les niaises ritournelles sur «nos deux mères patries»[5].

En fait, cette suite d'événements habitue les autres nations à considérer les dominions comme des entités différentes de la Grande-Bretagne. Il s'agit maintenant d'officialiser ces prémices. C'est ce que l'on tentera de réaliser à la Conférence impériale de 1926 dans le rapport Balfour — du nom du Britannique qui la préside — en définissant ce «groupe de pays autonomes composé de la Grande-Bretagne et des dominions».

> Ce sont, au sein de l'Empire britannique, des collectivités autonomes de statut égal; elles ne sont d'aucune manière subordonnées les unes aux autres à aucun point de vue domestique ou extérieur; mais elles sont unies par une allégeance commune à la même couronne et associées librement comme membres du Commonwealth des nations britanniques.

«Nous ferions tout aussi bien de chercher la quadrature du cercle», commentera Bourassa[6]. Surtout qu'il ne s'agit même pas d'une loi, mais uniquement d'une déclaration de principes! Entretemps toutefois, le Canada nomme ses premiers ambassadeurs: en 1927 à Washington, et l'année suivante, à Paris ainsi qu'à Tokyo. Dans le premier cas, R. B. Bennett, chef de l'opposition conservatrice, s'en scandalise et précise:

> Je suis absolument opposé à l'installation de cette ambassade à Washington. Cette innovation donne corps à la doctrine de la séparation; dans l'esprit d'un bon nombre, c'est le commencement de la fin de nos relations avec l'Empire[7].

Décidément, *it's a long way to...*!

On utilise pourtant le rapport Balfour comme document de travail, on forme un comité pour le préciser et éventuellement l'officialiser, ce qui sera chose faite en 1931, lorsque le Parlement britannique adopte le statut de Westminster qui reconnaît le statut d'États autonomes au Canada, à l'Australie, à la Nouvelle-Zélande, à l'Union sud-africaine, à l'Irlande et à Terre-Neuve. Dorénavant, chaque dominion pourra définir sa propre politique extérieure, et on entérine les divers traités que ces États avaient déjà ratifiés depuis une dizaine d'années. On abroge en outre le Colonial Laws

Validity Act promulgué en 1865 et qui rendait automatiquement nulle toute loi coloniale dans la mesure où elle allait à l'encontre d'une loi britannique. Enfin, Londres ne pourra plus désavouer ni réserver une loi canadienne, ce qui de toute façon ne s'était pas produit depuis 1873 dans le premier cas et 1886 dans le second.

Pour certains impérialistes, il s'agit là d'une rupture scandaleuse avec la Grande-Bretagne, «terre de toutes les libertés». Ainsi pense cet ultra-loyaliste-royaliste, Church, député de Broadview, qui affirmait: «Nous avons été vendus pieds et poings liés[8]», ou encore notre heureusement unique Thomas Chapais qui, devant ses étudiants, levait les bras au ciel, désespéré par autant d'autonomie[9].

Pour les nationalistes par contre, «la quadrature du cercle» se perpétue, avec sa «commune allégeance à la Couronne». Le Québec a toujours son lieutenant-gouverneur, qui représente le toujours britannique gouverneur général, qui représente le roi, qui, ajoutait-on, ne représente rien. La Cour suprême canadienne n'est pas suprême puisqu'on en appelle encore au Conseil privé de Londres, le drapeau canadien demeure l'Union Jack, le statut de Westminster n'a pas été notifié officiellement aux autres pays, et on continue à employer indifféremment l'appellation de Commonwealth ou d'Empire. Quant à cette belle autonomie dont on s'enorgueillit, qu'en adviendra-t-il en cas de conflit majeur? Laissons à l'avenir — «qui n'appartient qu'à Dieu...» — le soin d'en décider. Après avoir vu de quelle façon l'Angleterre a récompensé en relative indépendance l'effort de ses colonies, examinons maintenant la politique intérieure du Canada. Encore là, les suites de la guerre y sont manifestes, plutôt positives dans la douzaine d'années qui suivent, mais tragiques à compter de 1930.

Salaire interne: conservateurs perdants, 1918-1921

Au lendemain d'une guerre, un réajustement — généralement pénible — s'impose toujours. Pour Robert Borden, premier ministre conservateur depuis 1911 et réélu en 1917, les conséquences de la conscription pèsent lourd dans les milieux nationalistes. En outre, le passage d'une économie de guerre à une économie de paix implique l'investissement d'énormes capitaux — pour un pays désormais endetté de plus de deux milliards de dollars! — sans compter le recyclage des ouvriers. Enfin et surtout, comment réintégrer ce demi-million de militaires démobilisés, dont quelque 150 000 blessés? Complètement débordé, Borden se fait remplacer en juillet 1920 par Arthur Meighen, avocat aussi aristocratique que frigorifiant, qui ne pourra rien faire de plus!

En effet, grèves et chômage prennent une telle ampleur qu'ils réactivent des partis politiques moribonds ou donnent naissance à de nouveaux, principalement dans l'Ouest. Quant aux provinces centrales, on y voit apparaître un clivage racial, alors qu'on vote *conservateur-conscription* en Ontario et libéral au Québec, parce que ce parti, ayant eu la chance de former l'opposition, a feint d'être contre la conscription!

Pour connaître la situation du monde ouvrier canadien au sortir de la guerre, faisons une brève rétrospective. Depuis 1873, les anglophones tentent de regrouper les ouvriers *from coast to coast.* Ils y parviennent partiellement en 1892 avec la formation d'une centrale appelée Congrès des métiers et du travail du Canada (CMTC). On y décide bientôt de former un parti politique, qui aboutit au Labour Party en 1899, lequel enverra quelques rares députés à Ottawa jusqu'à la crise économique. Avant la guerre de 1914-1918, on comptait quelque 175 000 syndiqués canadiens et plus de 375 000 quatre ans plus tard, dont 260 000 dans les unions internationales. Exaspérés par le chômage ainsi que par le recyclage de l'économie de guerre à l'économie de paix, et impressionnés par la révolution russe de 1917, nombre de représentants du monde ouvrier — généralement financés par le CMTC — se réunissent à Calgary en mars 1919 et dans une atmosphère survoltée, ils réactivent un Labour Party moribond.

Cette radicalisation des positions provoque en mai 1919 une grève générale à Winnipeg, près de 35 000 ouvriers paralysant la ville jusqu'au 21 juin, alors que les policiers dispersent les grévistes en faisant deux morts et de nombreux blessés. On emprisonne les chefs, qu'on accuse de bolchevisme, les grévistes retournent au travail et le Labour Party se voit à nouveau discrédité.

Les fermiers, pour leur part, sont également mécontents. Principale raison: de 1900 à 1915, le réseau de chemin de fer doublait pour atteindre quelque 50 000 kilomètres au début de la guerre, au moment où l'immigration chute drastiquement, passant de 400 870 en 1913 à 41 845 en 1918[10]. Ce vaste réseau qui dessert une population réduite coûte une fortune; on augmente donc les tarifs pour compenser, mais on enlève de la sorte aux fermiers la possibilité de rentabiliser leurs exportations. Ceux-ci se réunissent à Winnipeg en 1920, et fondent The National Progressive Party. Principales réclamations: l'implantation d'un système coopératif, la réduction des tarifs de chemins de fer, la réciprocité avec les États-Unis et une aide fédérale accrue aux fermiers. Donc, fermiers et ouvriers de l'Ouest protestent violemment, alors que, dans le reste du pays, les problèmes de réadaptation se ressemblent et qu'en outre francophones et anglophones se disputent de plus belle. En somme — comme l'aurait dit Lesage — «faut que ça change»!

Libéraux bénéficiaires, 1921-1930

Dans la première moitié du XXe siècle, le Parti libéral aura la chance — ou le génie ou les deux — de prendre ou de perdre le pouvoir au moment propice: prospérité sous Laurier, guerre et séquelles sous Borden-Meighen, prospérité sous Mackenzie King, crise sous Bennett, et reprise sous le même King.

King, petit-fils du héros du même nom du Haut-Canada en 1837, est député libéral depuis 1909 et devient chef de l'opposition dix ans plus tard, à la mort de Laurier. Plus chaleureux que l'arrogant Meighen — traité d'ailleurs d'«Antéchrist» au Québec... — King prend le pouvoir le 6 décembre 1921, alors qu'on inaugure le droit de vote pour les femmes. Le Parlement est formé de 117 libéraux, 50 conservateurs, et — preuve d'un profond mécontentement, principalement dans l'Ouest — de 65 progressistes. Mais devant la somme, 117 contre 115, King doit s'adjoindre les progressistes.

Il y parvient en partie, en établissant une vague planification agricole incluant le système coopératif et en abaissant les fameux tarifs ferroviaires. Mais pour ce, il doit procéder, en 1923, à l'étatisation des différentes lignes construites durant le *boom* précédant 1914. Le coût: 700 000 000 $. Donc, rendre les *westerners* heureux n'entraîne pas nécessairement la réciproque pour les autres Canadiens. Surtout que, parmi ces derniers, les Québécois opposés à la conscription qui avaient envoyé à Ottawa 65 libéraux sur une possibilité de 65 sièges — «Les Canadiens français vont dominer le Canada pendant cinq ans», affirmait *The Orange Sentinel* le 20 décembre 1921 — ne s'estimaient absolument pas récompensés pour autant. En effet, deux semaines après son élection, King approuve la formation d'une commission franco-américaine pour une éventuelle canalisation du Saint-Laurent. Or, c'était toucher là aux sacro-saintes entrailles québécoises: «Pas une goutte d'eau du Saint-Laurent ne nous sera enlevée», clame Taschereau, prévoyant le déclin de Montréal avec un port qui ne serait plus terminal. Mais Américains et Ontariens savent patienter; ils reviennent continuellement à la charge, et finalement obtiendront ladite canalisation en 1959. Bref, durant les années 1922-1925, les Québécois manifestent un certain mécontentement alors qu'ils constatent qu'en plus, King, maintenant sûr de leur appui grégaire, distribue tous les hauts postes aux anglophones. Tous? Que non! Sur les dix-neuf postes de sous-ministres, il en réserve un au général Eugène Fiset, à la Milice, poste d'autant plus important que la guerre vient de se terminer!

Il reste que devant la précarité de sa situation, et misant sur ses réformettes, sur l'économie qui s'améliorait et — un petit spécial pour le Québec — sur le fantôme de la conscription, il déclenche des élections pour le 29 octobre 1925. Grande première, c'est la TSF (télégraphie sans fil), cette fois, qui transmet les résultats: 116 conservateurs, 24 progressistes, 4 indépendants et 101 libéraux. Chez ces derniers, 61 proviennent du Québec. Comme on le voit, un sous-ministre sur dix-neuf, ça paie, tellement d'ailleurs que le Québec demande à King de conserver le pouvoir, en s'associant à nouveau aux progressistes. Ce qu'il accepte. La précarité risque cette fois de s'institutionnaliser.

Mais les conservateurs, enragés contre le Québec, veillent au grain et font éclater au printemps 1926 le «Scandale de la douane» à Montréal. C'est l'époque de la prohibition aux États-Unis; les conservateurs font la preuve que l'alcool s'est écoulé impunément depuis le Québec chez nos voisins du Sud. Certes oui, mais également depuis le Canada tout entier, sauf que les conservateurs ne se préoccupent que de Montréal!

Les progressistes abandonnent alors King, et ce dernier, pour éviter un inéluctable vote de non-confiance, demande au gouverneur Byng de Vimy de déclencher de nouvelles élections. Ce dernier refuse et confie à Meighen, le 28 juin, le soin de constituer un nouveau cabinet. Trois jours plus tard, soit le 1er juillet, le gouvernement Meighen est mis en minorité par une voix. Il demande alors à Byng de nouvelles élections, ce que le gouverneur accorde!

Et voilà enclenchée l'«Affaire Byng-King»! De quoi se mêle donc cet impudent gouverneur refusant à King ce qu'il accorde à

Meighen? Et le petit-fils de William Lyon Mackenzie de se présenter, comme grand-papa en train de lutter pour l'obtention du gouvernement responsable! Les conservateurs auront beau mettre l'accent sur le «Scandale de la douane», rien n'y fait, et, le 14 septembre 1926, King reprend le pouvoir: 119 libéraux — dont 60 du Québec — 91 conservateurs, plus 35 de tiers partis appuyant majoritairement les libéraux.

❑

De pair avec une autonomie politique accrue, l'économie canadienne s'améliore. Graduellement, les militaires démobilisés ont été réintégrés dans une production d'autant mieux recyclée que l'Europe, qui n'a pas encore parachevé sa reconstruction, importe abondamment et au prix fort. La population du Canada devient majoritairement urbaine en 1923, alors que la valeur des produits industriels double celle des produits agricoles. Dans le secteur primaire, le blé de l'Ouest se vend «comme des petits pains chauds», la production européenne fromentière ayant baissé de 16 %[11]; en 1929, l'industrie de la pulpe et du papier atteint les deux tiers du commerce mondial, une «ceinture de mines» s'étend au nord des provinces centrales, depuis Flin-Flon, Manitoba, jusqu'à Val-d'Or, Québec, et, plus d'un demi-milliard de dollars ayant été consacrés à l'exploitation de nos ressources hydro-électriques, le secteur secondaire sera également en expansion. L'*American way of life*, nous éblouit et nous envahit, avec son cortège d'autos — 465 000 en 1921 et 1,2 million dix ans plus tard, accompagnées de garages, de routes et de mécaniciens — d'aéroplanes, de films, d'émissions de radio et de magazines. Il faut dire que les investissements américains, de 23 % de tous les investissements étrangers qu'ils étaient en 1914, sont passés à 61% en 1930. Ils doivent donc fournir leurs dividendes! Miroitements de la ville et, croit-on, des salaires et des plaisirs assurés. Le Canada est devenu la cinquième puissance commerçante au monde.

«La» Crise

L'Europe, remise sur pied, n'a plus besoin d'importer massivement. Or on s'était habitué, en Amérique du Nord tout particulièrement, «à produire pour deux». Et quand les deux produisent, il y a surproduction! En outre, dans cette ère de prospérité qui semblait devoir être éternelle, on s'était accoutumé à une expansion incontrôlée du crédit, qui permet de vivre nettement au-dessus de ses moyens.

Le jeudi 24 octobre 1929 — dit *The Black Thursday* — le krach de Wall Street ramènera brutalement l'Occident à la réalité. Les valeurs boursières s'effondrent, les surplus manufacturés et agricoles s'accumulent, les entreprises ferment leurs portes et les chômeurs, n'achetant plus, créent de nouveaux chômeurs. Les nations affolées élèvent leurs tarifs douaniers pour protéger leurs marchés internes et les pays les plus industrialisés sont forcément les plus vulnérables. Résultat: 35 millions de chômeurs — principalement en Occident — dont 11 aux États-Unis et un au Canada!

Ceux qui conservent leur emploi consentent à des diminutions de salaire; femmes et enfants tentent de compenser cette perte par un travail au noir ou affreusement mal rémunéré — «2 cents l'heure, ce qui représentait 1,50 $ par semaine de 75 heures[12]» —, ce qui engendre un nouveau surplus de main-d'œuvre et provoque une nouvelle baisse des salaires!

Au début, à l'instar du président des États-Unis, Herbert Clark Hoover, qui proclamait: «*Prosperity is around the corner*», King, en bon politicailleur, affirme qu'il ne s'agit que d'une mauvaise passe. Et devant les réclamations provinciales, il précise que l'article 92 de l'Acte de l'Amérique du Nord britannique ne lui donne pas les pouvoirs suffisants pour intervenir. Toutefois, devant les difficultés qu'éprouve l'Ouest avec son blé, il décide de subventionner cette production. Peu après, l'Ontario — à députation majoritairement conservatrice — demande à son tour de l'aide, mais King répond qu'il ne donnera pas «*a five-cent piece to any tory government*». Ce faisant, il espérait que les Ontariens craindraient d'élire des conservateurs. Or, en politique, la provocation paie rarement, et jamais lorsqu'on a affaire à des forts.

Bennett, pour sa part, richissime avocat de Calgary et chef de l'opposition conservatrice, axait sa campagne sur le cynisme de King et la nullité des libéraux face à la crise, assurant aux électeurs qu'il lancerait le Canada «*into the markets of the world*».

Aussi, le 28 juillet 1930, les conservateurs prennent-ils le pouvoir en faisant élire 137 des leurs, tandis que les libéraux ne gagnent que 91 sièges et les tiers partis, 17. Alors que le Québec envoie 24 députés conservateurs aux Communes comparativement à 4 aux élections précédentes, l'Ontario, pour sa part, fait passer sa députation conservatrice de 53 à 59[13]! King en a eu pour son *nickel*... mais, de toute façon, que faire au pouvoir en temps de crise!

Et c'est ce que constatera rapidement Bennett et ses *markets*! De 1929 à 1933, les exportations canadiennes diminueront des deux tiers et le boisseau de blé passera de 1,60 $ à 38 cents! Les revenus agricoles de l'Ouest, qui s'élevaient à 675 millions de dollars en 1928, ne sont plus que de 210 millions en 1933[14]. Quant au fédéral, il percevait 436 millions en impôts et taxes en 1921 et 312 millions en 1933!

Pour tenter de remédier à cette situation, Bennett élève les tarifs douaniers, espérant de la sorte empêcher les importations et favoriser la production canadienne. Mais, évidemment, la situation est la même dans les autres pays, et notre production — souvent spécialisée — ne pouvant s'écouler ici, on ferme d'autres manufactures, provoquant un chômage accru! On bloque donc l'immigration, réduisant la moyenne annuelle de quelque 125 000 qu'elle était de 1923 à 1930 à environ 14 000 de 1931 à 1944.

Dans cette atmosphère pour le moins dépressive, une certaine lueur d'espoir quasi mystique[15] avait semblé poindre avec le fameux statut de Westminster et son Commonwealth. Si le reste du monde s'embourbe, la Grande-Bretagne et ses dominions — «*under the inspiring symbol of the Union Jack*[16]» — pourront, eux, se débrouiller grâce à une entraide économique accrue.

Les *blood brethren*[17], c'est admirable, mais lorsque ceux-ci se réunissent à la Conférence d'Ottawa en 1932 — première Conférence impériale tenue en dehors du Royaume-Uni —, chacun ne pense qu'à soi, et rien ne se réalise!

Bennett tentera alors d'agir là où il le peut, c'est-à-dire chez lui! Si Jean-Baptiste-Éric Dorion avait prédit dès 1867 que la Confédération se révélerait rapidement centralisatrice, on peut bien s'imaginer qu'en période de crise — la Première Guerre mondiale l'avait suffisamment prouvé — Ottawa chercherait par tous les moyens à accroître ses pouvoirs[18]. Agissons donc sur l'esprit et la matière...

Au début du XXe siècle, on utilise — à des fins commerciales principalement — la télégraphie sans fil (TSF). Après quelques expériences permettant la transmission de la voix humaine, on invente la radio, dont la première station est installée à Montréal en

1920. Moyen de communication rapidement très populaire, le fédéral cherche à contrôler la radiodiffusion pour influencer l'opinion, alors que les provinces — et tout particulièrement le Québec, comme il se doit — considèrent qu'elle relève du domaine éducationnel et, conséquemment, leur appartient. Qu'à cela ne tienne: en 1932, Bennett fait accepter la *Canadian Broadcasting Corporation* (CBC) pouvant exploiter ses propres stations afin de rehausser le niveau culturel de la population, promouvoir l'unité nationale et superviser en outre les stations privées.

Sur cette lancée, et après avoir constaté son inefficacité en temps de crise à contrôler le système bancaire, Ottawa crée en 1934 la Banque du Canada. Cette banque des banques exercera dorénavant un contrôle sur l'émission de la monnaie, la réserve d'or, le taux d'escompte et le crédit, de plus, elle avisera le gouvernement en ce qui a trait à la fiscalité. Pour plusieurs, ce dirigisme économique dans un système capitaliste équivaut à «une politique contre nature» menant à l'abandon d'«une partie de nos libertés provinciales[19]».

Qu'à cela ne tienne!... Et qu'il en soit de même pour ces rêveurs incapables de comprendre pourquoi le fédéral trouvait si facilement des fonds pour la guerre, mais rien pour les laissés-pour-compte en temps de crise. Ces derniers toutefois — principalement dans l'Ouest toujours quémandeur — créent deux nouveaux partis fédéraux.

Le capitalisme ayant prouvé sa nullité, des représentants des milieux ouvriers, agricoles et intellectuels se réunissent à Calgary en 1932 pour fonder la Cooperative Commonwealth Federation (CCF) et publient l'année suivante le *Regina Manifesto* qui soulèvera dans le Québec catholique des échos horrifiés, situation que nous examinerons plus loin. Ce manifeste socialiste préconisait l'étatisation notamment des banques et des chemins de fer, le remplacement des taudis par des logements salubres et — comme le *New Deal* de Roosevelt — un ensemble de travaux d'utilité publique pour enrayer le chômage. Le CCF enverra sept députés à Ottawa en 1935.

Toujours dans l'Ouest, l'évangéliste William «Bible Bill» Aberhart — considérant que le consommateur n'a pas un pouvoir d'achat égal à sa consommation et qu'il devrait recevoir la différence du gouvernement — fonde le Crédit social. Les fermiers ruinés de l'Ouest, croyant trouver la panacée rêvée dans cette *funny money policy*, comme l'appelaient nombre d'économistes, donnent le pouvoir à ce parti en Alberta aux élections provinciales de 1935 et élisent 17 députés aux élections fédérales de cette même année. Plus tard, soit en 1962, notre coloré Réal Caouette en fera élire 26 au Québec seulement. Dans ce même Québec d'ailleurs, des libéraux mécontents fondent en 1934 le parti de l'Action libérale nationale qui sera bientôt digéré par les conservateurs et deviendra, en 1936, le parti de l'Union nationale, que dirigera Maurice Duplessis.

Lente reprise

C'est donc dans un climat d'insatisfaction généralisée que se préparent les élections fédérales qui doivent avoir lieu le 14 octobre 1935. Or douze jours avant éclate la guerre entre l'Italie de Mussolini et l'Éthiopie du *ras* Hailé Sélassié Ier. Mais que diable vient faire le *ras* dans notre galère? Il faut le demander à l'Angleterre dont les intérêts commerciaux s'opposent à ceux de l'Italie fasciste et qui songe par conséquent à entraîner une fois de plus son empire dans un nouveau conflit. Après tout, si nous avons accepté de mourir en 1914 pour François-Ferdinand, pourquoi pas en 1935 pour Hailé? Mais le pleutre Québec n'est nullement enflammé pour cette «juste cause», et les libéraux — qui avaient eu le bonheur de former l'opposition lors de la conscription de 1917 — s'y présentent encore comme étant «le rempart contre toute participation militaire hors du pays».

Cette supercherie totale se perpétuera jusqu'à leur propre conscription de 1942. En attendant, on proclame que Bennett est responsable de tous les maux, incluant crise économique et guerres. Aussi — *margarita margaritarum* — la campagne libérale se déroule-t-elle sous le slogan *King or Chaos*. Résultats: 173 libéraux élus, 40 conservateurs et 32 députés de tiers partis!

À l'œuvre maintenant. Alors qu'Ernest Lapointe, lieutenant de King au Québec et ministre de la Justice, trouvait épouvantable avant les élections que les conservateurs demandent des crédits militaires de 3 148 000 $ — prouvant de la sorte, glapissait-il, leur volonté de participer aux guerres impériales —, son propre gouvernement en réclame 50 millions en 1937. Mais il faut surtout bien comprendre que c'est uniquement pour la défense du Canada, car, ô grands dieux, «pas une goutte de sang canadien ne sera versée dans un conflit militaire hors du territoire canadien»! Est-ce assez clair? Et peu importe si, dès 1936, on passe des contrats d'armements avec l'Angleterre: c'est pour donner du travail aux chômeurs. Le *Montreal Star* du 14 mai 1937 est pourtant plus réaliste: «Nous aurions combattu en Afrique si Mussolini avait violé le territoire égyptien. Nous combattrons en enfer pour sauver l'Empire.» Et une quarantaine de jours plus tard, soit le 28 juin, King lui-même déclare à Hitler qu'en cas d'agression, le Canada se ralliera à l'Angleterre «sans hésitation et de toutes ses forces». Mais pour le Canada, on émasculera cette affirmation pour le moins précise en la traduisant par un vague désir de protection «de la grande liberté que nous chérissons par-dessus tout». Camillien Houde, le gouailleur ex et futur maire de Montréal réplique: «Les armements, ça n'est pas fait pour décorer les arbres de Noël[20].»

Sans doute... Aussi, sentant la soupe devenir un peu trop chaude, King considère qu'il n'y a rien de tel qu'une bonne vieille commission d'enquête pour noyer le poisson d'une éventuelle discorde. Pendant que les électeurs perdront leur temps à témoigner et à analyser leurs témoignages, ils oublieront les inepties d'un gouvernement qui pourra alors agir à sa guise.

King nomme donc, en 1937, à la tête de ladite commission, Newton W. Rowell, juge en chef de la Cour suprême d'Ontario et francophobe notoire. Malade, il sera remplacé par le notaire Sirois de Québec, d'où le rapport Rowell-Sirois qui paraîtra trois ans plus tard. À vrai dire, King désire obtenir des pouvoirs accrus pour le fédéral, et espère s'appuyer sur la commission pour y parvenir!

Trois constatations principales se dégageront du Rapport. En premier lieu, le Conseil privé serait allé à l'encontre du désir des Pères de la Confédération, en accordant les pouvoirs résiduaires aux provinces. D'autre part, vu l'expansion totalement imprévue en 1867 de certains champs de compétence reconnus aux provinces par l'article 92 de l'AANB — éducation, services sociaux, autoroutes, etc. —, les provinces ne peuvent plus maintenant assumer seules ces charges. Enfin, ces mêmes provinces ont évolué différemment et la disparité de revenus est effarante.

Afin «d'assurer le maintien de l'unité nationale», les recommandations coulent de source: le fédéral devrait prendre à sa charge les dettes provinciales ainsi que les services sociaux et l'assurance-chômage. Pour ce — qui s'y serait attendu? — il faut lui laisser pleins pouvoirs sur l'impôt des particuliers, ainsi que sur celui des corporations et des successions. Mais ce rapport étant publié en 1940, il s'agit presque d'«une autre histoire»...

❑

Sur la scène internationale, les événements se bousculent. Créée en 1920, la Société des Nations devait maintenir la paix par la force. Or, entre 1931 et 1937, le Japon, l'Allemagne et l'Italie, qui en ont été exclus pour avoir eux-mêmes fait acte de guerre, se retrouvent alliés. L'Allemagne hitlérienne, qui a réarmé, rêve maintenant de pangermanisme. En 1938, elle annexe l'Autriche et une partie de la Tchécoslovaquie; le 23 août 1939, elle signe un traité de non-agression avec la Russie et, le 1er septembre, elle attaque la Pologne, alliée de la France et de l'Angleterre. Que fera le Canada dans cette hystérie militariste européenne?

Les libéraux, on l'a vu, n'ont cessé de répéter — tout en préparant la participation canadienne — que le Canada ne prendrait pas part au conflit. Si en septembre 1938, Chamberlain peut agiter dérisoirement sa feuille des accords de Munich «sauvant la paix», le Québec, pour sa part, agite naïvement un certain statut ratifié sept ans auparavant. Et c'est ainsi qu'on peut lire dans *L'Action catholique* du 12 octobre 1938, que

> continuer de voir dans le Canada un pays dépendant de l'Angleterre au point d'être en guerre dès que celle-ci entre dans un conflit sanglant, ce serait faire injure aux auteurs du statut de Westminster. Non, l'entente de Westminster n'est pas une duperie.

En plus, on s'entend pour berner et bercer le bon peuple-enfant par un mirifique spectacle de roi-reine et carrosse doré. Et c'est ainsi que, comme par hasard, trois mois avant la Deuxième Guerre mondiale, «notre pays a reçu la première visite de ses souverains». Et où débarqueront-ils, ces monarques aussi désintéressés que rêvés? C'est à Québec même que, le 17 mai,

> nos souverains mirent le pied sur la terre canadienne, aux acclamations d'un peuple français. N'y a-t-il pas là pour nous un sujet d'orgueil d'avoir été les premiers à souhaiter la

> bienvenue dans notre langue française à nos royaux visiteurs[21]?

Aussi est-ce dans un enthousiasme délirant que, de ce jour jusqu'au 15 juin, ils seront accueillis dans leur dominion. Et qu'on ne se méprenne surtout pas sur leurs intentions: leurs Gracieuses Majestés ne viennent pas ici «seulement pour voir leurs sujets canadiens ou l'étendue du dominion» mais bien principalement, nous dit la Gracieuse Reine, afin de

> voir deux grandes races avec leur législation, leurs croyances et leurs traditions différentes s'unir de plus en plus étroitement, comme l'Angleterre et l'Écosse, par les liens de l'affection, du respect et d'un commun idéal[22].

Et en ce même mois, alors que le pays vit une «conquête des cœurs comme [il] n'en avait jamais connue», Pie XII choisira le cardinal Villeneuve pour la dédicace d'une basilique nationale à Domrémy le 7 juin. Également reçu royalement — lorsqu'il reviendra au pays, il pourra dire aux Québécois combien les Français les adorent —, il attribue à Jeanne la Lorraine, avant de quitter cette mère patrie qui nous avait tant choyés, un nouveau rôle auquel la Pucelle n'avait peut-être pas songé: «Jeanne d'Arc offre une nouvelle force de rapprochement de tout ce que je représente: l'Église de Rome, la France, le Canada et l'Empire britannique[23].»

Puisque tout le monde nous aime, pourquoi les *French Canadians* semblent-ils encore obsédés par la crainte d'une conscription? Surtout que, encore le 30 mars 1939, King a été on ne peut plus explicite: «Laissez-moi vous dire qu'aussi longtemps que le présent gouvernement sera au pouvoir, aucune mesure de ce genre ne sera appliquée[24].» Que peut-on demander de plus!

Toutefois, si King se présente toujours comme le rempart contre la conscription, en cet été chaud de 1939, il se fait moins rassurant quant à la non-participation et ne psalmodie plus à tout venant que «pas une seule goutte de sang canadien ne sera versée en dehors de ce pays». Comme on le sait, le 23 août 1939, le pacte germano-soviétique libère Hitler du souci d'un front oriental. Le 1er septembre, il envahit la Pologne, alliée de la France et de l'Angleterre. Alors que les anglophones veulent à tout prix forcer le Canada «*to play a British part in a British struggle for survival*», les francophones rationalisent: «Gardons notre tête», car «le Canada n'est pas pays d'Europe[25]...» Et si l'Angleterre et les impérialistes «veulent que le Canada se ruine pour l'Empire», il ne lui restera comme dernier «refuge que l'indépendance totale ou l'annexion aux États-Unis».

Mais on ne doit parler fort que si on le peut... et lorsque, le 3 septembre, la France et l'Angleterre déclarent la guerre à l'Allemagne, King ne peut que s'empresser de convoquer le Parlement et de déclarer la guerre à l'Allemagne le 10 septembre. Le statut de Westminster lui a permis de faire semblant durant une semaine que c'étaient les Canadiens qui décidaient. Et, lors du vote, alors que les Québécois sont dans une proportion de 80 % contre la participation, 62 de leurs 65 députés voteront pour la déclaration de la guerre. Vive le roi et vive la démocratie! Mieux encore, on exulte, puisque ce ne sont pas les conservateurs qui sont au pouvoir comme en 1917: «Tout danger de conscription est complètement écarté.»

Quant à cet empêcheur de danser en rond qu'est Duplessis, King et Lapointe trouveront bien le moyen — comme nous le verrons dans le chapitre V consacré au Québec et à la guerre — de s'en débarrasser aux élections provinciales du 25 octobre 1939.

En attendant, le dominion de Sa Majesté, avec un produit national brut de 5 636 000 000 $ en 1939 alors qu'il était de 6 134 000 000 $ en 1929, avec des importations de 658 228 034 $ en 1939 alors qu'elles étaient de 1 265 679 091 $ en 1929, et avec des exportations de 929 962 245 $ en 1939 alors qu'elles étaient de 1 368 259 131 $ en 1929[26], ce dominion, donc, entre en guerre le 10 septembre, car «en restant neutres — proclame notre toujours-rempart-contre-la-conscription-Ernest-Lapointe — nous prendrions bel et bien parti pour Adolf Hitler[27]». Et comme nous avions suffisamment souffert avec Adolphe Chapleau...

Notes

1. *Canada 1940*, Ottawa, Imprimeur du Roi, s.d., p. 187.

2. *Débats de la Chambre des communes*, 18 et 19 août 1914. En mars 1813, Alexandre Ier disait à propos de la France napoléonienne: «Nous défendons la foi contre l'incroyance, la liberté contre la tyrannie, l'humanité contre la sauvagerie.» *Nil novi sub sole...*

3. *Canada, un siècle 1867-1967*, Ottawa, Imprimerie de la Reine, 1967, p. 444.

4. *Débats de la Chambre des communes du Canada*, repris dans R. Rumilly, *Histoire de la province de Québec*, vol. XXII, Montréal-Éditions, s.d., p. 188.

5. «Bloc-notes: Le Canada, pays d'Amérique», *Le Devoir*, 14 mars 1925.
6. *Débats de la Chambre des communes*, 29 mars 1927.
7. *Ibid.*, 13 avril 1927.
8. *Ibid.*, 10 mars 1939.
9. Lionel Groulx, *Mes mémoires*, Montréal, Fides, 1970, vol. I, p. 279.
10. *Canada, un siècle 1867-1967, op. cit.*, p. 98.
11. *Rapport Rowell-Sirois*, vol. I, p. 149.
12. «Commission des salaires minima des femmes pour la province de Québec», 28 février 1934, dans M. Brunet, *Histoire du Canada par les textes*, Montréal, Fides, 2e éd., 1963, vol. II, p. 102.
13. J. Murray Beck, *Pendulum of Power*, Scarborough, Prentice-Hall, 1968, p. 188, 200.
14. W.-A. Mackintosh, *Le fondement économique des relations entre le Dominion et les provinces*, Ottawa, Imprimeur du Roi, 1939, p. 74.
15. ... «*That almost mystical which confounds the foreigner and defies the historian — the spiritual British Empire.*» (*The Montreal Daily Star*, 16 juillet 1932.)
16. *Ibid.*, 13 juillet 1932.
17. *Ibid.*, 8 octobre 1932: «*What is more natural also than that nations should conclude trade agreements with their blood brethren before approaching the rest of the world.*»
18. «Toute fédération, du reste, évolue dans le sens de la centralisation des pouvoirs, ou tend à se désorganiser.» (Dollard Dansereau, *L'Ordre*, 30 mai 1934.)
19. *L'Ordre*, 1er octobre 1934.
20. R. Rumilly, *op. cit.*, vol. XXXVI, p. 156, 166-168, 238.
21. *Almanach Beauchemin*, 1940, p. 113-115.
22. «La visite royale au Canada», insérée entre les pages 216 et 217 de *Canada 1940, op. cit.*
23. R. Rumilly, *op. cit.*, vol. XXXVII, p. 187, 221, 248.
24. *Débats de la Chambre des communes*, 30 mars 1939.
25. Extraits d'articles d'Omer Héroux, dans *Le Devoir*, du 31 août au 5 septembre 1939.
26. *Canada, un siècle 1867-1967, op. cit.*, p. 324; *Canada 1940, op. cit.*, p. 153.
27. *Débats de la Chambre des communes*, 9 septembre 1939.

Bibliographie sélective

Canada 1940, Ottawa, Imprimeur du Roi, s.d., 223 p.

Canada, un siècle 1867-1967, Ottawa, Imprimeur de la Reine, 1967, 504 p.

LE GRIS, Claude, *L'entrée du Canada sur la scène internationale, 1919-1927*, Paris, PUF, 1966, 93 p.

LOWER, J. A. *Canada, an Outline History*, Toronto, Ryerson, 1966, 248 p.

CHAPITRE II

Québec — La Première Guerre mondiale et les réajustements, 1914-1921

Sur les quelque sept millions et demi d'habitants que compte le Canada en 1914, on en retrouve deux millions et quart — pour la première fois majoritairement urbains: 1 131 000 contre 1 124 000 — dans la province de Québec. Celle-ci, par l'ajout en 1912 de l'Ungava détaché des Territoires-du-Nord-Ouest, a doublé sa superficie qui atteint 1 536 000 kilomètres carrés. Elle connaît une situation économique raisonnable, avec des exportations de l'ordre de 178 millions de dollars, des importations de 185 millions, et un surplus budgétaire de près de 1,3 million pour cette année 1914. Les libéraux, au pouvoir depuis 1897, ont fait élire 64 des leurs, sur 81 sièges possibles aux dernières élections, celles de 1912. Pour pimenter un peu ces austères statistiques, précisons que depuis la Confédération, 217 113 Anglais, Écossais et Irlandais se sont établis au Québec, ainsi que 16 772 Français et 6 056 Belges[1].

❑

> Les descendants des valeureux Français qui ont colonisé le Canada, la croix sur la poitrine, tenant d'une main leur fusil et de l'autre dirigeant la charrue, ne craignent ni la bataille ni les balles lorsqu'il s'agit de défendre, comme dans la lutte actuelle, l'intégrité du vaste empire qui leur assure la plus grande somme de liberté et de bonheur qu'il fût jamais donné à un peuple de goûter.

Ainsi s'exprime le 19 août 1914 le sénateur David-Ovide Lespérance. En cet été «patriopétardisant», il est de bon ton de faire preuve de bellicisme, surtout si on est assuré — comme les députés ou les membres du clergé — de ne pas être soi-même appelé au front. Et c'est ainsi que les Français réservistes venant de l'Ouest canadien pour se rendre en France sont bravement accueillis par les Montréalais entonnant *La Marseillaise* et s'écriant comme un seul homme: «À Berlin!»

Pour l'instant toutefois, les Québécois, qui ne se sentent pas plus suicidaires qu'il ne le faut, se contentent d'envoyer à Londres 2000 tonnes de fromage d'une valeur de 624 000 $, un chèque de 40 000 $ à la France et un autre de 25 000 $ à cette «pauvre Belgique au secours de laquelle vole l'Angleterre».

En fait, on ne veut mourir ni pour les Serbes ni pour l'Angleterre. Mais la France? Car il ne faudrait surtout pas l'oublier, «nous sommes une province de France», proclame le sirupeux Édouard Montpetit[2], qui n'en confirme pas moins «une foi sans réplique» envers l'Angleterre. Il n'y a rien comme de ne pas prendre de risques. Et c'est exactement ce que le clergé avait compris depuis longtemps. Dès 1760, il précise qu'il faut se soumettre — terme relativement négatif — à l'autorité établie, car, écrivait saint Paul aux Romains: «Celui qui s'oppose aux Puissances résiste à l'ordre de Dieu, et ceux qui résistent acquièrent pour eux-mêmes la damnation.» Mais avec l'Acte de Québec de 1774 accordant l'entière liberté religieuse, et la Révolution française de 1789 persécutant le catholicisme en France, notre clergé comblé devient d'un loyalisme dithyrambique.

En 1914, il faut cependant se réadapter. Comprenant que les Québécois accepteraient peut-être de se battre pour la France, notre épiscopat — oubliant soudainement toutes les imprécations qu'il avait formulées à l'égard de cette ex-mère patrie génitrice de tous les vices — entonne un hymne à la gloire de la terre de Jeanne d'Arc et de saint Louis. Et puisque, pour l'instant, seuls les volontaires s'engagent, il n'y a donc aucun danger pour les clercs. Mais lorsque Ottawa voudra imposer, en 1917, la conscription, ce même épiscopat saura à nouveau s'adapter: il négociera d'abord — plus que discrètement — l'exemption des «membres de tout ordre d'un caractère exclusivement religieux reconnu par l'Église[3]», et donnera ensuite son assentiment à la conscription.

Mais revenons pour l'instant à notre été chaud de 1914. Le 23 août, avant même que la guerre soit officiellement déclarée entre l'Allemagne et l'Angleterre, Mgr Bruchési déclare aux 300 volontaires canadiens-français qui s'enrôlent: «Nous avons donné à l'Angleterre des provisions et de l'or, et nous allons lui fournir des hommes.» Trois semaines plus tard, le 14 septembre, à une réunion tenue par le Fonds patriotique, il reprend:

> L'Angleterre est engagée dans une guerre terrible, qu'elle s'est efforcée d'éviter à tout prix. Sujets loyaux, reconnaissant en elle la protectrice de nos droits, de notre paix, de notre liberté, nous lui devons notre plus généreux concours. [...] N'est-il pas évident que notre sort est lié au sort de ses armées[4]?

C'est tellement évident qu'il pourra dire, le 7 janvier 1916: «Si l'Angleterre était défaite, la première proie de l'Allemagne serait le Canada.» On se demande d'ailleurs pourquoi Guillaume II n'a pas amorcé ce conflit en attaquant l'archevêché de Montréal... Un oubli sans doute. Revenons toutefois à 1914. Toujours le 14 septembre, *L'Action sociale catholique* de Québec considère que nous sommes «moralement» obligés d'aider l'Angleterre, et qu'il appartient à cette dernière de décider du degré de notre participation. Deux jours plus tard, on y lit cette déclaration de Mgr Bruchési: «Après avoir donné à l'Angleterre nos produits de la terre, nous lui donnons nos enfants, et cela parce que nous savons la haute protection que nous devons attendre d'elle.» Mais toutes ces déclarations individuelles semblant insuffisantes, le 23 septembre, dans une «Lettre pastorale de NN. SS les Archevêques et les Évêques des provinces ecclésiastiques de Québec, de Montréal et d'Ottawa sur les devoirs des catholiques dans la guerre actuelle» — ce qui officialise bien la position de l'Église «selon la morale naturelle» — il est précisé que «l'Angleterre compte à bon droit sur notre concours, et ce concours, nous sommes heureux de le dire, lui a été généreusement offert en hommes et en argent».

Cette fois, notre don-quichottiste Olivar Asselin explose. Cette «morale naturelle», écrit-il, devrait inciter le clergé à lutter contre les politiciens «voleurs». Or:

> On ne voit pourtant pas que Mgr Bruchési fasse mauvais ménage avec la ratatouille, qui gouverne actuellement l'hôtel de ville de Montréal, ou avec certains financiers notoirement véreux[5].

Les perles journalistiques étant nombreuses en ces années fastes, on peut lire dans *La Presse* du 21 août 1915 que la guerre est «nécessaire au règne de la justice», et que «c'est Jésus-Christ qui lui a donné la première sanction en couvrant de sa bienveillance le centurion de Capharnaüm». À nous, donc, de nous enrôler pour défendre la patrie et la liberté. «C'est à la jeunesse surtout que nous adressons ces considérations de simple civisme. Il passe devant elle, en ce moment, une chance unique.»

En fait, ce sont essentiellement les anglophones — et souvent parmi les mieux nantis: «quarante-deux membres de la famille Molson étaient dans les forces armées et cinq d'entre eux furent tués et plusieurs autres blessés[6]» — qui profiteront de cette «chance unique». Il faut dire qu'un attachement quasi mystique et souvent inconditionnel reliait nombre d'entre eux à la métropole, de telle sorte que, dès 1910, le ministre libéral des Finances, William Stevens Fielding, pouvait clamer:

> Chaque fois que la nation anglaise sera en guerre avec une grande puissance, peu importe que cette guerre soit juste ou injuste, tant que nous ferons partie de l'Empire britannique, quel que soit le gouvernement au pouvoir au Canada, notre devoir sera de prêter main-forte à la mère patrie[7].

Ajoutons que ce mysticisme se teintait parfois de mercantilisme, car «il est entendu que les gens du Québec n'ont pas le droit de faire du commerce. Ce droit est réservé aux seuls gens d'Ontario[8]».

Or ces derniers ne semblent guère étouffés à cette époque-là par une trop subtile diplomatie. Rappelons qu'en 1912, les Ontariens présentaient le règlement XVII, pour supprimer l'enseignement du français en Ontario. Tergiversations ainsi que mobilisation des Franco-Ontariens et des Québécois empêchent alors ce règlement de devenir loi. À l'été 1914, la guerre est imminente; les anglophones veulent y participer et incitent les francophones à faire de même, mais mettent en vigueur en même temps ce règlement XVII. Or les Québécois, refusant de se faire massacrer pour des intérêts qui leur sont totalement étrangers, monteront, semble-t-il, en épingle cette injustice ontarienne afin de se donner un prétexte pour rester chez eux. On militarisera d'ailleurs ce problème par l'utilisation d'un vocabulaire de circonstance: «blessés d'Ontario», «Ontariens plus prussiens que les Prussiens», et les Ontariens, considérant que Bourassa est le grand responsable de cette agitation, parleront de «Von Bourassa», «l'allié de Guillaume II», «Herr Bourassa», etc. Ajoutons que dans cette atmosphère belliciste, les enfants, eux, se battaient réellement dans les rues!

Il faut dire que «Von Bourassa» et son fidèle disciple Armand Lavergne n'y vont pas par quatre chemins dans leurs multiples assemblées ou écrits abstentionnistes. Le 4 août 1914, le cocardier Lavergne établit clairement le parallèle: «Si l'on nous demande d'aller nous battre pour l'Angleterre, nous répondrons: Donnez-nous nos écoles.» Le 16 décembre, émeute au théâtre Russell, à Ottawa, où «l'archi-traître» Bourassa doit exposer, en anglais, ses idées. Bagarres, vitres brisées, défenestration d'un des organisateurs, militaire intimant à Bourassa, qui refuse: «*Wave the flag*», et chahut total jusqu'à ce que le rideau tombe pour séparer les antagonistes.

De retour à Montréal le lendemain, Bourassa précise le rôle du Québec à une assemblée organisée par l'Association Saint-Jean-Baptiste: «Si nous laissons sacrifier une par une les minorités françaises qui sont nos avant-postes, le jour viendra où la province de Québec elle-même subira l'assaut.» Problème toujours d'actualité — nos «avant-postes» ayant été en bonne partie assimilés — mais difficile à résoudre: cinq millions de francophones peuvent-ils se payer le luxe de disperser leurs forces pour tenter de faire survivre une francophonie folklorique en Amérique du Nord, ou doivent-ils plutôt concentrer toutes leurs énergies dans le seul Québec viable? Les choix sont toujours aussi ardus que nécessaires!

Le 17 mars 1915, Hugh Boulton Morphy, député conservateur ontarien au fédéral, déclare à une assemblée maçonnique: «Jamais nous ne laisserons les Canadiens français implanter dans l'Ontario le dégoûtant parler dont ils se servent[9].» Le règlement XVII devient loi, confirmée par la cour d'appel de Toronto le 12 juillet 1915.

Lavergne se déchaîne — «mes compatriotes d'origine française de l'Ontario [...] subissent maintenant un régime pire que celui qui est imposé par les Prussiens en Alsace-Lorraine[10]» — et alors qu'en janvier 1916, on lui demande, à la Chambre d'assemblée, si, détestant les Anglais comme il les déteste, il préférerait voir les Allemands envahir le Canada, il répond: «Comme dirait ma défunte tante, mordu par un chien ou mordu par une chienne, c'est tout pareil.» De toute façon, «ce pays ne devrait envoyer à la guerre ni un homme, ni un canon, ni un cent».

Au printemps, l'Association catholique de la jeunesse canadienne et le sénateur Philippe Landry font circuler une pétition pour requête en désaveu et recueillent plus d'un demi-million de signatures. En juin, on organise quelques distributions de prix pour les Franco-Ontariens ayant résisté au règlement XVII. La plupart du temps, ces prix proviennent d'écoliers québécois qui ont renoncé à leurs propres récompenses pour les envoyer à «leurs frères blessés».

Ces derniers commencent généralement leur manifestation en chantant *God Save the King* (!) suivi du quatrain composé pour la circonstance:

> Petits enfants, gardons notre langage,
> À l'oppresseur n'obéissons jamais!
> De nos aïeux, c'est le saint héritage,
> Nos jeunes cœurs doivent rester français.

Et ils terminent par la prière composée par Mgr Élie Latulipe, vicaire apostolique de Témiscamingue[11]:

> Ô Christ, ami des Francs! Vous qui, par les bras d'une humble vierge, avez jadis sauvé la France [...], Ô Dieu de Jeanne d'Arc, sauvez encore une fois la France! Sauvez notre cher Canada! Et vous, Bienheureuse Jeanne d'Arc, priez pour nous. Ainsi soit-il.

Il semble toutefois que le Christ des Irlandais pensait différemment. Aussi leurs évêques demandent-ils à Rome de condamner tous ces Franco-Ontariens préconisant l'illégalité. Ils complotent en outre, à ce moment-là, pour s'approprier l'université des Oblats à Ottawa. «Nos vrais ennemis étaient les catholiques irlandais et leurs évêques[12].»

Mais à Rome, on sait compter, et on sait qu'en Amérique du Nord les catholiques anglophones sont plus nombreux et surtout plus riches que les catholiques francophones. Aussi, le 8 septembre 1916, «Notre Très Saint Seigneur Benoît XV» envoie-t-il «à notre cher fils Nazaire Bégin» et autres membres de l'épiscopat canadien sa très sainte solution:

> Appliquez donc vos pensées et vos soins, à faire que tous ne soient qu'un, et qu'ils soient consommés dans l'unité, ainsi

que le Divin Maître en a fait sa doctrine et sa prière, au moment où Il allait se livrer pour nous à la mort sur la croix. Qu'elles s'impriment dans les âmes de vos diocésains, ces paroles de l'apôtre: Soyez un seul corps et un seul esprit, comme vous avez été appelés à une seule espérance dans votre vocation. Il y a un seul Seigneur, une seule foi, un seul baptême, un seul Dieu et Père de tous, qui est au-dessus de tous et au milieu de toutes choses et en nous tous. Et que dans cette mutuelle union les fidèles soient bons les uns envers les autres, miséricordieux, se pardonnant mutuellement, comme Dieu lui-même nous a pardonné en Jésus-Christ[13].

Et comme on disait en outre aux évêques des «diocèses où la lutte est la plus ardente» de s'entendre, et que l'Ontario comptait 9 évêques irlandais sur 12 — dont Mgr Michael Fallon[14]... — on se trouvait à entériner le règlement XVII.

Cette fois, les très saints fils francophones commencent à oublier leur sacro-sainte onctueuse aménité épiscopale traditionnelle. Et c'est ainsi que Mgr Georges Gauthier, évêque auxiliaire de Montréal, jette une douche froide lors d'un banquet pour «l'unité nationale» qui a lieu à l'Hôtel Windsor le 23 mai 1917 en déclarant:

Si la minorité anglo-protestante de la province de Québec était traitée de la même manière que la minorité canadienne-française dans les autres provinces, on verrait les flammes de la guerre s'élever des collines de Westmount jusqu'aux rivages lointains du Pacifique.

Deux mois plus tard, c'est autour du cardinal Bégin de s'adresser cette fois à Benoît XV lui-même en lui précisant que «la persuasion se répand qu'on veut parquer la race française dans la province de Québec», et que si Rome continue à favoriser les Irlandais, «les pires conséquences religieuses sont à redouter. Comment se confesser à des prêtres que l'on maudit?» Et il implore le pape d'intervenir en conséquence. Effectivement, celui-ci répond le 7 juin 1918 par *E litteris apostolicis* où il conseille aux Franco-Ontariens de «chercher à obtenir certaines concessions plus amples». Peut-être — comme d'aucuns le pensent[15] — s'agira-t-il là de la cause lointaine de l'abrogation du règlement XVII en 1927 par le premier ministre ontarien Howard Ferguson. Mais comme on a rarement vu l'Ontario aligner sa politique sur celle du pape, on peut présumer que Ferguson, faisant alors campagne à la direction du parti conservateur fédéral, espérait de la sorte obtenir les votes québécois à la convention qui se tenait à Winnipeg en 1927[16].

Quoi qu'il en soit, pendant toutes ces disputes, on ne vote pas la conscription ... et on continue à creuser le fossé entre anglophones et francophones, tandis que Bourassa se demande: «Que devons-nous à l'Angleterre[17]?»

Si pour panache-Lavergne «nous ne devons à l'Angleterre que le pardon chrétien pour le mal qu'elle nous a fait», pour Bourassa-maître-à-penser du Québec nationaliste, il faut argumenter. Aussi, dans son étude parue en 1915, il commence par établir notre rôle de chair à canon:

> L'impérialisme anglais, dans sa forme concrète et pratique, peut se définir en dix mots: la participation active des colonies aux guerres de l'Angleterre. [... Or, poursuit-il,] tout ce qui se passe au Canada depuis le début de la guerre démontre qu'une victoire écrasante de l'Angleterre serait aussi dangereuse pour nous que le triomphe de l'Allemagne pour l'Europe. [... En conclusion:] Il y a donc toute chance pour que les sacrifices du Canada à la cause de l'Angleterre se terminent comme les marchés avec le diable, dans les légendes du Moyen Âge: la nation canadienne aura vendu son âme et le salut de ses enfants; il ne lui restera entre les mains que des feuilles sèches[18].

Comme certains impérialistes parlent alors de l'emprisonner, voire de le fusiller, Lavergne s'écrie, au banquet du 12 janvier 1916 pour commémorer le sixième anniversaire du *Devoir*: «Qu'ils viennent arrêter Bourassa, s'ils l'osent! J'ai dans mon comté trois mille paysans prêts à le protéger de leur poitrine.»

Neuf jours plus tard, c'est au tour du paradoxal Olivar Asselin, nationaliste radical des grandes heures, de déclarer qu'il s'enrôle volontairement pour «la France immortelle», tout en reconnaissant que «l'anglais est l'unique langue de commandement» et que l'on pourrait difficilement «demander [aux francophones] d'apprendre l'anglais pour le seul plaisir d'aller se faire tuer sur les champs de bataille européens[19]». Ce sera pourtant fréquemment le cas puisqu'à Valcartier, on démembrera souvent leurs unités de volontaires pour les redistribuer dans des bataillons anglais, et qu'il n'existe en outre qu'une seule école d'officiers: à Kingston.

Il reste que durant toutes ces disputes, s'il n'y a pas encore conscription, il y a enrôlement, et plus que fréquemment avec intimidation. Qu'on pense seulement à ces femmes — non enrôlables, tout comme les braves députés et clercs en faveur de la conscription sus-mentionnés — distribuant «des plumes blanches, symbole de lâcheté, aux jeunes hommes qui n'étaient pas en uniforme[20]». Mais «la» trouvaille s'en vient. Quelque 500 000 Canadiens étant sous les armes, on a donc besoin d'une main-d'œuvre supplémentaire au pays. Comment toutefois attirer des immigrants en semblable temps de crise? La réponse est on ne peut plus simple: on leur garantira l'exemption du service militaire! C'est, entre autres, ce que viennent de proposer Robert Rogers, ministre fédéral des Travaux publics, et Rodolphe Lemieux, alors député de Rouville et ex-ministre de la Marine sous Laurier.

> Tandis qu'ils s'efforcent de faire croire aux Canadiens que c'est leur devoir impérieux de sacrifier leur vie pour l'Angleterre, la France, la Belgique, la Russie, la Serbie et l'Égypte, qu'ils y poussent même par les menaces et l'intimidation, ils promettent aux étrangers qui daigneront venir prendre la place des nôtres qu'ils ne seront pas astreints à prendre les armes, même pour la défense du Canada[21]!

Toujours jouer *fair-play*.

Conscription?

Non et NON à la conscription! Encore en janvier 1917, Borden et ses ministres répètent sur tous les tons qu'il n'y aura point de conscription, mais, comme nous l'avons vu au chapitre précédent, on prévient en sous-main les institutions bancaires de former des commis féminins. En même temps, la Commission du service national — créée l'automne précédent pour mettre à jour, disait-on, les statistiques canadiennes — fait préciser au Québec que son objectif est de recenser les hommes bons pour l'agriculture et l'industrie afin de les exempter de l'enrôlement. Et cet attrape-nigaud[22] — identique à celui de Pierre Elliott Trudeau en 1980 avec son «non» voulant dire «oui» — amènera Mgr Bruchési à se fourvoyer de sainte façon dans la lettre qu'il envoie à son clergé le 3 janvier 1917:

> Il ne s'agit pas de politique. Il ne s'agit pas non plus de conscription.
>
> Pour des raisons sérieuses et très sages, approuvées par des hommes éminents, indépendants de tous les partis, le gouvernement désire faire en quelque sorte l'inventaire de toutes les forces, de toutes les ressources, dont notre pays peut disposer, au point de vue commercial, agricole et industriel. [...] Il est de haute convenance, que nous y répondions. [...] Faisons preuve de patriotisme éclairé; et conformément à l'enseignement et à la tradition de l'Église catholique, montrons une respectueuse déférence envers l'autorité civile, agissant selon ses droits. [...] P. S. Cette lettre devra être lue aux fidèles le premier dimanche après sa réception[23].

Mais comme tous ne sont pas pieusement aveugles, les assemblées anti-conscription se multiplient. Lavergne s'écrie le 25 mars à Québec:

> Nous sommes au Canada pour y rester. Si les orangistes veulent nous en sortir, ils auront de la misère. Il paraît que nous sommes un contre trois; mais nous les avons toujours battus comme cela.

Exactement ce que clamait Montcalm un siècle et demi plus tôt... Le 1er mai, Bourassa, bien conscient qu'il s'agit essentiellement d'intérêts économiques, écrit: «Les flots de sang français feront germer des moissons d'or anglais[24].»

Le 29 mai, toute (?) hypocrisie cessante, le gouvernement propose la fameuse conscription, votée le 6 juillet par 118 voix contre 55, dont 45 du Québec. En Grande-Bretagne, il n'y a toujours pas de conscription[25], et «l'Angleterre — dit-on — se battra jusqu'au dernier homme de ses colonies».

Le lendemain même, Mgr Louis-Adolphe Paquet — sous le pseudonyme de Louis Romain, prudence cléricale oblige — écrit dans *La Vérité*:

> Cette colonie est-elle tenue par une obligation morale stricte, c'est-à-dire en justice, de prendre part aux guerres étrangères les plus graves où la métropole est engagée? Nous disons: non. [...]
>
> Nous ne croyons pas qu'il faille se ruiner soi-même pour arracher les autres à la ruine. Et vouloir pousser la bienveillance

> envers d'autres peuples jusqu'à l'épuisement du dernier homme et du dernier sou, et jusqu'à la banqueroute nationale, nous paraît une immense aberration. [...Et il conclut:] Toutes ces raisons nous persuadent qu'en signant le document du vingt-trois septembre [1914], nos évêques n'ont pas voulu affirmer pour le Canada, dans la guerre actuelle, une obligation de justice envers l'Angleterre, et qu'ils n'ont eu en vue qu'un concours de charité, lequel se mesure d'après notre situation et nos moyens.

Toutes ces belles subtilités du prince de nos théologiens pour masquer les nombreuses prises de position de notre épiscopat en faveur de la conscription ne font que donner raison à un vieux dicton: «Quand on joue avec le feu, on se brûle!» Et si dès la guerre des Boers, on avait clairement affiché son refus de participer — comme l'a fait Bourassa — on n'en serait pas réduit à ces pirouettes qui ne leurrent plus personne. Le respect que les Québécois affichaient traditionnellement envers leurs dirigeants tant politiques que religieux en sera grandement affecté, et Mgr Bruchési, pour sa part, ne s'en remettra jamais! Quant à nos représentants au fédéral, nombre de nos essayistes — Olivar Asselin, Jules Fournier et Lionel Groulx, entre autres — ne les considéreront plus que comme des politicailleurs.

Dans tout ce brouhaha, les élections fédérales se préparent, certains orangistes parlent de fusiller Lavergne et Bourassa, et ce dernier a même l'insigne honneur d'être considéré par le *Globe* torontois du 13 novembre comme étant le futur roi du Canada, à titre de conseiller de Laurier, si jamais ce dernier prend le pouvoir. Mais en attendant, on précise partout que «*A vote for Laurier is a vote for the Kaiser*». Or, Laurier — qui mourra deux ans plus tard — a toujours encouragé le recrutement, mais s'est toujours opposé, sans trop le claironner, à la conscription. C'est pourquoi les libéraux — au Québec surtout — apparaissent comme un rempart contre ladite conscription. Aussi, dans les diverses assemblées, lorsque ces mêmes libéraux veulent parler d'Albert Sévigny, ministre conservateur fédéral en faveur de la conscription, se contentent-ils de dire: «L'homme dont on ne peut prononcer le nom», sachant qu'ils déclencheront alors un concert de huées!

Le 17 décembre, Borden est reporté au pouvoir avec 153 députés, alors que les libéraux en font élire 82, dont 62 au Québec... Les trois seuls conservateurs élus au Québec sont anglophones et représentent des circonscriptions anglophones! Il n'y aura donc — pour la première fois — aucun Canadien français dans le cabinet, on peut donc gouverner le pays sans le Québec. C'est tellement clair d'ailleurs que Joseph-Napoléon Francœur, député libéral de Lotbinière, propose à l'Assemblée législative la motion suivante:

> Cette Chambre est d'avis que la province de Québec serait disposée à accepter la rupture du pacte fédératif de 1867 si, dans les autres provinces, on croit qu'elle est un obstacle au progrès et au développement du Canada.

Bluff séparatiste pour faire peur aux francophobes — comme l'avouera Francœur lui-même vingt ans plus tard — mais qui n'ira pas plus loin, puisqu'il retirera peu après sa motion.

Il faut dire qu'en cette fin d'année 1917, la province de Québec fait de plus en plus figure de mal-aimée. Qu'elle le soit par les *Canadians*, c'était aussi normal qu'habituel; mais par les autres — qui soudainement apprenaient notre existence —, ça surprenait davantage.

Ainsi, alors que nous intriguons désagréablement nos voisins américains…

> *To the ordinary observer, the attitude of Quebec passes all understanding*[26].

> *The French Canadians are a curious study in nationality. Neither French, English, nor Canadian*[27]*…*

… nous choquons carrément nos cousins français. Les Québécois disent aimer la France? Un journaliste français dit qu'il s'agit là de prétentions

> [d']un caractère purement platonique. L'attachement aux vieux souvenirs a été aussi impuissant que le loyalisme à l'égard de l'Angleterre quand il s'est agi, pour les Canadiens de race française, de vaincre leur égoïsme provincial. [… En outre] la majorité des évêques et des curés a adopté sur ce point une attitude nettement antipatriotique[28].

Comme c'était «un peu court, jeune homme», un militaire québécois, alors en service en France, après avoir fait remarquer à ce journaliste que «les neuf dixièmes» de la population française ne savaient même pas que nous existions avant cette guerre, poursuit:

> Que pensez-vous des milliers de Canadiens français qui ont versé leur sang sur les champs de bataille de Langemarck, Saint-Éloi, Festubert, Courcelette et de Vimy? [...] En 1776, vous avez mis plus d'enthousiasme, d'honneur et de gloire à aider les Américains à conquérir leur indépendance que vous n'en avez mis en 1759 à conserver le Canada[29].

Quant au clergé «antipatriotique», certes nous ne pouvions pas nous vanter d'avoir ici l'équivalent d'un «Mgr Lemaître, évêque du Soudan, qui n'a pas hésité, au cours de la grande tourmente, à se faire lui-même recruteur de troupes noires pour les champs de bataille européens».

Le mérite de Mgr Lemaître fut d'ailleurs tel que le 27 novembre 1919, l'Académie française lui décernait un prix de 10 000 francs, et Frédéric Masson lui disait, au nom de l'Académie étreinte par l'émotion:

> Écoutez ceci: soixante pour cent des troupes noires ont été fournies à la France par le Soudan; soixante-dix pour cent des Soudanais qui sont venus combattre avec nous dorment de leur dernier sommeil dans la terre de France. [...] Nous n'avons rien à offrir que notre admiration à celui qui, avec une admirable compétence et cette foi qui transporte les montagnes, s'est fait l'apôtre de l'emploi des troupes noires en Europe. [...] Car sans les troupes noires recrutées par Mgr Lemaître, commandées et manœuvrées par le général Maugin, dressées et entraînées par nos cadres blancs d'officiers et de sous-officiers, qui donc eût osé affronter le choc suprême et la redoutable énigme des suprêmes batailles[30]?

En effet, qui donc? Peut-être quelques autres colonisés, comme les Québécois massacrés à Courcelette ou à Vimy? Mais tout cela étant insuffisant, la France de la IIIe République viscéralement anticléricale nous envoie alors des recruteurs «catholiques-allant-à-la-messe» — les «tala», disait-on... — tels François Veuillot, neveu du Veuillot persifleur ultramontain dont le journal *L'Univers* était dévoré par nos clercs, ou encore, pour se gagner cette fois notre jeunesse, l'avocat et lieutenant Charles Flory, président de l'Association catholique de la jeunesse française. Le sujet préféré de toutes leurs conférences: le «formidable» renouveau catholique en France!

Mais encore là, Baptiste reste chez soi, ou mieux encore dans les bois… car quelque 18 000 hommes susceptibles d'être recrutés préféreront déserter. Ottawa envoie ses *spotters* pour les débusquer, les citoyens de la ville de Québec se fâchent et, le 29 mars, incendient l'édifice de la police fédérale. Toronto expédie alors un bataillon de soldats anglophones qui, le dimanche de Pâques, 31 mars, chargent la foule. L'émeute éclate et, le lendemain, dix soldats sont blessés et cinq civils québécois tués. Commentaire de Lavergne: «Je n'aurais jamais cru que les gens auraient assez de cran pour cela.»

Dans le haut clergé toutefois, on ne crâne guère, et, pour conserver les clercs au Québec et se rallier Borden, le cardinal Bégin lui écrit le 12 avril et décrit le rôle du prêtre dont «la prière peut faire plus pour le succès d'une armée que les plus intrépides régiments[31]».

Malgré ce truisme, le gouvernement fédéral décide, en ce chaud printemps de 1918, de procéder à un nouveau recensement, pour les 16-20 ans cette fois. Mais avant que ce ne soit au tour des *Marie-Louise* chers à l'ogre Bonaparte, Mgr Bruchési, déjà traumatisé par la conscription, demande à Charles Joseph Doherty, ministre de la Justice, ce qu'il en retourne, et si les prêtres peuvent être conscrits. Ce dernier lui répond le 11 juin — en français… — que «jamais un gouvernement dont je fais partie […] ne contraindra le prêtre à se faire soldat[32]». Tout étant pour le mieux dans le meilleur des mondes, on recommande donc de s'inscrire.

La boucherie s'achève, mais de façon particulièrement sanglante durant les derniers mois. Les Canadiens ayant fait leurs preuves à Vimy, Courcelette et Passchendaele, on eut à leur égard une délicate attention, et

> pour tout le reste de la guerre, on les plaça en tête des troupes d'assaut lors des grandes offensives. […] Entre la fin d'août 1918 et l'armistice, plus de 30 000 soldats canadiens furent tués ou blessés[33].

Pour ajouter à la situation, une épidémie de grippe espagnole se déclare et, au Québec seulement, entre le 15 septembre et le 18 décembre 1918, plus d'un demi-million de personnes en sont atteintes dont près de 14 000 décèdent.

Mais, comme on signait l'armistice le 11 novembre, il faut une fois de plus se rendre à l'évidence:

> Il y a trois semaines, qui eût seulement songé à un pareil revirement? Les évolutions et les révolutions humaines ne s'accomplissent pas ainsi à brûle-pourpoint. Leur issue est d'ordinaire le résultat de lointaines prévisions et de longs pourparlers. À qui donc faire remonter cette volte-face subite, sinon à Dieu? C'est lui qui a dit enfin aux peuples: «C'est assez[34]!»

Mais en réalité, pour le simple soldat, ce n'était pas assez. Et c'est ainsi qu'après avoir subi l'hécatombe en France, les Canadiens doivent repasser par l'Angleterre avant de rentrer au pays. Or, chez ces *British* qui ne nous ont

> donné que des haut-le-cœur pour leur vil dédain des Coloniaux qui les font vivre, [... nous] sommes demeurés six longues semaines qui nous ont paru six longs siècles. [... Pourquoi?] Ah! c'est qu'on envoyait les Anglais d'Ontario et de l'Ouest, et qu'on gardait les Canadiens français. [...] Le *fair-play* britannique n'existe que dans les mots[35].

Conséquences

Et dans l'immédiat, que retire le Québec de ce premier conflit? En premier lieu, une amertume plus qu'évidente découlant des mentalités totalement opposées entre francophones et anglophones. Pour ces derniers d'ailleurs, ce sera l'occasion — comme le constatent Margaret Westley et Murray Balantyne[36] — d'apprendre «l'existence des Canadiens français en tant que communauté organisée professant des idées et des croyances contraires à celles de leur propre milieu». S'il en est ainsi pour nos voisins montréalais, que sera-ce pour les *Canadians*, Américains, Britanniques ou Français? D'abord, la surprise de nous savoir de ce monde et ensuite, l'incompréhension totale face à ce vague groupement situé quelque part dans l'est de l'Amérique du Nord et apparemment apatride.

Le ressac se fait rapidement sentir, et les soldats anglophones rapatriés parlent de se débarrasser des Bourassa, Lavergne et de leurs partisans. Dans l'Ouest, on veut éliminer définitivement tout vestige de l'enseignement français «jusqu'à ce que cette langue ait rejoint l'allemand[37]». En Nouvelle-Angleterre, dans les «petits Canadas», le français ne sera bientôt plus enseigné qu'à titre de «langue étrangère».

Et que faire maintenant de ces 18 000 déserteurs du Québec, sur les 24 000 du Canada entier? Certains juges québécois les condamnant à 5 $ ou 10 $ d'amende, les *Canadians* se fâchent et Ottawa fixe alors le montant minimal à 250 $. Au moins, on pourra les troquer contre des sous.

Chez certains *Montrealers* toutefois, une jeune intelligentsia, gravitant principalement autour de l'université McGill, commence bientôt à se rendre compte qu'il n'existe pas que le *Golden Square Mile* sur terre, mais bien aussi tout un monde miséreux que la guerre leur a révélé. Ainsi débute le déclin du «splendide isolement», mais aussi le début d'une réelle socialisation.

❑

Économiquement parlant, une guerre enrichit... quand elle a lieu chez les autres! Aussi constate-t-on, dès 1915:

> Nos produits trouvent une vente immédiate et profitable; nombre d'établissements industriels travaillent à plein rendement pour la fabrication des munitions, ce qui a rapporté des vingtaines de millions et fourni un avantage incalculable au point de vue de la main-d'œuvre[38].

Durant la guerre, la superficie des terres cultivées à plus que doublé, passant de 5 millions d'acres à 13 millions. Montréal draine la richesse et souscrit à elle seule 143 millions de dollars en bons de la Victoire sur les 175 millions fournis par la province.

Et comme toujours en temps de crise, rappelons que le fédéral en profite pour accroître ses pouvoirs de taxation — impôt sur les compagnies en 1916, impôt sur les particuliers en 1917 — sources de revenu qu'il n'abandonnera surtout pas par la suite, car des crises, s'il n'y en a pas, on en créera, diversifiant de la sorte le mécontentement des électeurs.

Réajustements, 1919-1921

Comme partout au Canada, il faut réintégrer les militaires démobilisés, de même qu'au Québec, les déserteurs.

Or la vente des produits agricoles chute de moitié de 1920 à 1923, passant de 266 à 135 millions de dollars! Les fils d'habitants quittent la terre pour la ville où il y *avait* de si bons salaires en temps de guerre. Mais la guerre est finie... et bien souvent, ils ne peuvent que rejoindre les rangs des chômeurs déjà si nombreux: plus de 16 % chez les syndiqués! Et que dire des grévistes? En 1919, seront perdues en grèves 859 983 journées au Québec, alors que de 1914 à 1939, la moyenne est d'environ 100 000[39]! Et si Mgr Bruchési pouvait s'offrit le luxe de dire aux ouvriers au début du siècle: «Pensez au ciel, ce sera l'heure des éternelles rétributions[40]», la guerre, elle, a appris aux syndiqués et aux chômeurs à penser à la terre. Dès 1915 d'ailleurs, le très catholique diocèse de Québec a son premier syndicat dont l'objectif consiste à «vouloir le bien de l'ouvrier, sans vouloir du mal au patron qui l'emploie[41]». En outre, les mouvements gauchisants de l'Ouest incitent les Québécois à réclamer davantage. Les clercs, toujours désireux de contrôler les syndicats, s'ils ne veulent pas que ceux-ci passent sous l'entière dépendance du syndicalisme international américain, doivent s'adapter à leur tour. La spéculation philosophique étant une chose et gagner sa vie en étant une autre, ils décident que l'organisation d'un syndicalisme ouvrier doit se faire de préférence avec des ouvriers plutôt qu'avec des intellectuels. Aussi, le 2 juin 1918, treize participants — dont neuf ouvriers — se réunissent à la villa Saint-Martin pour y définir les principes d'un syndicalisme susceptible de concilier les intérêts du capital et du travail. L'aumônier n'y aura pas droit de vote, mais bien droit de *veto* si la foi ou la morale sont concernées.

Bref, de la Fédération ouvrière mutuelle du Nord, fondée en 1912, on passe, en 1921, à Hull, à la Confédération des travailleurs catholiques du Canada (CTCC) qui compte quelque 17 000 membres regroupés par métiers[42]. Mais malgré tout, les syndicats internationaux dominent nettement: 334 contre 120! Et le 1er mai 1920, Albert Saint-Martin, socialiste militant, peut défiler à Montréal avec ses partisans, derrière le drapeau rouge, et chantant l'*Internationale*... Attention: «La révolution s'en vient ici comme partout. Les syndicats internationaux, c'est la révolution en germe; la *One Big Union*, c'est la révolution rendue à maturité[43].»

❑

Conscription et conservateurs étant devenus synonymes pour les Québécois, ceux-ci reportent triomphalement Gouin au pouvoir aux élections provinciales du 23 juin 1919 — veille de la Saint-Jean-Baptiste... — avec le plus fort pourcentage de suffrages jamais encore obtenu: 70 % et 74 élus, sur une possibilité de 81.

Au fédéral, la situation est encore plus tranchée, ce qui est d'ailleurs normal puisque la décision de recourir à la conscription émanait de ce palier de gouvernement. Alors que chez les habitants, «on donnera le nom de Borden à un chien méchant ou à un taureau dangereux[44]», son successeur est considéré comme encore pire: «Le pays canadien, en Borden, perd un indifférent; mais il se donne en Meighen un bourreau autocrate[45]», et à Québec, on l'identifie tout simplement à «l'Antéchrist»! Aussi y a-t-il également un raz-de-marée sans précédent aux élections du 6 décembre 1921: 65 députés libéraux sur... 65! La fidélité de Mackenzie King à Laurier dans les tristes heures de 1917 a porté fruit, et le «petits-fils de...» prend le pouvoir grâce au Québec, et il le prend pour longtemps.

Il en sera de même pour Louis-Alexandre Taschereau — de la célèbre famille des seigneurs, juges et cardinal — qui succède à Gouin en 1920 et qui demeurera premier ministre du Québec jusqu'en 1936.

Dès les premiers mois de 1921, deux lois d'importance sont votées: la Loi créant la Commission des liqueurs et la Loi de l'assistance publique. Dans les deux cas, il s'agit de domaines litigieux où l'Église, tout particulièrement, considérait que certains principes de base risquaient d'être évacués.

Jusqu'alors, la vente de boissons alcooliques était laissée à l'entreprise privée. Au début du XXe siècle, les protestants préconisent la prohibition, et nombre de clercs également. On distribue quelque 100 000 exemplaires du *Petit manuel antialcoolique* du chanoine Sylvain, paru en 1905, et l'année suivante, les franciscains lancent leur revue *La Tempérance* tout en multipliant leurs prédications antialcooliques. La campagne s'accentue et, en «1918, 92 % des municipalités sont prohibitionnistes[46]». Le journaliste et romancier Ulric Barthe a beau supplier Gouin «à deux genoux s'il le faut» de permettre la vente de la bière et du vin, à défaut de quoi il se fera «bolchevik», le premier ministre n'en établit pas moins la prohibition totale en mai 1919, sauf si la boisson doit servir à «des fins sacramentelles — on verra même les camions arborer: «Quebec Liquor Commission: Sacramental Wines[47]» — de médecine, de mécanique, de fabrication et d'industrie». Résultat: tout le monde est curé, malade ou industriel. Face à cette ineptie d'un puritanisme éculé, Taschereau crée donc la Commission des liqueurs du Québec qui assurera à la province le monopole des ventes et, par le fait même, des revenus substantiels.

Grâce à cet «enivrant surplus» — ainsi que le qualifie le chef de l'opposition, Arthur Sauvé —, le gouvernement pourra dorénavant subventionner les «œuvres charitables» de l'Église. Comme il s'agit toutefois là d'une des deux sacro-saintes forteresses de l'Église — l'autre étant l'éducation —, certains parleront de franc-maçonnerie, et Bourassa, d'une «formidable menace à la charité libre». Malgré cette opposition d'arrière-garde, Taschereau établit sa Loi de l'assistance publique qui stipule que l'hospitalisation ou l'entretien des patients indigents en institutions — il y en avait alors 40 000, dont 13 000 ne payaient rien — sera payée à parts égales par le gouvernement provincial, les municipalités et les institutions concernées. Il étendra graduellement sa contribution à toutes les formes d'assistance aux miséreux et ne sera guère tatillon quant au contrôle de ses subsides. De la «charité chrétienne», on s'achemine vers la justice sociale.

Les libéraux sont bien en selle, les relations entre l'Église et l'État généralement bonnes, les séquelles de la guerre de 1914-1918 passablement dissipées, et l'économie se rétablit graduellement. Le Québec peut envisager sereinement la prochaine décennie.

Notes

1. *Annuaire statistique du Québec, 1916*, p. VIII-IX, p. 49, 150, 322. Le duc de Connaught, troisième fils de la reine Victoria et gouverneur général du Canada de 1911 à 1916, conseillera, dans son discours de fin de mandat, de ne faire venir après la guerre, *que* des immigrants britanniques. R. Rumilly, *Histoire de la province de Québec*, Montréal, Fides, vol. XXI, p. 180.
2. Dans un texte initialement paru en 1913 et repris dans *Au service de la tradition française*, Montréal, BAF, 1920, p. 158.
3. «Loi du service militaire», dans J. Hamelin et N. Gagnon, *Histoire du catholicisme québécois, 1898-1940*, Montréal, Boréal Express, 1984, p. 306.
4. Cité dans R. Rumilly, *Henri Bourassa*, Montréal, Éd. Chantecler, 1953, p. 507-509.

5. Olivar Asselin, *Les évêques et la propagande de «l'Action catholique»*, Montréal, s.é., 1915, p. 59.

6. Margeret W. Westley, *Grandeur et déclin — L'élite anglo-protestante de Montréal, 1900-1950*, Montréal, Libre Expression, 1990, p. 124.

7. *Débats de la Chambre des communes*, 10 avril 1910. Et pour Hugh Graham, fondateur du *Montreal Daily Star*: «*There is no choice. If Britain is drawn into the conflict, Canadian troops must fight side by side in defence of the Empire and her national identity.*» (*The Montreal Star. One Hundred Years Growth* [Cahier spécial]), p. 7.

8. *Le Soleil*, 1er octobre 1915.

9. *Orange Sentinel*, 18 mars 1915, dans R. Rumilly, *op. cit.*, vol. XX, p. 29.

10. *Le Devoir*, 2 novembre 1915.

11. «Sa Grandeur Monseigneur Latulipe n'a pas tort de trouver les procédés des Boches d'Ontario aussi exécrables que ceux des Boches de Poméranie.» (Henri Bourassa, dans *Le Devoir*, 29 juin 1915.)

12. Jean Éthier-Blais [Franco-Ontarien], *Fragments d'une enfance*, Montréal, Leméac, 1989, p. 116.

13. *Mandements, lettres pastorales, circulaires et autres documents de Montréal*, vol. XV, p. 515.

14. «Si j'étais sur mon lit de mort et que Mgr Fallon fût le seul prêtre capable de m'administrer, je crois que je prendrais une chance d'aller chez le diable ou chez le bon Dieu.» (Samuel Genest, président de la Société Saint-Jean-Baptiste d'Ottawa, 1915.) Dans Rumilly, *op. cit.*, vol. XX, p. 18.

15. J. Hamelin et N. Gagnon, *op. cit.*, p. 98-100.

16. R. Rumilly, *op. cit.*, vol. XXIX, p. 142.

17. Henri Bourassa, *Que devons-nous à l'Angleterre?*, Montréal, Éd. Le Devoir, 1915, 420 p.

18. *Ibid.*, p. 253, 259.

19. Olivar Asselin, «Pourquoi je m'enrôle», discours prononcé au Monument national, le 21 janvier 1916, cité dans *Trois textes sur la liberté*, Montréal, HMH, 1970, p. 177.

20. M. W. Westley, *op. cit.*, p. 132.

21. Henri Bourassa, «Après la guerre — Le commencement de l'expiation», *Le Devoir*, 9 février 1916.

22. À une question lui demandant si cette enquête lui permettait de savoir qui pourrait être enrôlé, Borden répond: «252 034 célibataires âgés de 18 à 45 ans ont déclaré qu'ils étaient sujets britanniques de naissance ou par naturalisation, et apparemment en état de porter les armes.» (*Débats de la Chambre des communes*, 20 juin 1917.)

23. «Lettre de Mgr l'Archevêque de Montréal au clergé de son Diocèse relativement au *Service national*», 3 janvier 1917, dans *Mandements de Montréal, op. cit.*, vol. XV, p. 444-445.

24. *Le Devoir*, 1er mai 1917.

25. *Conscription*, Montréal, Jeunesses patriotes, 1938, p. 15. Quant aux Mohawks de Caughnaùwaga (aujourd'hui Kanawake), n'ayant pas le droit de vote, ils refuseront ladite conscription.

26. *Review of reviews*, novembre 1917, p. 635.

27. *Ibid.*, janvier 1918, p. 63.
28. Philippe Millet, «Les Canadiens français», *L'Œuvre*, Paris, 11 août 1917.
29. Joseph-A. Lavoie, sous le pseudonyme de Joseph Canada, «Ce que sont les Canadiens français», *La Tribune* (de Sherbrooke), rapporté dans le volume de E.-I. Oval (autre pseudonyme de J.-A. Lavoie) et E. Rastus (pseudonyme de Moïse-E. Martin), *Une unité canadienne*, Québec, s.é., 1920, p. 155-160.
30. Cité par Jacques Michel [pseudonyme de l'abbé Camille Poisson], *La participation des Canadiens français à la grande guerre*, Montréal, A. C.-F., 1938, p. 40-41. Ce volume est une réponse à celui de l'économiste et sociologue français André Siegfried, *Le Canada, puissance internationale*, 1937, qui écrit qu'en 1914-1918, les Québécois «n'ont pas marché». Nous y reviendrons en 1938. Ajoutons pour l'instant que les prêtres français envisageaient différemment des prêtres québécois leur participation à ce premier conflit mondial. Aussi: «25 000 prêtres servirent sous les drapeaux, dont 12 000 comme combattants, et 4608 tombèrent au champ d'honneur. Sacrifice admirable.» (Daniel-Rops, *Un combat pour Dieu*, Fayard, 1963, p. 382.)
31. Archives de l'archevêché de Québec. Cité dans J. Hamelin et N. Gagnon, *op. cit.*, p. 306.
32. Archives de l'archevêché de Montréal. Cité dans R. Rumilly, *op. cit.*, vol. XXIII, p. 95.
33. M. W. Westley, *op. cit.*, p. 133.
34. «Circulaire de Mgr l'Archevêque de Montréal au clergé de son diocèse», 15 novembre 1918, dans *Mandements... de Montréal*, *op. cit.*, vol. XVI, p. 90-91. À remarquer qu'en 1976, Robert Bourassa, face à la multiplicité des grèves au Québec, dira pour sa part: «Assez, c'est assez!»
35. E. J. Oval et E. Rastus, *op. cit.*, p. 143.
36. M. W. Westley, *op. cit.*, p. 130.
37. *The Saskatoon Daily Star*, 18 décembre 1918, cité dans R. Rumilly, *op. cit.*, vol. XXIII, p. 141.
38. *Rapport annuel de la Banque de Montréal*, 6 décembre 1915.
39. *Annuaire statistique du Québec, 1940*, p. 406.
40. Monseigneur Bruchési, «Sur la question ouvrière», 23 avril 1903, dans *Mandements... de Montréal*, *op. cit.*, vol. XIII, p. 534.
41. *Le Canadien*, Thetford Mines, 11 novembre 1915. Et, de préciser le père J.-Papin Archambault: «Les syndicats catholiques constituent le seul rempart contre l'invasion du bolchevisme au Canada.» (*Bulletin paroissial du Sacré-Cœur de Beauce*, octobre 1919, p. 6.)
42. Jacques Rouillard, *Histoire du syndicalisme québécois*, Montréal, Boréal, 1989, p. 120-123.
43. *Bulletin paroissial du Sacré-Cœur de Beauce*, octobre 1919, p. 6.
44. Gérard Filion, *Fais ce que peux*, Montréal, Boréal, 1989, p. 37.
45. *La Presse*, 8 juillet, 1921.
46. J. Hamelin et N. Gagnon, *op. cit.*, p. 198-209.
47. Robert Prévost et coll., *L'histoire de l'alcool au Québec*, Montréal, Stanké, 1986, p. 79.

Bibliographie sélective

Annuaire statistique de Québec, 1916, Québec, Imprimeur de Sa Majesté le Roi, 1916, 608 p.

HAMELIN, Jean et Nicole GAGNON, *Histoire du catholicisme québécois, 1898-1940*, Montréal, Boréal Express, 1984, 504 p.

PROVENCHER, Jean, *Québec sous la loi des mesures de guerre, 1918*, Montréal, Boréal Express, 1971, 149 p.

RUMILLY, Robert, *Histoire de la province de Québec*, Montréal-Éditions et Éditions Chantecler, 1947-1952, vol. XIX-XXV.

CHAPITRE III

La reprise économique au Québec, 1922-1929

Politique libérale

Avec ses 74 députés sur 81, les revenus substantiels qu'il retire de la Commission des liqueurs pour les redistribuer à l'Assistance publique, et une reprise du travail grâce aux investissements américains, Taschereau devrait facilement conserver le pouvoir aux élections du 5 février 1923.

Toutefois, ses deux lois principales, sur l'alcool et sur l'Assistance publique, lui ont aliéné la droite. En outre, à Montréal où les anglophones — qui se sentent négligés — sont nombreux et Bourassa, puissant, la partie est loin d'être gagnée. Dans le premier cas, huit sociétés anglaises de tempérance font une campagne de toutes les eaux bénites contre Taschereau. Dans le second, Bourassa le mysticisé publie dans *Le Devoir* sept articles ravageurs entre le 24 janvier et le 3 février. Contre ce «gouvernement médiocre» qui multiplie les «étouffements d'enquêtes, refus de preuves documentaires» et accorde des «faveurs scandaleuses» aux amis du parti, contre «Taschereau et Compagnie, marchands de vins», il faut «une forte opposition». *Le Soleil*, journal libéral de Québec, a beau traiter Bourassa de «traître» — l'éternel «œil de Caïn» pourchassant le Bourassa ayant fait battre Laurier en 1911! — et de «gargouille grimaçante et isolée», 13 sièges sur les 15 que compte Montréal passent aux adversaires. Mais le vote rural étant acquis à Taschereau, il se retrouve malgré tout avec une très forte majorité de 64 élus contre 21.

Il en profite pour tenter de rallier les nationalistes en s'opposant avec panache aux empiétements du fédéral rêvant d'unitarisme, comme c'est d'ailleurs le cas depuis 1867, mais avec de nouvelles tentatives au cours de la période 1920-1925. Et c'est ainsi que la Canadian Bar Association propose un seul Code civil pour l'ensemble du Canada, tandis que le National Council of Education suggère un seul et même système d'enseignement *from coast to coast*. Et tant pis pour les articles 92 et 93 de l'Acte de l'Amérique du nord britannique! Comme, une fois de plus, «c'était un peu court» — pour ne pas dire grossier —, le fédéral n'insista pas, mais l'alerte avait été sonnée et nous verrons plus loin de quelle façon le chanoine Groulx et ses coéquipiers réagiront. Sur cette lancée, la Saint-Jean-Baptiste — en l'honneur du fameux banquet du 24 juin 1834 appuyant les *92 Résolutions* des Patriotes — devient en 1925 fête officielle et chômée. Deux ans plus tard, Ottawa — déclenchant des tempêtes orangistes — ajoute, «Postes» à «Post» sur les timbres commémorant le soixantième anniversaire de la Confédération et bilinguise enfin la monnaie en 1936. Montcalm vengé, revenons à la période qui nous intéresse!

«Mieux vaut importer des capitaux qu'exporter des Canadiens français», avait coutume de dire Taschereau. Aussi nos voisins américains, accueillis à bras ouverts, développent-ils, à ce moment-là tout particulièrement nos mines abitibiennes ainsi que nos industries de pulpe gaspésiennes et saguenéennes. Et Taschereau s'empresse d'y diriger un surplus de main-d'œuvre, toujours alléchée par la Nouvelle-Angleterre. En 1929, la province affiche un excédent budgétaire pour la vingt-septième année consécutive et, une fois de plus, les libéraux paraissent assurés de remporter les prochaines élections, surtout que leurs adversaires n'ont rien à offrir! En effet, dans leur publicité auprès des électeurs[1], ils commencent par claironner: «Avant les élections qui vont balayer du pouvoir les potentats du régime Taschereau», et poursuivent en précisant que leur programme conservateur «synthétise admirablement les idées libérales-conservatrices, à la fois traditionnelles et progressives.» On ne prend pas de risque…

Malgré la bonne situation économique et l'absence d'une opposition structurée, on relève, inévitablement, des causes d'insatisfaction. Et cette insatisfaction provient toujours d'une conception relativement réactionnaire qu'on se fait d'un Québec catholico-rural. Certes, les Américains investissent chez nous, mais, disent les nationalistes, ils obtiennent nos matières premières pour une chanson et, ajoutent les clercs, corrompent notre mentalité traditionnelle. De plus, on en veut toujours aux fameuses lois régissant l'Assistance publique et le vente des spiritueux, législation à apparence «communiste». D'ailleurs, on ne peut oublier — comme ne cessera de le souligner *L'Action catholique* plus catholique que le pape — que ces fameux libéraux ont donné trop souvent droit de parole à des Honoré Beaugrand, Louis Fréchette, Aristide Filiatreault, Godfroy Langlois, et maintenant T.-D. Bouchard! Et en quoi est-elle si valable, cette fameuse administration qui, sous prétexte de compétence provinciale, refuse l'offre d'Ottawa de verser aux vieillards démunis la somme de 20 $ par mois? Et «la tragédie du lac Saint-Jean», où des barrages ont provoqué des inondations obligeant nombre d'habitants à s'établir ailleurs, n'atteste-t-elle pas que les capitalistes américains peuvent déporter nos bons Saguenéens sinistrés? (Même si ceux-ci, il ne faut surtout pas le dire, ont souvent reçu des indemnités cinq fois supérieures à leurs pertes!) Et la «tragédie du Laurier-Palace» — tristement réelle cette fois —, alors que le 9 janvier 1927, soixante-dix-huit enfants périssent dans l'incendie de ce cinéma, n'est-ce point la preuve on ne peut plus concrète de la déchéance du Québec où l'on envoie ses enfants, un dimanche par surcroît, s'abrutir sans surveillance devant des inepties yankees? Et que dire enfin du Labrador, cette terre adultère annexée à Terre-Neuve en 1763, rétrocédée au Québec en 1774, remise à Terre-Neuve en 1809 et redonnée au Québec en 1825? Ne voilà-t-il pas que les Terre-Neuviens la réclament à nouveau? Mais comme le Québec fait partie du Canada et que ce dominion doit conséquemment défendre l'intérêt de ses provinces, tout semble baigner dans l'huile de morue. Toutefois, comme on peut le lire dans le *Toronto Star* du 3 mars 1927: «L'affaire regarde surtout la province de Québec; le Canada n'y a qu'un intérêt platonique.» «L'affaire» s'annonce mal!

Mais quand on a du pain, avec beurre, fromage et confiture, on ne se préoccupe guère de semblables balivernes... Aussi, le 16 mai 1927, les libéraux conservent-ils triomphalement le pouvoir, avec 75 députés sur une possibilité de 85!

Il faut dire qu'on nage alors dans l'abondance, avec, en 1929, un budget de plus de 40 millions de dollars, toujours excédentaire — comparativement à 14,5 millions en 1920 —, et l'actif des banques québécoises dépasse les 2 milliards. L'avenir, croit-on, roule sur l'or, l'avenir est à nous! Mais, comme Louis-Alexandre Taschereau le constatera sous peu, «l'avenir est à Dieu»!

Vers la prospérité

Alors qu'en 1914, la Grande-Bretagne constituait le principal investisseur au Canada avec 72 % de tous les investissements étrangers contre 23 % seulement pour les États-Unis, on fait face en 1930 à la situation inverse: 61 % pour les États-Unis contre 36 % pour la Grande-Bretagne[2]. Mais, de toute façon, notre économie continue de dépendre des anglophones, ce qui n'est que normal — comme le constatent nos sympathiques intellectuels nationalistement colonisés, tels Hector Fabre, Ernest Choquette ou Mgr Louis-Adolphe Paquet — puisque «les affaires, c'est pour les Anglais, et la culture, c'est pour nous». Car il ne faudrait surtout pas l'oublier: «Notre mission est moins de manier des capitaux que de remuer des idées[3]». Bravo! Mais il reste que si on se fait sans cesse sucer ses sous, il devient sans doute logique de mépriser ces sous qu'on n'a plus, mais difficile de se payer des études pour «remuer des idées». Or le Dieu des Anglais, lui, récompense d'abord ses fidèles par des *tockens* bien terrestres et l'au-delà qui s'ensuit, et ceux-ci, sans protestation cette fois, bénéficient des deux Royaumes. Pas de Pascal pour les *British*...

Le Québec n'en récolte pas pour autant une triste unanimité agriculturiste. Dès 1901, Errol Bouchette lançait, son «cri de ralliement»: «Emparons-nous de l'industrie.» Mgr J.-L.-K. Laflamme enseignait la même chose au Séminaire de Québec[4] et «les quatre plus grands quotidiens francophones: *La Presse*, *La Patrie*, *Le Journal* et *Le Canada*[5]» abondent dans le même sens, tout comme la Ligue nationaliste fondée en 1903.

Pour leur part, Gouin et Taschereau — tout en reconnaissant la nécessité de la colonisation pour diminuer l'émigration — voient l'avenir québécois beaucoup plus industriel qu'agricole et, en bons libéraux, favorisent l'entreprise privée plutôt que l'étatisation. En 1918, Mgr Georges Gauthier, évêque auxiliaire de Montréal, parle de:

> l'urgence qu'il y a de diriger ceux de nos bacheliers qui se destinent au monde vers nos écoles spéciales: Polytechnique, Hautes études commerciales, écoles d'agriculture, école des arts décoratifs et industriels, école forestières et d'arpentage[6].

De son côté, Édouard Montpetit, l'homme de tous les honneurs et de toutes les fidélités à ses deux mères patries, démontre dans ses conférences parisiennes de 1913, l'importance tant de l'agriculture que de l'industrie.

> Ainsi, les Canadiens français, cultivés, riches et puissants, serviront mieux l'Angleterre qui leur a laissé leur nationalité pour qu'ils en conservent toutes les qualités et qu'ils en recueillent tous les dons.

À ces «qu'en termes élégants», Esdras Minville, lui, ajoutera la substance: en 1937, la superficie cultivée correspond à 2 % du territoire québécois! «En revanche, nos ressources industrielles sont diverses et abondantes», exploitons donc le domaine forestier, l'énergie hydro-électrique et les mines. Donc, comme toujours, il y a trois courants: un pour, un contre et un Montpetit.

❑

La production totale du Québec en 1929 est de 1 160 613 000 $ par rapport à 381 000 000 $ quatorze ans plus tôt[7]. Notre industrie la plus importante, celle des pulpes et papiers, emploie 17 862 personnes. Les journaux — américains tout particulièrement — se multiplient, et nous avons 601 600 kilomètres carrés (235 000 milles carrés) de domaine forestier. La Canada Power and Paper et l'International Paper construisent des moulins à bois et à pulpe dans les régions du Saguenay, de la Gaspésie et de la Mauricie, la valeur «des bois coupés» et de la pulpe passe de 14 millions en 1910 à 233 millions[8] en 1929, et on commence à transformer sur place cette pulpe en papier journal.

Comme «nos chutes d'eau, écrit Esdras Minville, sont la clef de notre expansion économique», on érige de nouveaux barrages. La production québécoise de 664 139 chevaux-vapeur en 1914, inférieure à celle de l'Ontario, grimpe à 2 595 430 en 1929 pour une valeur de 46 millions, et dépasse — pour une fois! — celle de l'Ontario depuis 1926. Elle compte alors pour près de 50 % de l'ensemble de la production canadienne[9]. Face à cette manne, nombre de nationalistes réclament l'étatisation, et pour contrer cette menace, les compagnies baissent continuellement leurs prix. À Montréal, par exemple, alors qu'on payait 15,50 $ le kilowatt en 1902, on ne le paie plus que 3,25 $ en 1928.

Pour les mines, on extrait l'amiante depuis les années 1880 dans l'Estrie, premier producteur mondial en ce domaine. À compter de 1912, le chemin de fer du Transcontinental rejoignant enfin «l'Abitibi du bout du monde», des colons s'y établissent et bientôt on y exploite des gisements de cuivre, d'or et de zinc. Dans le Saguenay, ARthur VIning DAvis fonde ARVIDA en 1925 et y établit une gigantesque usine pour l'exploitation de l'aluminium. Avec tous ces investissements, essentiellement américains, la production minière québécoise quadruple entre 1914 et 1929, passant de 11 732 738 $ à 46 454 820 $[10].

❏

Si, pour une certaine intelligentsia sans doute plus réaliste, l'avenir est à l'industrie, il n'en demeure pas moins que *L'Action française* de l'abbé Groulx, dont l'influence est énorme auprès de «l'élite» traditionnelle du Québec, lance encore comme «mot d'ordre» en février 1922:

Pour l'agriculture

> Les événements des dernières années démontrent une fois de plus que la culture du sol est la première industrie d'un pays. [... Et au Québec tout particulièrement,] à l'accroissement de la classe agricole, à sa prospérité sont liées la survivance de notre race et sa grandeur. [...] Trouvons dans ces faits les motifs de mettre l'agriculture au premier rang de nos préoccupations économiques[11].

De 99 millions de dollars[12] qu'elle était en 1914, la production agricole passe à 154 millions en 1929[13]. Ajoutons à cela un cheptel évalué à 172 millions pour une production annuelle de 106 millions[14]. Il s'agit toujours d'une agriculture principalement familiale où la main-d'œuvre des engagés ne compte que pour environ 10 %, et où 70 % des quelque 137 000 fermes ont une superficie moyenne de 150 acres. On utilise enfin certains sols pierreux des comtés de Rouville et des Deux-Montagnes pour la pomiculture, et les terres acides du district de Joliette pour la culture du tabac.

Dans le domaine des pêcheries, on en est toujours à l'ère féodale, alors qu'au-delà d'une cinquantaine de lacs et plus de mille rivières sont loués «à des fins de pêche sportive» à des particuliers ou à des clubs privés, à des prix plus que dérisoires: 70 161 $ en 1914, c'est-à-dire moins de 7 $ par année en moyenne[15]! Quant aux pêcheries commerciales, elles ne comptent toujours que pour 0,3 % de notre PNB, avec un rendement de 2 933 000 $ dont tout près de la moitié provient de la morue[16].

Dans ce capharnaüm rural, l'État n'intervient guère. Toutefois, Québec engage ses premiers agronomes en 1913 et débloque des fonds destinés à l'agriculture qui atteindront 2,4 millions en 1939. En outre, les agriculteurs, à partir de diverses associations mises sur pied dès le début du siècle, et à l'instar des ouvriers qui avaient fondé en 1921 la Confédération des travailleurs catholiques du Canada, décident de se regrouper en 1924 pour fonder l'Union catholique des cultivateurs de la province de Québec (UCC). C'est dans l'enthousiasme que ses dirigeants — Laurent Barré, J.-Noé Ponton, Firmin Létourneau, tous appelés à jouer des rôles de premier plan par la suite — recrutent rapidement quelque 13 000 membres. Mais les libéraux, considérant qu'ils «jouent dans leurs plates-bandes», tentent de calmer leurs ardeurs revendicatrices. L'UCC conteste cette intervention et se politise à un point tel que l'épiscopat — toujours lui — demande aux dirigeants de démissionner en échange de quoi l'Union obtiendra l'appui du clergé à compter de 1928.

❑

Plus une population s'industrialise, plus le secteur tertiaire se développe. Ainsi, si on examine la valeur nette de la production au Québec en 1929, on constate que les manufactures comptent pour 47,25 % — alors qu'elles atteignent 52,17 % en Ontario contre 4,67 % pour l'Île-du-Prince-Édouard — l'agriculture pour 19,71 %, la construction pour 12,38 %, les forêts pour 10,05 %, les mines pour 4,42 %[17], et tout le reste n'est que littérature…

Du côté des finances, en 1914, on compte au Québec 657 banques et succursales et 1169 en 1929[18], dont l'actif s'élève à 2 067 000 000 $. Les deux plus importantes banques du pays — la

Banque de Montréal et la Banque Royale — ont leur siège social dans «l'encore métropole du Canada», tout comme la Banque canadienne nationale et la Banque provinciale du Canada, contrôlées par des Québécois. Depuis la première caisse populaire ouverte en 1900 à Lévis avec un capital initial de 26 $, bien des sous ont coulé sous des ponts incertains. Aussi, en 1929, grâce à la loi sur les syndicats coopératifs de 1906 et à l'appui constant du clergé — le huitième but de la caisse populaire n'est-il pas de «faire pratiquer la charité chrétienne[19]» — on y détient un actif de 11 millions de dollars.

La part du Québec dans le commerce global du Canada diminue aussi lentement que sûrement, passant de 52,8 % en 1870 à 32,7 % en 1914 et à 27,9 % en 1929[20]. Et toujours dans le domaine des constantes, nos exportations dépassent nos importations: 178 millions contre 174 millions en 1914 et 422 millions contre 321 millions en 1929[21]. De quoi rendre Colbert jaloux. Pour le commerce des grossistes, on en retrouve en 1929 quelque 3000, dont les ventes nettes s'élèvent à 900 millions, 85 % de celles-ci étant réalisées à Montréal! Quant aux 34 000 détaillants, environ la moitié de leurs ventes consiste en produits alimentaires dont les trois cinquièmes sont écoulées à Montréal.

Ces transactions accrues exigent des moyens de communication améliorés, mais l'ère du développement sans fin des chemins de fer est bien révolue. Les trois réseaux transcanadiens relevaient de «l'utopie 1900» concernant «le siècle du Canada». Aussi, en 1922, le fédéral étatise-t-il les diverses compagnies — sauf le Canadien Pacifique — au bénéfice du Canadien National. Au Québec, le réseau passe de 6942 kilomètres (4339 milles) en 1914 à 8619 kilomètres (5387 milles) en 1929, pour diminuer à compter de 1932[22].

Par contre, avec l'avènement de l'automobile et son extraordinaire popularité — 7413 véhicules à moteurs enregistrés au Québec en 1914, et 169 195 en 1929[23] —, on doit procéder à un rapide développement du réseau routier. Alors que le Québec avait en 1914 des routes d'une longueur totalisant 52 314 kilomètres (32 696 milles[24]) dans un état souvent douteux, il se retrouve quinze ans plus tard avec un réseau routier de 122 733 kilomètres (76 708 milles) nettement amélioré et principalement entretenu par le gouvernement provincial. Celui-ci, d'ailleurs, qui ne dépensait rien pour la voirie en 1900, y consacre, en 1929, la part la plus importante de son budget, soit 21%.

Il faut dire que ces investissements se révèlent être une véritable poule aux œufs d'or. Dans une Amérique du Nord prospère, les Étatsuniens ont de l'argent, des loisirs, des autos, et la nostalgie du bon vieux temps que semble pouvoir leur offrir *the old picturesque Quebec* avec ses *so charming french speaking people.* Et c'est ainsi que de 9177 automobiles de tourisme traversant la frontière en 1918, on passe à 625 000 en 1929[26], dont les occupants dépensent 61 266 000 $. En plus de notre exotisme, les assoiffés, victimes du prohibitif *Eighteenth Amendment* (1920-1933), peuvent profiter de notre libérale Commission des liqueurs dont les ventes passent de 15 millions à sa création en 1921 à 27 millions en 1929.

À ce pactole, ajoutons les quelque 1100 navires entrant dans le port de Québec en 1928 et 2400 dans celui de Montréal où 8000 personnes transitent quotidiennement durant la belle saison. Durant ces mêmes années, on crée des centaines de sociétés, théoriquement pour exploiter des mines, des forêts ou des barrages, mais, dans la pratique, ça ne se fait bien souvent que sur papier. On spécule, on joue sur marge, et les actionnaires et les actions sont en folie, et celles des distilleries et des brasseries cotées à 29 millions de dollars en janvier 1928 le seront à 161 millions en novembre! Law et Quincampoix n'ont jamais existé, et buvons à tous ces succès: plus précisément 1 611 040,4 gallons de vin, dont 98 417 de champagne, et 984 857,1 de spiritueux en cette fastueuse année 1929[27]. Mais, se demande-t-on avec raison, que se passe-t-il donc dans ce Québec paganisé: «Où est Dieu?» Heureusement, grâce au *Catéchisme des provinces ecclésiastiques de Québec, Montréal, Ottawa, «approuvé le 20 avril 1888, par les Archevêques et Évêques de ces provinces et publié par leur ordre»*, la réponse se fera à la fois aussi cinglante que définitive et rassurante: «Dieu est partout[28].» Et si Dieu est partout, qu'en est-il de son Église?

«L'Église est partout»

Et pourquoi est-elle partout? pourrait-on demander à nouveau à notre *Petit Catéchisme*? Parce que l'État est nulle part? Non pas, surtout qu'en période de prospérité, celui-ci intervient de plus en plus dans les diverses sphères d'activité. Nuançons. Certes au Moyen Âge, l'Église unifiée, riche de biens et de savoir, profitait du morcellement féodal. Dans le Québec de la première moitié du XXe siècle, sans avoir affaire à l'État-providence des années 1965-1985, on se trouve quand même face à un organisme aussi stable que structuré.

Disons que l'Église a ici «trois siècles pour la contempler», alors que l'administration provinciale n'a qu'une soixantaine d'années derrière elle, puisqu'elle ne débute qu'en 1867. La tradition, dans ce cas particulier, compte d'autant plus que l'Église magnifiera grandement son rôle pour la période allant de 1611 — arrivée des jésuites en Acadie — à 1867. Et comme il n'y a presque personne pour la contredire, elle se prétend la grande salvatrice de tous nos droits et de toutes nos libertés. Rôle d'ailleurs qui lui est fréquemment dévolu dans les États où il n'y a pas d'opposition démocratique, tels les pays de l'Est sous le communisme, l'Irlande sous le protestantisme ou encore nombre de pays sud-américains sous la dictature.

En outre, au Québec, les francophones s'identifient à la catholique «fille aînée de l'Église» en lutte depuis toujours contre la protestante Albion: langue et foi se sauvent mutuellement. Ajoutons également que notre clergé est le seul groupement d'importance à être à la fois structuré, discipliné, instruit, voué à un idéal théoriquement plus que louable, possesseur de biens matériels considérables, et en bons termes avec les dirigeants anglophones depuis que ces derniers lui ont laissé la «sainte paix» en 1774 quant à la liberté religieuse.

Résultat: alors qu'en 1830, on comptait un prêtre pour 1834 fidèles, en 1931, on en dénombre un pour 567[29]. Si on prend en considération les religieux des deux sexes, on constate que, s'il y en avait un pour 166 catholiques en 1901, il y en a un pour 97 en 1931, et cette croissance se continuera jusque vers 1950.

Précisons que le clergé se divise en deux grandes catégories: le séculier, vivant «sans clôture», dans le siècle (*sæculum*), et le régulier, vivant selon la règle (*regula*) de la communauté. Voyons quelques statistiques supplémentaires, en commençant par les hommes, puisque ceux-ci ont fait l'Église «à leur image» et s'y sont arrogé les droits fondamentaux.

En 1931, on recense 4274 prêtres au Québec, dont 3298 séculiers. Environ les trois cinquièmes d'entre eux s'occupent du ministère paroissial, et chaque paroisse doit s'autofinancer, grâce aux casuels, bancs d'église, quêtes et dîmes. Les autres œuvrent dans l'enseignement ou encore comme aumôniers ou administrateurs.

Quant aux 976 réguliers — jésuites, dominicains, oblats, trappistes, franciscains et autres —, ils sont enseignants, contemplatifs ou promoteurs d'associations socioreligieuses. Provenant de communautés européennes fondées souvent au Moyen Âge, ils véhiculent une riche tradition culturelle tout en ajoutant à leurs actes et écrits québécois une dimension universaliste[30].

Si ces derniers forment «l'aristocratie cléricale», les 4200 frères, par contre — «qui n'ont pas fait leur cours classique», l'éternelle clef de tous les honneurs! — doivent se contenter de postes effacés, principalement dans l'enseignement primaire, et occasionnellement dans le domaine hospitalier.

Toujours en 1931, on compte 19 616 religieuses au Québec, à la tête de quelque 1200 établissements, principalement hospitaliers et éducatifs, mais également un grand nombre à but exclusivement sociocharitable pour orphelins, vieillards, mères célibataires, alcooliques et autres «damnés de la terre» dont l'État n'a cure... On les retrouve également comme contemplatives et missionnaires. Si, en 1851, elles ne représentent que 0,3 % de la population féminine de plus de vingt ans, en 1931, elles atteignent cette fois 2,4 %, et les entrées se feront encore plus nombreuses durant la Crise!

Mais assez de statistiques! Le Québec est catholique à plus de 85 %, le clergé omniprésent, chapeautant, depuis ses archidiocèses, diocèses et paroisses, aussi bien l'enseignement que l'hospitalisation et une infinité d'organismes à vocation charitable et culturelle, sans compter que ses missionnaires se retrouvent littéralement aux quatre coins du monde!

Éducation

Lapalicien de dire que l'éducation constitue un domaine clef pour orienter toute société. Or, depuis le remplacement du ministère de l'Instruction publique en 1875 par un département de l'Instruction publique, non responsable auprès de la population, on peut dire que l'éducation relèvera dorénavant de l'épiscopat, et ce jusqu'en 1964! En outre, les systèmes d'enseignement des «deux solitudes» deviennent autonomes. Les libéraux, depuis leur retour au pouvoir en 1897, parlent occasionnellement de rétablir un ministère responsable, mais reculent rapidement devant les réactions de vierges offensées à la Chapais criant «au communisme officiel»!

Dans un même ordre d'idée, on pensait — au moins depuis Honoré Mercier en 1881 — à rendre l'instruction obligatoire. En

1901, on en parle pour la première fois à l'Assemblée législative qui reçoit un appui mortel l'année suivante de la part de la Ligue de l'Enseignement des francs-maçons de Montréal! L'Église s'enflamme: avec l'étatisation suivra la neutralité confessionnelle, accompagnée de la laïcisation du corps professoral, et tout comme dans la France de la IIIe République, on supprimera le crucifix! De toute façon, c'est le père qui doit s'assurer de l'éducation de ses enfants, lesquels n'auraient même plus à lui être reconnaissants de leur savoir, puisque l'éducation serait gratuite! Le *Globe* de Toronto se demande si le Québec va décréter «le droit divin des parents d'élever leurs enfants dans l'ignorance», et, dans ce combat d'arrière-garde, industriels et manufacturiers emboîtent le pas, car ils se procureront de la sorte un inépuisable *cheap labor*.

Le 20 juillet 1920, notre prince de l'Église, le cardinal Louis-Nazaire Bégin, dit à l'État de se mêler de ses affaires et, deux mois plus tard, *Le Pays* des irréductibles rouges lui rend la réciproque: «Parce que c'est l'ignorance qui a sauvé autrefois notre peuple de l'assimilation, on s'obstine encore à vouloir nous y conserver comme des cornichons dans le vinaigre.» Comme on le voit, tous n'interprètent pas notre survivance de la même façon…

À preuve, l'ineffable abbé Édouard-Valmore Lavergne écrit encore en 1930 dans sa *Bonne Nouvelle*:

> De tout ce que vos enfants apprendront à l'école, c'est la seule science [le catéchisme] qui les suivra jusque dans l'Éternité. Rien n'est plus important. Il vaut mieux qu'un enfant ne soit pas instruit, si l'on ne forme pas en même temps sa conscience. L'instruction ne lui donnera que plus de facilités de se perdre et de devenir malfaisant pour la société.

Toutefois, lorsque le Vatican propose lui-même en 1931 que l'instruction soit obligatoire, il devient plus gênant de s'y opposer! Mais malgré tout, ce n'est qu'en 1943 que le Québec y arrivera, et encore, on ne l'imposera que jusqu'à l'âge de quatorze ans, et la loi sera appliquée de façon très laxiste.

❏

Dans un cafouillis digne des meilleures bureaucraties, le Québec se dote d'un système éducationnel comprenant, entre autres: un primaire élémentaire, un primaire complémentaire, un primaire supérieur, des écoles modèles, des écoles complémentaires et intermédiaires, et j'en passe!

Disons, pour tenter de simplifier les problèmes, qu'il existe deux réseaux d'enseignement à peu près indépendants: l'un s'adresse aux catholiques, et l'autre, aux protestants où les enseignants sont deux fois mieux payés tout en ayant moins d'élèves par classes[31]. Dans chacun de ces réseaux, on trouve un secteur privé et un secteur public, avec enseignement primaire, secondaire et supérieur. En 1914, on dénombrait au Québec 459 636 étudiants coûtant chacun 19,36 $ et, en 1938, 718 084, au coût moyen de 53,56 $[32].

Dans les écoles primaires catholiques et dans les écoles dites spéciales — écoles des arts et métiers, écoles du soir, écoles techniques, etc. —, les enseignants laïques sont majoritaires, mais généralement dirigés par des religieux. Dans «la grande misère des écoles de rang», une seule maîtresse dispense tout le cours primaire; elle doit chauffer sa maisonnette dont elle habite le grenier, mener une vie morale exemplaire et elle reçoit un salaire de famine. De telles conditions de missionnaires seront à l'origine du syndicalisme enseignant, initialement considéré comme une infamie, et le gouvernement devra légiférer en 1938 pour qu'elles obtiennent un salaire annuel d'au moins 300 $. Malgré ce système pour le moins moyenâgeux, à la veille du deuxième conflit mondial, un enfant sur deux complète son primaire. Pour les trois quarts d'entre eux, ce sera la fin de toute étude, ce qui signifie donc qu'environ un adolescent sur huit poursuivra des études au secondaire.

Très majoritairement, les élèves s'orientent vers les écoles de commerce qui offrent des débouchés dans l'industrie et le commerce, comme «commis ou sténos», ou encore fréquentent, pour les filles, les écoles d'enseignement ménager, préparatoires... au rôle d'épouse et de mère. Les futurs enseignants — sans doute découragés par les salaires dérisoires et la monopolisation des postes clés par les clercs — comptent pour à peine un millier en 1914 dans les écoles normales ouvertes depuis 1856. Pis encore, dans une société encore grandement rurale, on ne retrouve que 413 élèves inscrits cette même année 1914 dans les trois écoles d'agriculture du Québec: Sainte-Anne-de-la-Pocatière, Oka et Macdonald College.

Quant au fameux cours classique que plusieurs évoquent encore avec nostalgie, il faut bien constater qu'il s'agit là d'un monde particulier, autarcique et totalement monopolisé par les clercs. Prenant en charge l'enfant à treize ans pour le laisser adulte à vingt ans, ils le malaxent de religion et de sciences humaines pour lui dispenser une formation générale nageant dans l'abstraction, qui lui donnera accès à toutes les facultés universitaires, ou encore, si Dieu le veut, au sacerdoce. Les moines n'ayant point de moinillons, il leur faut donc prêcher la bonne parole dans les séminaires et les collèges pour assurer la relève. Cette éducation en vase clos s'adresse généralement aux jeunes de milieux favorisés et touche moins de 2 % de la population étudiante: 8444 sur 459 636 en 1914, et 9277 sur 718 084 en 1938[33]. Chacun des 21 collèges qui existent en 1914 reçoit une subvention annuelle moyenne de 1000 $ du gouvernement provincial, alors que leurs dépenses s'élèvent à 830 000 $! À partir de 1922 toutefois — *in vino veritas* — la Commission des liqueurs permettra de décupler ce montant. Précisons que depuis 1908, les religieuses ont emboîté le pas, principalement avec les collèges Marguerite-Bourgeoys à Westmount, Jésus-Marie à Sillery, Marie-Anne à Montréal, et Jésus-Marie à Outremont. Le programme du cours classique semble cependant coulé dans le bronze et on manifeste encore un mépris non dissimulé à l'égard des sciences exactes qu'on qualifie de «petites sciences»! Discutons, théorisons mes frères et mes sœurs, mais laissons surtout la pratique et les sous aux autres!

En ce début du XXe siècle toutefois, alors que, comme on dit en Europe, «le laboratoire a remplacé l'oratoire», plusieurs considèrent comme nécessaire une double réadaptation: accorder plus d'importance à l'économie et aux sciences et moins… au clergé! Et c'est ainsi qu'en 1907, le gouvernement de Gouin fonde les écoles techniques de Québec et de Montréal, ainsi que l'École des hautes études commerciales — qualifiée de «véritable université du commerce» —, lesquelles se retrouvent hors du champ de compétence du clergé. Il en sera de même pour les écoles des beaux-arts ouvertes à Québec et à Montréal en 1922. Entre-temps, on se décidait enfin à mettre un terme à cet anachronisme d'une métropole sans université — depuis 1876, Montréal n'avait qu'une succursale: l'université Laval de Montréal! — et une charte, pontificale comme il se doit, rend autonome en 1920 l'Université de Montréal, sise rue Saint-Denis depuis 1895.

Le clergé ne s'oublie pas, et l'article 17 de la charte précise:

> L'archevêque de Montréal et ses suffragants veillent, dans l'université, à l'intégrité de la doctrine et à la pureté de la mo-

> rale. Ils détiennent et exercent l'autorité suprême dans toutes les questions qui se rattachent à ce double objet, avec pouvoir souverain de décider quelles sont ces questions et dans quel cas il y a lieu à leur intervention. Ils appliquent, après enquête, les sanctions qui conviennent. Leur décision est finale, et doit être exécutée par les diverses commissions, nonobstant tout autre article de cette charte.

Et pour sa part, l'abbé Olivier Maurault, sulpicien de la mondanité et futur recteur, entonne:

> Au centre de ton immense domaine, don de notre orgueilleuse cité, j'aperçois le splendide bâtiment de ton administration, [... et] plus haut s'érige ta chapelle, affirmation de ton caractère résolument catholique.

Il faut dire que les sulpiciens, en plus de fournir le terrain, avaient donné un million de dollars sur une souscription globale de quatre millions pour une éventuelle université où facultés et étudiants ne s'entasseraient plus les uns sur les autres. En somme, les messieurs de Saint-Sulpice faisaient pour l'Université de Montréal ce que le Séminaire de Québec avait réalisé pour l'université Laval.

Après ses premiers pas dans le domaine économique en 1907, l'enseignement universitaire effectuera une percée notable dans le domaine des sciences. Admettons qu'en partant de zéro... les résultats apparaissent plus facilement.

Encore en 1914, la situation entre les secteurs anglophone et francophone est inégale, surtout en ce qui a trait aux sciences; ainsi, «la population québécoise qui a l'anglais pour langue maternelle» et qui est de 16 %[34] compte 282 professeurs universitaires pour 1762 étudiants dont 493 en sciences, comparativement à 321 professeurs chez les francophones pour 2260 étudiants[35], et toujours aucun en sciences! Mais avec la Première Guerre mondiale et l'industrialisation massive, on se rend enfin compte de l'importance desdites sciences. Aussi crée-t-on en 1920 une faculté des sciences à l'Université de Montréal et une école supérieure de chimie à Québec.

Le docteur Léo Parizeau, le frère Marie-Victorin et l'ingénieur Adrien Pouliot, entre autres, tentent d'inculquer une mentalité nouvelle où les sciences exactes seraient enfin pleinement acceptées. Plaque tournante de ce mouvement, le frère Marie-Victorin sera dès

1920 professeur de botanique à la faculté des sciences de l'Université de Montréal, l'un des principaux fondateurs de l'Association canadienne-française pour l'avancement des sciences (ACFAS) en 1923, promoteur du Jardin botanique en 1929, fondateur du Cercle des jeunes naturalistes en 1931, et auteur de la monumentale *Flore laurentienne* parue en 1935. Les sciences sortent timidement de l'ombre, n'étant plus perçues comme l'apanage des «autres»; l'université Laval et celle de Montréal admettent 217 étudiants contre 424 pour les universités anglophones. Ajoutons qu'on dénombre dans ces dernières 5287 étudiants dont 12 en théologie, alors que chez les francophones, on en compte 18 772 dont 519 en théologie et 110 en philosophie[36]. Comme on le voit, les changements dans les mentalités ne se bousculent pas... Autre réalité qui pourrait être comparée avec notre actualité: parmi les 3000 médecins de la province, 2600 sont établis dans les villes[37].

Dans ce Québec des années trente, tous croient-ils réellement que nous ayons «le meilleur système d'éducation au monde»? Jean-Charles Harvey, le controversé, semble pour le moins dubitatif:

> La petite école, avec ses programmes en partie puérils, ses institutrices mal payées et ses manuels fabriqués souvent pour le commerce et non pour la formation du cœur et de l'esprit; une foule de couvents et de collèges ruraux, mieux outillés pour déraciner les jeunes et les transformer en commis ou sténos que pour alimenter le régiment des chefs de file; les petits séminaires, spécialisés, la plupart, dans la préparation aux carrières sacerdotales et demeurant incomplets, malgré leur nécessité; les universités, incapables de fournir les spécialités dont nous avons un besoin absolu dans l'exploitation de nos ressources, bref, de haut en bas, ces diverses institutions, inadaptées au temps, au lieu, aux circonstances et aux besoins impérieux, ont toutes plus ou moins contribué à faire, d'un peuple supérieurement doué, une collectivité d'espèce visiblement inférieure[38].

Finale à saveur racistement prémonitoire!

Hospitalisation

L'hospitalisation constitue un autre domaine majeur relevant du clergé chez les francophones. Pour la période qui nous concerne, à savoir du premier conflit mondial jusqu'à la veille du second, on passe de 55 hôpitaux et sanatoriums à 60; le nombre de médecins est aussi en hausse, passant de 396 à 1199, ainsi que le personnel infirmier qui augmente de 955 religieuses et religieux — sans salaire — à 1927, et de 1639 employés laïques à 8880. Il va sans dire que ces hausses sont liées à l'accroissement de la clientèle de 33 028 patients à 161 274, dont un peu plus de la moitié sont déclarés «non payants[39]». Corollaire de ce système hospitalier: les institutions d'assistance, comprenant les orphelinats, les hospices, les asiles, les crèches, les refuges et diverses sociétés de bienfaisance, où, cette fois, 80 % de la clientèle ne paie rien! Heureusement que depuis 1921 la Loi de l'assistance publique permet de subventionner partiellement les communautés religieuses qui administrent ces institutions, dont les principales sont les sœurs grises, les sœurs de la Providence et les hospitalières des divers Hôtels-Dieu du Québec. Donc, encore une fois, le clergé catholique a charge de presque tout le secteur du bien-être et de la santé publique, en somme, de tous les laissés-pour-compte!

Chez les protestants, en l'absence de communautés religieuses consacrées à ces œuvres, la classe aisée institutionalise une charité laïque. Ainsi fonde-t-on en 1919 le Montreal Council of Social Agencies, pour chapeauter les différentes associations de bienfaisance. Ainsi Hugh Graham, richissime fondateur du *Montreal Daily Star*, disait: «A nation's health is a nation's wealth», et, joignant le geste à la parole, donnait 60 000 $ pour la pasteurisation du lait. Il faut dire que, dans le domaine de la santé comme dans tous les autres, dollars et éducation anglophones perpétuaient la différence: en 1914, le taux de natalité et de mortalité par 1000 est respectivement de 8,75 et de 5,08 à Westmount; à Chicoutimi, il est de 59,69 et de 15,07[40].

La mortalité infantile au Québec est très élevée: en 1913, sur 36 215 décès, on en compte «13 295 chez les enfants de moins de un an[41]». Donc, un taux de mortalité infantile parmi les plus élevés du monde occidental: 161 par 1000 pour le Québec, 234 à Montréal! — comptant pour plus d'un décès sur trois. La diarrhée, principalement provoquée par une eau non filtrée et un lait impropre — encore à la veille de la Première Guerre mondiale, moins du quart du lait consommé à Montréal est pasteurisé — est la cause de 25 % de *tous* les décès, mais touche essentiellement les enfants. La tuberculose est la seconde cause avec 13 % des décès, l'insalubrité des logements et l'absence d'hygiène expliquent cette situation, particulièrement marquée dans une ville comme Montréal où la moitié de la population ouvrière végète dans la misère.

Il reste qu'une fois de plus, grâce à l'argent provenant de la vente des boissons alcooliques, on débloque des fonds pour la formation d'hygiénistes, la pasteurisation généralisée du lait et le filtrage de l'eau, et, à la veille de la Geuxième Guerre mondiale, le taux de mortalité infantile du Québec — tout en demeurant le plus élevé du Canada! — est tombé à 83 pour 1000[42]. Diarrhée et tuberculose — on a ouvert cinq sanatoriums — sont devenues respectivement quatrième et troisième causes de décès, alors que les maladies du cœur et le cancer occupent maintenant les premier et deuxième rangs[43]. Quant aux malades mentaux, même si on persiste à proclamer chrétiennement que plus de la moitié le sont devenus par suite d'alcoolisme ou de maladies vénériennes, les statistiques — amorales — montrent que moins de 3 % ont perdu la raison pour ces motifs[44]. N'importe, la morale est sauve, et il faut bien se consoler de sa tempérance et de sa continence!

❑

Outre l'éducation et l'hospitalisation — aux antipodes des mamelles nourricières de la France de Sully —, le clergé québécois se retrouve sur tous les fronts et récupère tous les mouvements. Les féministes veulent-elles s'affirmer? Rien de tel comme l'embrigadement dans les Dames de Sainte-Anne, la Ligue des bonnes mœurs ou la Ligue catholique féminine. Et mieux encore, on leur fera signer des pétitions contre le droit de vote des femmes! Le Juif veut-il nous faire travailler le jour du Seigneur? Fondons la Ligue du dimanche. Le folâtre théâtre français corrompt? Créons nos propres pièces pour couvents et collèges. Américanisation lascive ou futile par le cinéma, les magazines ou les chansons? Instituons la Ligue du cinéma, et que les abbés Proulx et Tessier se fassent les cinéastes de la Bonne Parole; créons l'Œuvre des bons livres et publions les *Annales de la Bonne Sainte-Anne*, *Le Messager canadien du Sacré-Cœur* et... quelques centaines d'autres; que l'abbé Gadbois édite sa *Bonne Chanson*, car «un foyer ou l'on chante est un foyer heureux», et, ajoutera-t-on bientôt: «Une famille qui prie est une famille unie.» Notre belle jeunesse est attirée par le mirage des villes? Enrôlons-là dans les JAC, JEC, JIC, JOC et JUC (Jeunesse agricole catholique, étudiante, indépendante, ouvrière et universitaire). Et les bolchevistes-socialistes-communistes? Confondons-les par l'Œuvre des brochures et des tracts et par l'École sociale populaire. Et les irréductibles? Excommunions-les! Comme on le voit, il y a du pain sur la planche, et une multitude pour le trancher. Nous nous contenterons pour l'instant d'examiner le rôle de l'Église dans le domaine du coopératisme, d'une part, et dans celui des communications culturelles, d'autre part. Ce découpage ne signifie surtout pas que le clergé n'interviendra pas dans d'autres secteurs, tels le nationalisme ou le féminisme où nous le croiserons plus que fréquemment, mais comme il ne s'agit quand même pas d'une théocratie, laissons à l'étude de ces entités leur propre autonomie en n'y faisant intervenir les clercs qu'en temps et lieu.

«Catholicisme social»

Nous avons vu que les horreurs subies par le prolétariat occidental au cours de la révolution industrielle avaient, d'une part, donné naissance au marxisme, et d'autre part, réveillé l'Église. Entre l'encyclique *Rerum novarum* de Léon XIII en 1891 jusqu'à l'encyclique *Quadragesimo anno* de Pie XI en 1931, un immense effort est accompli dans le domaine social. Tellement qu'on en vient même à qualifier de «catholicisme social» cette conception globalisante de la société qui tentera de redonner sa dignité humaine à une population ouvrière jusqu'alors délaissée et qui s'était retrouvée écrasée par le libéralisme. Là comme ailleurs, le Québec ne vit pas en vase clos, mais participe — généralement avec quelques années de retard — à ce mouvement mondial, principalement influencé, encore là et comme toujours, par la France! Robert de Roquefeuil y avait fondé en 1886 l'Association catholique de la jeunesse française, nous fonderons en 1904 l'Association catholique de la jeunesse canadienne-française; Marius Gonin y avait établi les Semaines sociales en 1904, nous établirons les Semaines sociales en 1920; Maurras et Daudet y avaient lancé l'Action française en 1908, nous lancerons l'Action française en 1917; Zirnheld et Teyssier y avaient organisé la Confédération française des travailleurs chrétiens en 1919, nous organiserons la Confédération des travailleurs catholiques du Canada en 1921. Bon, n'insistons pas… et contentons-nous de préciser que cette CTCC regroupe 120 syndicats catholiques, alors qu'on dénombre 334 syndicats internationaux et que tous ces syndiqués ne totalisent que le sixième «des effectifs estimés par rapport à la population active non agricole[45]». L'immense majorité des ouvriers se retrouvant sans protection syndicale, et la principale partie des syndiqués recevant ses ordres — la grève, entre autres, ce qui enrageait cordialement Taschereau — depuis les États-Unis, l'enjeu apparaît clairement: redonner du nerf au syndicalisme catholique afin d'«engraisser» la CTCC.

Car il faut bien admettre qu'au début, la timidité des syndicats catholiques l'emporte nettement sur l'agressivité, favorisant de la sorte un capital étranger assuré d'un *cheap labor.*

> Ajoutons que plusieurs manufacturiers des États-Unis et même des provinces canadiennes de langue anglaise songent à venir s'établir dans notre province parce qu'ils considèrent que l'esprit d'ordre, le respect de l'autorité, la constance au travail que donne à nos populations ouvrières la fidélité à leurs principes religieux et à leurs traditions nationales sont une garantie de stabilité et de sécurité pour leurs industries[46].

En outre, la grève allant à l'encontre des principes sacrés d'obéissance, de travail et de stabilité, même si les clercs doivent bien théoriquement l'admettre, certains trouvent des accents bibliquement pathétiques face à son éventualité. Et c'est ainsi que le père Georges, eudiste, peut geindre en 1922:

> Si des pertes d'ordre matériel je passais à celles, plus redoutables encore, qui atteignent les âmes: cette haine toujours grandissante, qui sépare de plus en plus capitalistes et ouvriers; cet esprit de révolte qui souffle en tempête dans le cœur des travailleurs; cette convoitise mauvaise, qui y allume des appétits de plus en plus exigeants, de plus en plus impossibles à satisfaire, n'aurais-je pas le droit, je le demande, d'en conclure, dans la plupart des cas, à l'injustice, à l'immoralité, à l'illégitimité de la grève?
>
> N'aurais-je pas le droit, faisant appel à ce qu'il y a de meilleur dans le cœur des ouvriers, surtout quand ils ont l'honneur et le bonheur d'être catholiques, de leur crier avec toute l'énergie de mon âme sacerdotale: «Ouvrier, prends garde! on te trompe; on abuse de toi, on t'exploite honteusement lorsqu'on t'amène sur les bords de ce gouffre vorace qui s'appelle la grève[47].

Pas facile de débrayer en pareille circonstance… Aussi 13 % seulement de toutes les grèves déclenchées au Québec entre 1920 et 1930 sont-elles le fait de la CTCC, dont, entre autres, la grève de l'industrie de la chaussure à Québec en 1925-1926, touchant 3000 ouvriers durant quatre mois et aboutissant à un échec.

Précisons que, comme toujours et heureusement, tous ne pensent pas de la même façon, et que plusieurs désireraient de «vrais» syndicats. Depuis la fondation de l'École sociale populaire en 1911, on se rend de plus en plus compte qu'une dimension sociomorale doit s'ajouter au caractère exclusivement revendicateur du syndicalisme traditionnel, et que pour concrétiser cette symbiose, on doit également ajouter de «vrais ouvriers» aux théoriciens religieux. Alfred Charpentier, jeune briqueteur autodidacte, est élu en 1913 président de son syndicat local dépendant du syndicalisme international. Pour le jésuite Joseph-Papin Archambault, de l'École sociale populaire et des retraites fermées, c'est l'homme à repêcher. À la suite justement d'une retraite fermée à laquelle il assiste en cette année 1913, Charpentier s'oriente d'abord vers le syndicalisme national, essentiel «pour réaliser l'indépendance économique et politique du Canada». Après maintes rencontres et réflexions, il se convainc que la morale, ayant «son fondement dans la vraie religion», est essentielle au syndicalisme, et conclut, en décembre 1916:

> Me voici donc dans l'obligation de reconnaître le besoin d'une morale sociale catholique et, par conséquent, la nécessité du syndicat catholique, pour régler et fortifier la morale du mouvement ouvrier[48].

Quelques clercs dits «de gauche» souhaitent également des syndicats musclés. L'abbé Maxime Fortin, aumônier syndical initié à la vie ouvrière en Europe et souvent appelé «le bolcheviste en soutane», réclame dès 1919 la fin de l'éternel bonententisme. En novembre 1925, lors de la fameuse grève dans l'industrie de la chaussure à Québec, il prend carrément fait et cause — avec deux autres aumôniers concernés, les abbés Eugène Delisle et Georges Côté — pour les grévistes. Quant à l'unique et volcanique abbé Édouard-Valmore Lavergne, il éructe dans sa *Bonne Nouvelle* pas toujours irénique:

> Le 2 novembre dernier, quatorze patrons sur trente et un dans l'industrie de la chaussure communiquaient à leurs ouvriers un ultimatum qui devait prendre effet le 16 du même mois.

> Leur but était de frapper à mort les syndicats, et d'amener leurs ouvriers à une forte diminution des salaires.
>
> J'ai déjà dit ce qu'il fallait penser de cette tentative d'assassinat, et je bénis Dieu que les ouvriers aient triomphé. [...]
>
> Il n'y a qu'à Québec que des patrons puissent commettre des actes comme celui du 16 novembre dernier, et s'en aller dormir tranquilles. En d'autres villes, 24 heures plus tard, les vitres de leurs établissements voleraient en éclats, et leur vie elle-même serait en danger[49].

Et Mgr Joseph-Alfred Langlois, évêque auxiliaire de Québec, a beau écrire au patronat, le 21 juillet 1926: «Les syndicats ouvriers sont nécessaires à la paix industrielle et à la paix sociale», les patrons font la sourde oreille, constatant bien que les ouvriers de la chaussure sont littéralement à bout de souffle. Le 1er septembre, ceux qui n'ont pas été remplacés par les *scabs* reviennent au travail avec un salaire diminué du tiers!

Il faut bien le reconnaître, de façon générale, les clercs sont opposés au syndicalisme. Mais, craignant comme la peste les unions internationales, ils se voient bien forcés de condescendre aux syndicats catholiques. Ce «moindre mal» permettra à ces derniers d'atteindre leur apogée durant la Crise, alors qu'ils regrouperont — prétendent-ils — près des trois quarts des unions en 1935. En fait, les clercs abreuvés aux mamelles virgiliennes et aquinales ne se sentent guère à l'aise dans «le vrai monde des vrais ouvriers». La pauvreté, ils la connaissent sans doute dans l'ensemble — et plus qu'assurément dans le bas clergé —, mais ils ignorent «les vrais soucis de la vraie vie»: chômage, faim, froid et abandon. Aussi s'adonneront-ils davantage à l'élaboration théorique d'un système plutôt qu'à la pratique, afin d'améliorer le bien-être de chacun. Option qui, après tout, découlait logiquement de leurs études et de leur genre de vie.

Et le système panacée? Le coopératisme, un peu comme les chrétiens des premiers temps qui partageaient théoriquement tout. Nos théoriciens rêvent vaguement d'un Québec quasi autarcique sous l'égide d'une Église paternaliste et d'une bourgeoisie débonnaire. Peut-être auraient-ils dû méditer l'assertion du Gambetta honni: «Il n'y a pas de panacée sociale»? Mais quand on a Dieu avec soi, pourquoi ne pas tenter sa chance? Surtout que, depuis que Desjardins a fondé sa première caisse populaire en 1900, le coopératisme a fait des pas de géant au Québec. Et à la veille de la Deuxième

Guerre mondiale, on y retrouve quelque 700 caisses populaires, 400 coopératives agricoles, une centaine de coopératives de consommation et près de 300 mutuelles-incendie, toutes «dirigées et contrôlées démocratiquement». Certes, des laïcs comme Alphonse Desjardins, J. -Noé Ponton et Laurent Barré jouent un rôle capital en faveur du coopératisme, mais encore là, l'Église se profile derrière — et devant — le mouvement, et ce sont principalement les jésuites qui s'en feront les propagandistes. Il faut dire qu'en ce début de siècle, on les retrouve partout. Outre l'enseignement classique qui leur est traditionnellement dévolu, ils fondent l'Œuvre des retraites fermées en 1909, l'École sociale populaire en 1911, la Ligue des droits du français en 1913, l'Association des voyageurs de commerce l'année suivante, l'Œuvre des tracts en 1919, et les Semaines sociales en 1920. La plaque tournante de ces activités: le père Joseph-Papin Archambault, «l'action faite homme», comme l'écrivait à son sujet un connaisseur en la matière, le chanoine Groulx.

Le grand mérite du père Archambault sera de faire traiter dans ses Semaines sociales de sujets bien concrets, tels que le capital et le travail, la famille, la colonisation, etc. Durant une semaine, les principaux spécialistes présentaient leurs communiqués, que publiait peu après la Bibliothèque de l'Action française. Trop théoriques à leurs débuts, ces Semaines entrouvriront par la suite leurs portes à des représentants des milieux concernés. Alfred Charpentier, ex-président de la CTCC, dira à propos du père Archambault: «Comme formateur d'élites ouvrières, il a excellé. [... Il] a été mon *vade mecum* pendant quarante ans.»

De nombreux autres jésuites, certes, œuvrent dans le domaine social. Citons pour exemples le père Léon Lebel qui préconisait dès 1928 — seize ans avant leur adoption — «les allocations familiales» pour aider les familles nombreuses, ou encore le père Richard Arès, écrivant en 1938 qu'il faut se débarrasser «du mythe de la lutte des classes» pour en arriver à «l'esprit de coopération — l'esprit corporatif», c'est-à-dire une saine «collaboration entre tous les membres d'une même profession et entre les différentes professions[50]». En 1922, Marie Gérin-Lajoie, fille de la célèbre féministe, fonde la congrégation Notre-Dame du Bon-Conseil, vouée à l'action sociale. Installée dans un simple logement, «c'est vers le service social familial, en paroisse ouvrière, qu'elle va porter ses efforts[51]». Retour aux sources qui se manifestera plus que fréquemment au cours de la grande crise économique qui s'en vient.

COMMUNICATIONS ET SPECTACLES

En 1925, forcément, la télévision n'existe pas, la radio en est à ses balbutiements, le cinéma... muet, et comme la population dans l'ensemble n'est pas fortunée, elle ne peut guère se payer de spectacles sportifs, burlesques ou autres. Bien qu'elle ne fasse point la promotion des *panem et circenses*, l'Église n'est pas sans savoir que «l'humanité souffrante» a besoin de divertissements. Elle en créera donc, en inventera, les multipliera, mais ils se révéleront passablement souffrants! Rien de tel comme de bons chemins de la Croix, des retraites fermées, des processions — sans flagellants toutefois: il y en a donc eu des plus fous que nous — d'interminables offices de la semaine pascale (tellement qu'on préférait l'école à ces «vacances»...) et de multiples pèlerinages. En ces lieux saints — on en relève près de 80 en cette première moitié du XXe siècle dont 43 consacrés à la Vierge, mais on n'oublie pas pour autant sa maman, «la bonne sainte Anne», qui vient en seconde place avec 15 —, les miracles se multiplient: «en 1916 seulement, 435 cas de guérisons attribués à l'intervention du petit chien de saint Joseph (le frère André)[52]». Et pour que chacun se souvienne bien des heureux moments passés dans ces quelque 80 centres de pèlerinage, un abonnement à leurs *Annales* est recommandé. De toute façon, pèlerinages, miracles ou pythies ont toujours et partout existé, et le Québec du «petit chien de saint Joseph» n'a surtout rien inventé en ce domaine.

Il existe certes des médias plus officiels, la presse, le cinéma, la radio, que nous examinerons selon leur apparition chronologique. Les journaux circulant au Québec depuis 1764, contentons-nous de considérer les principaux de la présente période. Bien entendu, on trouve de «bons journaux», catholiques avant tout, des journaux d'information, qualifiés de «grande presse», et de «mauvais journaux». Les «bons» sont essentiellement ceux qui, financés en bonne partie par un diocèse, expriment officieusement la pensée de son évêque. Ainsi en va-t-il tout particulièrement de *L'Action sociale catholique* fondée à Québec en 1907, ayant adopté la devise de Pie X: *Instaurare omnia in Christo*, et qui s'appelle *L'Action catholique* à compter de 1915. Trois-Rivières suivra avec *Le Bien public* en 1909, et Ottawa avec *Le Droit* en 1913. À Montréal, *Le Devoir*, fondé par Bourassa en 1910, est indépendant de l'évêché, mais fondamentalement catholique. Face à la politique, considérée comme «la grande niaiserie[53]» — forcément, puisque depuis les procès pour «influence indue», les clercs n'ont théoriquement plus le droit de s'en mêler —, ces journaux s'affirment «en dehors et au-dessus», à condition toutefois que la politique ne vienne pas «léser les intérêts catholiques ou la morale de l'Église[54]». En outre, pour ne pas compromettre l'évêque, ces journalistes se disent toujours indépendants de la pensée de ce dernier. Le cardinal Bégin a cependant une conception toute cardinalice de cette belle indépendance:

> L'archevêque n'a pas à intervenir aussi longtemps que le comité central permanent et le journal qu'il dirige resteront fidèles à leur mission et se montreront dociles aux prescriptions des souverains pontifes et de nos conciles provinciaux, ainsi qu'aux directions positives qu'ils ont reçues ou qu'ils pourront recevoir de nous[55].

De toute façon, il s'agit là d'un truisme éternel, comme

> nous avons le bonheur d'avoir la foi, nous avons la satisfaction de pouvoir nous appuyer sur une autorité qui nous garantit la possession intégrale et constante de la vérité. Laissons les faibles et les dupes à leur erreur[56].

Bien envoyé, et que les Albert Saint-Martin et Jean-Charles Harvey se le tiennent pour dit! Car «nous surtout, les catholiques, nous surtout qui avons la chance de posséder la vérité, nous avons le rigoureux devoir de la faire rayonner[57]». Mais pourquoi donc faut-il revenir perpétuellement sur de telles évidences? Notre intelligence ferait-elle défaut, alors que «nous comptons parmi les peuples qui ont l'immense avantage de posséder la vérité[58]»? *L'Ordre*, journal du don-quichottiste Olivar Asselin, aurait-il la réponse lorsqu'il considère — un tantinet colonialistement, il faut en convenir — que «le catholique qui trouve son aliment spirituel dans *L'Action catholique* de Québec, journal qui humilierait un néophyte du Congo, est prêt à tout croire»? En s'en prenant de la sorte à ces «faussaires de *L'Action catholique* grimés en piliers de cathédrale[59]», Asselin ne perd rien pour attendre... *Le Bien public*, pour sa part, se fera plus que jamais «le propagateur des saines idées et le défenseur de la bonne cause»; il ne nous reste qu'à deviner quelle peut bien être cette bonne cause. Quant au *Devoir*, fondé par un Bourassa nationaliste alors au summum de sa popularité, il allie à sa dimension patriotique l'élément religieux afin de réveiller «le sentiment du devoir public sous toutes ses formes: devoir religieux, devoir national, devoir civique. De là le titre de ce journal[60]». Ajoutons à cette «bonne presse» d'information les innombrables *Bulletins paroissiaux*, *Annales* de sanctuaires et *Messagers* de tous les saints possibles qui, comme dans *La Bonne Nouvelle* de l'abbé Lavergne, ont pris pour politique «le parti de Dieu[61]».

Partie de rien, cette fois et sans foi, la «grande presse» étale — selon les termes de ce brave abbé Camille Roy — «les couleurs criardes et les impudentes réclames[62]» chères à nos voisins américains. Deux journaux illustrent tout particulièrement cette tendance: *La Presse*, fondée à Montréal en 1884, et *Le Soleil*, fondé à Québec en 1896 et remplaçant *L'Électeur* trop à gauche. Dans les deux cas, il s'agit de journaux s'adaptant aux techniques modernes et aux goûts d'un large public: manchettes spectaculaires, photogravures, caricatures, «annonces classées» et abondance de faits divers. Résultats éloquents: en 1939, *La Presse* tire à 142 000 copies, *Le Soleil* à 51 000, plus son quotidien du matin *L'Événement-Journal*, à 17 000, *L'Action catholique* à 56 000, et enfin l'élitiste *Devoir* à 13 000.

Et les mauvais? Certes, les beaux jours des rouge foncé *Avenir* (1847-1857), *Pays* (1852-1871), et *Lanterne* (1868-1869) sont bien révolus. Mais l'idéologie cléricale nettement dominante n'empêche toutefois pas les contestataires de crier à «la superstition et à la tartufferie» institutionnalisées. Honoré Beaugrand avait repris le flambeau avec sa *Patrie*, Aristide Filiatreault avec ses *Canada-Artistique* et *Canada-Revue*, ou encore Godfroy Langlois avec *Le Canada*, pour ne nommer que les plus cocardiers des «esprits forts». D'autres suivent, pour arracher les Canadiens français à «l'ornière où les a acculés tout un passé d'ignorance et d'oppression», tels *La Lumière* (1912) et *La Petite Revue* (1915-1916). Pis encore, les anarchistes publient *L'Aube* (1908), et les communistes *Le Travailleur* (1920), *L'Ouvrier canadien* (1927-1931) et *Clarté* (1935-1939). Ciel, «d'où venons-nous?» De Montréal, uniquement, car Hémon l'a à *peu près* dit: rien ne change dans la ville de Québec... jusqu'aux créditistes de Camil Samson! Et «où allons-nous?» renchérirait sans doute l'unique abbé Moreux? Pas très loin, et surtout pas très longtemps, car l'Église frappe dur et bas, avec condamnations tonitruantes provoquant faillites et pertes d'emplois. À preuve, *L'Ordre*, d'Olivar Asselin, est condamné par le cardinal Villeneuve et disparaît après une année seulement d'existence. Et dans son dernier numéro, l'inchangé Asselin de conclure: «La suite au prochain cardinal»...

Du côté du cinéma, c'est le 28 décembre 1895 que les frères Lumière présentent au public parisien le premier film animé. Six mois plus tard, le 27 juin, ce même film est offert au public montréalais. Une fois de plus, donc, nous faisons partie du monde... Précisons toutefois que de cette date jusqu'à 1938, alors que l'Office national du film (ONF) est créé, on peut parler de cinéma au Québec, mais non de cinéma québécois. En effet, durant cette quarantaine d'années, nous serons envahis par le cinéma étranger, américain pour environ 90 % et principalement français pour le reste.

Avant la Première Guerre, Edison l'omni-inventeur, fait projeter au Canada quelque 80 documentaires commandés en majeure partie par le gouvernement, tels que des documentaires concernant les fêtes du tricentenaire de Québec ou encore les sports d'hiver dans la *french province*. Le Canadian Pacific Railway, pour sa part, fait préparer des films publicitaires vantant la beauté du pays, afin d'y attirer, comme il se doit, des immigrants britanniques. En 1923, Ottawa crée le Canadian Government Motion Picture Bureau qui deviendra l'ONF quinze ans plus tard.

Depuis 1920, la Famous Players Canadian Corporation, entièrement dépendante des Américains, monopolise presque totalement notre marché. En plus de nous offrir des «*Lying Lips, Saved from the Harem, The Shadow of Scandal, The Foolish Virgin, A Touch of Sin, Flaming Passion, Splendid Sin*», on réalise à Hollywood, avant la Deuxième Guerre mondiale, près de 500 films au sujet théoriquement canadien. Invariablement, les «méchants», à la fois ivrognes, batteurs de femmes, insignifiants et gros bras, sont des Amérindiens ou des Canadiens français, aussi inévitablement matés par notre belle et fière «police montée» toujours anglophone[63]. Pour les Québécois, d'ailleurs, c'est du pareil au même et, un demi-siècle plus tard, l'*Agnes of God* de *jet set* Fonda nous fait passer pour des hystérico-fanatiques, alors que les Amérindiens, par contre, avec *jet set* fiston Kennedy, deviennent l'incarnation de la primitive pureté. Nul doute que l'autodidacte Rousseau, pratiquement jamais sorti des serres chaudes de la noblesse du XVIIIe siècle, demeure le *nec plus ultra* de l'anthropologie, tout comme — après avoir mis ses cinq enfants à la crèche — il représente la sommité pédagogique, ainsi qu'il l'a démontré dans son *Émile ou de l'éducation*. C'est d'ailleurs une constante pour les Québécois que de se voir dénigrés, depuis qu'ils sont «les créoles» de la France, en passant par les «sans histoire» de Durham, sans parler du bruit qu'on a fait autour des phoques de B. B. et de la baie James des Cris! Mais laissons là l'amertume et revenons au Montréal du début du siècle.

À compter de 1906, de nombreuses salles de cinéma y ouvrent leurs portes, tels les Ouimetoscope, Casino et Palace. Pour une quinzaine de cents — salaire horaire moyen —, on a enfin une distraction accessible au grand public et permettant de savoir ce qui se passe chez le voisin-au-gazon-toujours-plus-vert. De telle sorte qu'en 1922, Montréal compte 55 cinémas accueillant environ 60 000 spectateurs quotidiennement.

Mais que fait donc la Grande Récupératrice face à cet engouement pour les *Lying Lips* et *Splendid Sin*? Timidement d'abord, Mgr Bruchési, dans un mandement de décembre 1907, précise — sans grand succès, puisque les propriétaires protestants de cinéma ne s'en préoccuperont pas — que «ces attractions diverses devront être discontinuées le dimanche». Il demande en outre que les enfants n'y soient pas admis. En 1911, le gouvernement légifère: ils devront être âgés d'au moins quinze ans, ce à quoi les syndicats rétorquent qu'on devrait passer des lois pour les envoyer à l'école plutôt que pour les empêcher de s'amuser. Mais bientôt, devant la popularité sans cesse «montante d'un cinéma descendant», le clergé — sans plaisir de la chair — s'insurge contre cette salle noire favorisant la promiscuité et qui se révèle «l'antichambre des maisons de prostitution, [...] école d'erreurs, de vices, de révolution [... où toutes] les concupiscences trouvent leur pâture[64]». En 1918, insistant davantage sur l'évident danger d'acculturation, l'abbé Groulx commente:

> Jamais à aucune période de notre histoire, notre peuple ne s'est aussi inconsciemment gavé du pire exotisme. Le cinéma est devenu le premier et l'unique livre, le roman, le feuilleton, le théâtre, le catéchisme de la déformation populaire. Dans la masse de nos familles, on en vit et on en rêve. Quelle tristesse d'y songer! Nos petites gens, nos enfants, notre dernière réserve, qui ignorent les héros et la noblesse de notre histoire, se passionnent à cœur d'année pour des bandits illustres, pour des cabotins de bas étage, pour des drames de pistolet et de

> cours d'assises, pour un art vulgaire et bouffon, pour les tristes héros des magazines américains ou du mélodrame étranger.

Et la litanie se continue, insistant généralement sur cette chair affriolante dont, gémit Mgr Bruchési en 1921,

> la provocation au mal est certaine. Elle l'est non seulement lorsque la chair est exposée nue aux regards, mais aussi, et davantage peut-être, lorsqu'un voile transparent, une gaze légère, s'ingénie à la produire plutôt qu'à la couvrir[65].

De grâce, Éminence…

Une véritable tragédie viendra au secours des pourfendeurs du cinéma, principalement en ce qui concerne les enfants et le dimanche. Le 9 janvier 1927, un *dimanche*, 78 enfants meurent dans l'incendie du cinéma Laurier-Palace. La Ligue du dimanche et les clercs se lancent alors en campagne pour contester l'ouverture des cinémas le dimanche, contestation qui aboutit devant les tribunaux. Cause perdue: il s'agit là de «la distraction du pauvre», objecte-t-on, laquelle, par taxation, donne le «Sou du pauvre» à l'Assistance publique. Quant à la Famous Players Canadian Corporation qui n'est pas pauvre, elle peut, grâce à ses sous, s'offrir une publicité bien orchestrée ainsi que de «distingués juristes» qui réussissent à empêcher la fermeture demandée.

Mais l'argent, même à profusion, n'achète pas tout. Et comme, depuis 1913, le Québec s'est doté d'un Bureau de censure, la Famous Players assiste tristement à la cisaille de ses films tous soumis audit Bureau. Et avec les multiples pressions exercées, les critères d'un «bon film» se précisent. Entre autres:

> L'infidélité, en ce qui a trait à l'état matrimonial, ne sera pas permise à moins que le film ne comporte la leçon morale qu'elle est mauvaise et toujours punie de manière à décourager toute imitation. […] Aucun prêtre, ministre de quelque religion que ce soit, ne devra être tourné en ridicule ni placé dans une situation compromettante. […] Le Bureau de censure sera rigide et sévère envers tout film tendant à diminuer la loyauté et le respect dus au Roi.

César et Dieu comblés, passons à l'action. Le film semblant un «mal nécessaire», on va au moins tenter de l'améliorer sur deux plans: culturel et moral. Aux groupements nationalistes frustrés par l'invasion de films américains non traduits, France-Film offre à compter de 1932 le cinéma français. Et pour publicité:

> France-Film monte la garde. Le public, qui a encouragé avec un si bel enthousiasme les films français présentés dans la province de Québec par France-Film, nous a confié une tâche aussi noble que glorieuse: défendre la langue française par le film. [...] Encourager le film français, c'est aider à la survivance de notre race. Une fois par semaine, plus souvent si vous le pouvez, fréquentez le cinéma français[66]!

D'autre part, aux catholiques insultés par un «cinéma corrupteur et contraire à toutes nos traditions», le clergé oppose et forme ses propres cinéastes. Et c'est ainsi qu'en pleine période de crise, de nombreux abbés, dont deux tout particulièrement, Maurice Proulx et Albert Tessier, multiplieront les documentaires sur la colonisation, les fêtes religieuses, la vie agricole, en bref, la vie rêvée par et pour l'Église. Généralement projetés dans des salles parallèles — sous-sols d'églises, écoles, hôpitaux —, ces documentaires ne représentent qu'une infinitésimale partie des 30 millions d'entrées dans les 172 cinémas que compte le Québec en 1939[67].

La radio constitue une autre nouveauté dans le monde des médias. En 1920, la compagnie Marconi établit à Montréal la première station de radio canadienne, suivie deux ans plus tard par le premier poste de langue française, CKAC. Annonces publicitaires, musique de jazz, chansons américaines et chansonnettes françaises, le succès est foudroyant: 11 000 postes récepteurs en 1923, 763 000 en 1931, dont tout près de 150 000 au Québec! Très réticent au début, le clergé québécois se décide à investir cette nouvelle forteresse après que la Cité vaticane eût inauguré sa propre station le 12 février 1931. Le 4 octobre de cette même année, l'omniprésent père Joseph-Papin Archambault inaugure à son tour *L'heure catholique* présentée tous les dimanches à 18 heures à CKAC. Québec suit avec *L'heure de l'action catholique* à CHRC. On y présente essentiellement des réflexions sur l'Écriture sainte, des chants religieux et des nouvelles sur les principales activités de l'Église québécoise.

Les missions

Terminons ce survol du dynamisme religieux par quelques mots sur les missions. Avec un clergé suffisamment nombreux pour les œuvres religieuses au Québec, on n'est pas surpris de voir plusieurs clercs s'expatrier pour agrandir le «Royaume du Seigneur». En dignes filles et fils spirituels de nos évangélisateurs du régime français et de nos bien temporels coureurs de bois, nos missionnaires allieront foi, énergie, ainsi qu'esprit d'aventure et d'exotisme mystique, le tout *ad majorem Dei gloriam.* Si au XIXe, les sœurs grises et surtout les oblats s'étaient principalement contenté d'œuvrer chez les Amérindiens, au XXe siècle, ces mêmes communautés, plus celles des pères blancs, des franciscains et franciscaines, des jésuites, des sœurs de la Providence, des missionnaires de l'Immaculée-Conception, et combien d'autres, sillonneront littéralement les quatre coins du monde. Au nombre de 1565 en 1930, ces missionnaires québécois bénéficient de deux avantages sur leurs prédécesseurs européens. D'une part, ils sont sans passé colonialiste et, d'autre part, ils profitent de l'expérience de ces derniers. En effet, dans son encyclique *Maximum illud*, promulguée en 1919, Benoît XV proposait une approche toute nouvelle concernant les missions: respecter les cultures et traditions des autochtones et favoriser la formation d'un clergé chez ces derniers. Fini l'impérialisme de «missionnaires dans les fourgons de l'armée».

❑

De toute évidence, un tel triomphalisme risque fort d'engendrer l'intolérance. «La terre est une vallée de larmes», «hors l'Église, point de salut», «beaucoup d'appelés, peu d'élus», répète-t-on sur tous les tons. Tous les plaisirs, si bénins soient-ils, semblent interdits, car, comme l'écrit une mémorialiste des sœurs de la congrégation de Notre-Dame: «Le plaisir de mourir sans peine vaut bien la peine de vivre sans plaisir...»

Pendant ce temps, l'abbé Victorin Germain compose une «prière pour les filles indignes» — c'est-à-dire les filles mères — tandis que Mgr Ross, de Gaspé, vitupère les mariages mixtes, où l'épouse catholique, s'écrie-t-il, est

> chargée d'une malédiction qui la suivra jusque dans sa tombe pour empêcher son cadavre déshonoré de souiller la terre

> sainte de nos cimetières, [et ses enfants] seront considérés par l'Église comme des fruits maudits[68].

Des créanciers osent-ils poursuivre, en 1939, la paroisse de Saint-Étienne de Montréal en faillite? On les excommunie! Et en cette même année, on indique chrétiennement dans *Le Canada ecclésiastique de 1940* que l'archidiocèse de Québec compte «538 452 catholiques, 9650 hérétiques et schismatiques, et 519 autres infidèles». Mais de toute façon, on ne peut errer, car:

> Notre épiscopat est très à la page. Certes oui! Aucun domaine ne lui est étranger. Il se prononce tour à tour sur tous les problèmes avec une compétence qui fait l'admiration des techniciens et le bonheur des classes intéressées[69].

Le ressac s'en vient... Mais la Deuxième Guerre mondiale, avec son cortège de malheurs favorisant «le retour au Seigneur», procurera un certain répit à un clergé déphasé.

Femmes et droit de vote

> Sous le nom de féminisme, un mouvement pervers, une ambition fallacieuse entraîne hors de sa voie la plus élégante moitié de notre espèce, et menace les bases mêmes de la famille et de la société.

Ainsi s'exprime Mgr Paquet en 1918, plus que jamais maître à penser de l'épiscopat. Et pour donner plus de poids à ses affirmations, rien de tel qu'une bonne citation du pape des théologiens: «Saint Thomas attribue nettement à l'homme un intellect plus puissant.» Devant pareille évidence, il reste donc à «la plus élégante moitié de notre espèce [... de] soutenir la vertu naissante de ses fils, la foi défaillante de son époux, et de tous ceux que son charme attire, et qui fréquentent ses salons[70]». Voilà enfin, après soixante-dix heures de travail hebdomadaire en manufacture, le vrai rôle des ouvrières dans leurs «salons». Pour sa part, Olivar Asselin le paladin précise quatre ans plus tard que si les femmes n'ont rien produit dans le domaine des arts et des sciences, cela «s'explique uniquement par certaines infériorités congénitales identiques à l'inégalité de taille dont souffre la femelle du haut en bas du règne animal[71]».

Complétons ce triptyque de ceux qui, dit-on, pensent, par cette affirmation de Bourassa le mystique:

> Les insanités du féminisme ont déjà troublé bien des cervelles féminines et masculines, éveillé chez une foule de femmes un tas d'idées baroques, d'instincts pervers, d'appétits morbides[72].

Il semble donc que «l'élite» soit contre...

Mais où en sommes-nous en ce domaine, aux lendemains de la Première Guerre mondiale? Pas très loin, comme on le voit... Nous avons constaté qu'au tournant du siècle, une première génération de féministes privilégiées avait commencé à se manifester — à défaut de se faire accepter — et obtenu en 1908 l'accès à l'enseignement supérieur. Examinons maintenant les principaux champs d'activité qui leur sont ouverts ainsi que les problèmes majeurs auxquels elles ont à faire face.

Même si l'école ne devient obligatoire qu'à compter de 1943, presque toutes les filles sont inscrites à tout le moins au primaire. Inscription ne signifie toutefois pas diplômation! Quelque 90 % de la population québécoise, on le sait, vit très modestement. À la ville, on a besoin de salaires supplémentaires, si minimes soient-ils, et à la campagne, de l'aide des enfants. Et, de toute façon, «à quoi ça sert l'instruction?» puisque manufactures ou travaux ménagers n'exigent aucun diplôme. C'est pourquoi environ 3 % seulement des filles accéderont à des études secondaires. Donc, pour l'immense majorité, le cours primaire seulement, complété d'ailleurs uniquement par le quart des élèves inscrites! Parmi ces dernières, les «pauvres» feront presque rituellement une année de pensionnat au secondaire, afin de voir, au moins, en quoi consistait une «bonne éducation».

Quant aux plus que rares privilégiées poursuivant leurs études classiques instaurées depuis 1908 — elles ne seront que 875 réparties dans 10 collèges en 1939[73] — elles auront initialement beaucoup de difficulté à se faire accepter. Et c'est ainsi que l'une d'entre elles précisait que, vers 1920:

> C'était très nouveau et il y avait encore des gens qui raillaient les études féminines. Ils disaient: «Quand madame sera mariée, elle présentera à son mari de la soupe aux alphabets latins ou grecs!» Les étudiants organisaient beaucoup de débats dans ce temps-là et, entre autres, là-dessus: «bachelière ou vachelière». Ce n'était pas très gentil[74]...

C'est le moins qu'on puisse dire... Et pour ajouter à la situation, alors que le gouvernement québécois subventionne les collèges classiques pour garçons à compter de 1922, il faudra attendre jusqu'en 1961 pour qu'il fasse de même pour les filles!

Et les études universitaires vers les années 1920? «Dans ce temps-là, l'Université ne recevait pas de jeunes filles et on a fait exception pour des sœurs, écrit l'une d'elles. Des sœurs, ça ne pouvait pas exciter leurs garçons[75]!»

Alors qu'à l'université McGill, les étudiantes avaient formé leur propre association dès 1885, il faudra attendre plus d'un demi-siècle pour que l'accès aux professions libérales soit permis aux femmes francophones. Soulignons que, à l'instar de Marie Gérin-Lajoie qui s'était classée première de tous les bacheliers et bachelières de sa promotion, Marthe Pelland, première diplômée en médecine en 1931, obtient «seule de toute sa promotion, son titre avec mention: *la plus grande distinction*», et qu'Henriette Bourque, avocate, se retrouve «première de sa promotion en 1933, après avoir obtenu, durant les trois années du cours, la plus haute note qui ait été atteinte jusque là, à cette Faculté[76]». Mentionnons toutefois qu'en 1935, l'Université de Montréal n'a toujours à son crédit qu'une femme médecin et deux avocates.

En somme, pour environ 97 % des femmes, quand on a accompli quelques années d'études primaires, soit qu'on se marie, soit qu'on entre sur la marché du travail, soit qu'on devient religieuse. Dans le premier cas, il faut faire des enfants, annuellement si possible, et sans plaisir c'est encore mieux, et ne surtout pas travailler à l'extérieur, car «il faut bien reconnaître que la véritable place de la femme, c'est le foyer», nous prévient *L'Action catholique* du 22 février 1938, publiant d'ailleurs chaque samedi une chronique intitulée: «Le foyer, votre empire, mesdames».

Il reste que ces impératrices, avant de se marier, ou parfois pour ajouter à un revenu familial insuffisant, doivent délaisser leur sacro-saint royaume pour des emplois mal payés, principalement dans des manufactures ou comme domestiques ou femmes de ménage, pour un salaire représentant environ la moitié de celui des hommes. En 1911, les femmes comptent pour 21,6 % de la main-d'œuvre totale et trente ans plus tard, pour 27,4 % sans compter celles qui, surtout dans les textiles, travaillent à domicile pour le quart ou le cinquième du salaire payé en manufacture! Et le harcèlement sexuel? On avait beau dire qu'une fille en usine «n'avait presque pas de nom», l'une de ces «sans-nom» précise: «Ce n'est pas une meilleure place pour une fille, toute seule dans un bureau avec les patrons. À l'usine, il n'y avait pas de danger, il y avait assez de monde[78]!»

Quant aux femmes qui ont reçu une instruction plus poussée, leur situation demeure la même que celle qui prévalait au début du siècle: infirmières et enseignantes sont contrôlées et concurrencées par des religieuses. En outre, comme il faut, dit-on, «la vocation» pour exercer ces deux professions, on doit travailler pour le Seigneur — ce que font les religieuses — et non pour l'argent. Aussi, lorsque les enseignants laïques forment en 1919 un vague syndicat réclamant un salaire décent, on les accuse d'être des «prêcheurs d'anarchie», et Mgr Bruchési précise:

> Qu'il n'y ait point d'union formée comme chez les ouvriers. [...] Que toute union formée disparaisse. Que les instituteurs se forment seulement en cercles pédagogiques comme il arrivait auparavant[79].

En somme, on a accepté les unions catholiques parce qu'on ne voulait pas des unions internationales, mais on n'est tout de même pas pour laisser les laïcs venir jouer dans les plates-bandes cléricales. D'autant plus que les patrons, cette fois, sont pour ainsi dire les clercs! Le syndicalisme — à la condition d'être catholique —, c'est bon pour les employeurs civils, et encore... Mais avec la Crise, les conditions de vie deviennent tellement épouvantables, en particulier chez les enseignantes des écoles de rang, qu'elles fondent en 1937 la Fédération catholique des institutrices rurales. L'Alliance des infirmières suivra en 1946.

Et les religieuses dans tout cela? Encore là, la situation prévalant en 1900 se perpétue. Elles vivent toujours individuellement dans la pauvreté et travaillent beaucoup, mais sont assurées d'un bien-être minimal, de ne pas être engrossées annuellement par l'Époux divin, d'une situation respectée, de pouvoir s'instruire si elles le désirent, de mener en grande partie leur propre barque, et du salut éternel. Résultats: on en dénombre près de 25 000 — une femme adulte sur quarante — à la veille de la Deuxième Guerre mondiale.

❑

Sans le salut,
Pensez-y bien,
Tout ne vous servira de rien.

… chantait-on religieusement il n'y a pas si longtemps. Et sans droit de vote, elles pensaient très bien, tout ne leur «servira de rien»!

En 1918, le gouvernement fédéral accordait le droit de vote aux femmes. Et l'année suivante, toutes les provinces — sauf celles de l'Île-du- Prince-Édouard et de Québec — emboîtaient le pas. Certaines Québécoises, il va de soi, le demandent à leur tour, enclenchant de la sorte le cirque du refus. Dès cette même année, l'Association catholique des voyageurs de commerce présente le féminisme comme «fils du protestantisme et qui a donné le jour au suffrage féminin», tandis que Mgr Paquet lance ses fantasmes:

> La femme chrétienne, travaillée avec tant de soin, et depuis tant de siècles, par les mains de la religion, ne nous semble pas faite pour l'arène politique. Son sexe même où vibrent les plus généreux instincts de notre nature, et où s'incarnent la douceur aimable et la bonté pacifiante, l'éloigne de la querelle des tribunes et du tumulte de la place publique[80].

Deux ans plus tard, c'est au tour du premier ministre Taschereau d'abjurer la femme de «rester fidèle aux traditions ancestrales, à son titre de reine du foyer, à ses œuvres de charité et de philanthropie, à ses labeurs d'amour et d'abnégation[81]».

En 1922, toutes les autres provinces canadiennes — même la minuscule Île-du-Prince-Édouard — ayant accordé le droit de vote aux femmes, Marie Gérin-Lajoie et Walter Lyman fondent le Comité provincial pour le suffrage féminin au Québec. On s'agite au Parlement et, pour noyer le poisson, on crée une commission d'enquête formée de… cinq hommes; pour sa part, en cette même année 1922, *L'Action française* lance une enquête sur «Notre avenir politique», permettent au futur cardinal Villeneuve d'écrire:

> N'est-ce point la Confédération qui nous impose le divorce, le suffrage féminin, la conscription impériale, tous principes de dissolution sociale, morbides à la race[82]?

Ça s'annonce bien! D'autant plus que «la réaction monte». Encouragées par nombre d'évêques, les «Yvette» d'alors se regroupent pour s'opposer à cette «dissolution sociale». Du septième ciel, Mgr Paul-Eugène Roy, coadjuteur de Québec, leur écrit le 17 février 1922:

> Mesdames,
>
> J'apprends avec plaisir que vous avez pris l'initiative de former un comité de propagande pour faire une campagne contre le suffrage féminin. Permettez-moi de vous féliciter de cette heureuse inspiration qui répond parfaitement aux vues de tout l'épiscopat de la province et qui fait grand honneur à votre bon sens social et à votre esprit chrétien.
> Une législation qui ouvrirait la porte au suffrage des femmes serait un attentat contre les traditions fondamentales de notre race et de notre foi[83].

Et que dire maintenant du projet de loi présenté — un vendredi 13, comme on ne manquera pas de le souligner — à Ottawa pour légaliser le divorce? Cette fois, c'en est trop, et notre brave député Fournier s'emporte contre cet

> adultère consacré par la loi [... dont les] effets délétères s'élèvent comme les exhalaisons d'un bourbier fétide qui répand à tous les vents la peste croissante qui empoisonne la nation[84].

Pour sauver «race... foi... nation», la Fédération nationale Saint-Jean-Baptiste réclamait depuis 1914 une commission d'enquête pour une refonte du Code civil concernant les droits de la femme mariée. Seul résultat positif, si elle est mariée en communauté de biens, elle pourra disposer de son salaire. Quant au reste, la «comédie des horreurs» se poursuit, et si «le mari peut demander la séparation de corps pour cause d'adultère de sa femme», celle-ci ne peut toujours le demander que si le mari «tient sa concubine dans la maison commune[85]». Car, précise-t-on, «quoi qu'on dise, on sait bien qu'en fait, la blessure faite au cœur de l'épouse n'est pas généralement aussi vive que celle dont souffre le mari trompé par sa femme[86]».

Devant tant d'inepties, Marie Gérin-Lajoie démissionne du comité. En 1927, Idola Saint-Jean prend la relève, fonde l'Alliance canadienne pour le vote des femmes au Québec — qui deviendra, en 1929, la Ligue des droits de la femme — et entreprend son pèlerinage annuel à Québec pour y demander, vainement jusqu'en

1939, ce fameux droit de vote! «Peut-on parler, dit-elle, de suffrage universel, quand toute une moitié de la société est privée de son droit de vote[87]?» Sans doute... et tout cela est aussi évident qu'une merveilleuse Athènes toujours présentée comme le berceau de la démocratie, alors que sur un quart de million de population, environ 10 000 citoyens ont droit de vote, vote qui est plus souvent qu'autrement orienté par une poignée de démagogues. Vive la démocratie!

Mais le père Ceslas-Marie Forest, dominicain convaincu de pourfendre le crétinisme, grand penseur de la faculté de philosophie de l'Université de Montréal de 1926 à 1952, et nettement trop libéral au gré de Mgr Paquet, se montre plus perspicace tout en s'inscrivant dans la digne ligne de pensée de la Grande Récupératrice. Le féminisme se révèle pernicieux?

> Les esprits les plus clairvoyants [...] pensent que l'heure est venue de s'en emparer pour le diriger, l'orienter et l'utiliser pour la sauvegarde de l'Ordre social, la défense de l'idée religieuse et le triomphe des causes qui nous sont chères[88].

Aussi encourage-t-on fortement la Ligue catholique féminine du Canada, fondée par mademoiselle Jeanne Talbot en 1927, et qui, deux ans plus tard, compte quelque 25 000 membres, à œuvrer en ce sens! «Pour la vertu» semble être leur mot d'ordre, puisqu'on les retrouve militant en faveur de tout ce qui est «beau, bon et bien» dans les divers médias. La moisson semble rentable, et la poétesse terroiriste Blanche Lamontagne peut sereinement écrire:

> Je n'ai pas confiance dans le suffrage féminin pour le bonheur de notre race. [...] Je crois que les Canadiennes françaises seraient plus utiles à leur patrie en continuant à élever de nombreux enfants[89].

Dans la même veine, la journaliste Rolande Savard-Désilets enchaîne, au nom du Cercle des fermières regroupant 8000 membres:

> Nous affirmons que l'immense majorité des mères de famille et des épouses canadiennes-françaises [...] demanderont aux autorités compétentes de mettre fin à cette agitation qui trouble la paix habituelle de certains foyers[90].

Les deux solitudes. *Source: Almanach de la langue française,* 1917.

Soldes et allocations. *Source: ANC*, O. C-116-599.

«Canadiens, soyez hommes!» *Source: ANC*, O. C-95269.

Jusqu'à Olivar Asselin! *Source: ANC*, O. C-95733.

Laurier-Néron! Face à la conscription… *Source: ANC.*

Enterrement de soldats canadiens en France. *Source: Office national du film,* Série 1, vol. 29. Diapositive 24.

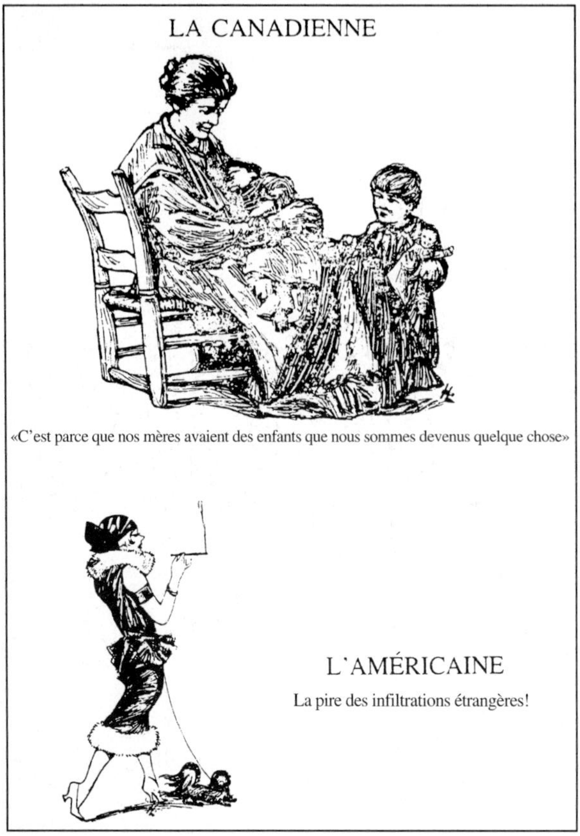

Source: Almanach de la langue française, 1926: 13.

QUAND MAMAN VOTERA

Dessin de J.-Arthur Lemay. *Source: Almanach de la langue française,* 1936.

«L'aboutissement logique du féminisme. [*sic!*]» *Source: Almanach de l'Action sociale catholique*, Québec, 1925: 57.

«Celle qui travaille et celle qui ne travaille pas…» *Source:* Léon-A. Robidoux, *Albéric Bourgeois, caricaturiste,* Montréal, VLB éditeur, 1978: 84-85.

Mensuel publié par les Franciscains à Montréal, de 1906 à 1937.

«Britishers, $15.00», affiche, 1929. *Source: Canadien pacifique: Affiches 1883-1963,* Éd. du Méridien, 1988.

«La menace.» *Source: Almanach de la langue française,* 1929: 62.

L'École sociale populaire à l'œuvre. Avril 1933.

«Plus d'un milliard d'infidèles!» *Source: La semaine missionnaire de Montréal,* Montréal, Beauchemin, 1930: 300.

«La racaille anarcho-communiste.» *Source: La Nation,* 29 octobre 1936.

L'École sociale populaire, juin 1927.

Autre «Yvette» appartenant à la plus pure tradition des supposées caractéristiques attribuées aux femmes, la journaliste Viviane Décary écrit à son tour, concernant le droit de vote: «Décidément, les femmes manquent de flair en politique, elles qui, en amour, ont des narines de chien de chasse[91]!»

Pendant ce temps, les mâles s'adonnent à leurs farces habituelles, et les rhétoriciens du collège Sainte-Marie, dans un débat relatif à ce fameux droit de vote, s'écrient: «Votez le projet, et bientôt, vous verrez le Premier Ministre et ses collègues laver la vaisselle ou faire la popote[92].» Pour sa part, le juge Ferdinand Roy, après avoir fait remarquer qu'on a souvent «divisé les femmes en deux classes: celles qui n'obéissent pas et celles qui commandent», poursuit:

> Parce qu'elle n'a pas le droit de suffrage, la femme d'aujourd'hui prétend ne pas faire les lois. Et sans doute elle ne les *écrit* pas; mais ce qui est mieux, elle les *dicte*, les a toujours dictées[93].

Sans doute aurait-il pu s'en tenir à Bonaparte, premier consul, demandant à Mme de Staël: «Depuis quand les femmes se mêlent-elles de politique? — Depuis qu'on les guillotine» fut la réponse-couperet... Toujours est-il que, toutes les autres provinces ayant accordé ce droit, et le *Star* et la *Gazette* se moquant royalement de notre exclusivisme, Adélard Godbout, nouveau chef du Parti libéral, promet que s'il est élu aux élections provinciales de 1939, il accordera ce fameux droit de vote. Ce qui devient enfin fait accompli le 25 avril 1940.

Nationalisme: du Canada au Québec

> J'ai passé une semaine à Toronto, dimanche dernier.
>
> JOSEPH ARCHAMBAULT,
> député libéral fédéral de Chambly-Verchères,
> à la Chambre des communes, en 1921[94]

> Deux anciennes races et deux anciennes religions se rencontrent ici pour vivre, côte à côte, chacune sa légende.
>
> HUGH MACLENNAN,
> *Deux solitudes*[95]

Le nationalisme opposant les «deux solitudes» pourrait presque servir de titre, ou à tout le moins de toile de fond, à tous les chapitres de notre histoire. Mais, comme en toute chose il y a des temps forts, nous avons regroupé dans la présente section les caractéristiques les plus importantes de cette affirmation durant les années vingt. Deux aspects principaux semblent se dégager: d'une part, du nationalisme pancanadien de Bourassa, on passe au nationalisme québécois de Groulx; d'autre part, l'influence des États-Unis devient prépondérante, soit à travers notre franco-américanie soit par l'invasion économico-culturelle du Québec.

❑

> Dans ma prime jeunesse — que c'est loin — j'étais tout ensemble, catholique ultramontain, sans compromission, et *rouge* forcené — ce qui faisait dire à M. Laurier: «Bourassa est un *castor rouge*, un monstre.»
>
> HENRI BOURASSA,
> *«Le Devoir», ses origines, sa naissance, son esprit*[96]

Examinons, en un premier temps, les têtes d'affiche québécoises, à la fois remarquables hommes d'action et écrivains, tels Bourassa, Asselin, Héroux ou Groulx. Et parmi eux, indubitablement, depuis la guerre des Boers jusqu'à la fin du premier conflit mondial, Bourassa constitue le charismatique porte-parole des Québécois. Paradoxaux personnages, s'il en fût, que ce petit-fils de Papineau et ses disciples Asselin et Lavergne qui fondaient la Ligue nationaliste canadienne en 1903. Il faut dire que chez tout Canadien français d'alors qui se respecte, il y a tiraillement quasi manichéen entre la priorité à accorder soit à la religion, comme le fera Bourassa, soit à la langue, comme le feront Asselin et Fournier. Et ce sera la force de Groulx de concilier les deux en accordant à chacune une extrême importance. Mais procédons chronologiquement et constatons que le paradoxe dépasse souvent ce dualisme un peu simpliste.

En 1896, Bourassa, grand admirateur de Laurier, est élu avec ce dernier et devient le représentant libéral de la circonscription de Labelle à Ottawa. Son disciple Lavergne l'y rejoint en 1904. Bientôt déçus par un Laurier trop impérialiste à leur gré, ils se font élire députés nationalistes à Québec, et contribueront — ce sera leur «œil de Caïn» — à la défaite de Laurier en 1911. Bourassa reviendra comme député indépendant à Ottawa en 1925, rejoint en 1930 par un Lavergne devenu conservateur! Pourtant, malgré ces volte-face, on ne peut s'empêcher de retrouver une certaine continuité chez les deux: indépendance hautaine et mystique chez le premier, et nationalisme cocardier chez le second.

Quoi qu'il en soit, chacun perçoit bien toute situation à travers son propre prisme. Ainsi, Bourassa a beau écrire en 1913 qu'en plus d'aimer «l'Angleterre d'un amour de raison, [... il l'aime] d'un amour d'admiration[97]», cela n'empêche pas le *Star* de l'appeler «Von Bourassa[98]» peu après. Il faut dire que le «Von» en question a l'outrecuidant culot de prétendre que: «La Grande-Bretagne, seule responsable de sa politique étrangère, est seule tenue d'en porter le fardeau[99].»

«Haro sur le baudet» dont *Le Devoir* — autre paradoxe — est «le seul journal laïque admis dans les collèges catholiques[100]». Avouons que Bourassa devient plus catholique que le pape — *arbitre de la paix* — et qu'il n'en est pas à une incongruité près, comme grand-papa d'ailleurs! Car ce «fils de famille parlementaire et libérale» et député lui-même à plusieurs reprises, ne croit pas à la démocratie, «absurdité aussi impraticable en fait que fausse en principe[101]», vu que ladite démocratie parlementaire se résume à «la sélection des incompétences par les incapacités, ou vice versa[102]». Et Olivar Asselin, le preux disciple, d'enchaîner: «Le parlementarisme sera toujours un régime d'anarchie, de gaspillage et de fripouillerie[103]». Il s'agit du même Asselin qui, après avoir vitupéré l'impérialisme britannique, conspué les Ontariens pour leur règlement XVII contre lequel il créera en 1913 le Sou de la pensée française, s'enrôlera en 1915, parce qu'il considère «glorieux dans la guerre actuelle de se battre pour les institutions britanniques[104]». Et c'est toujours ce même Asselin qui écrit, en 1923: «Tout ce que nous avons de bon, nous le devons à la France; tout ce qui nous menace vient des sociétés anglo-saxonnes[105].»

Pour en revenir aux errements de Bourassa-le-chef, il faut dire qu'avec le règlement XVII, la guerre et la conscription, son pancanadianisme se fait écorcher et ne semble plus correspondre aux réelles aspirations québécoises. Si, en 1917, il peut encore écrire qu'il «voit plus d'avantages que d'inconvénients dans la coexistence des deux races au Canada[106]», il ébrèche cette coexistence dès l'année suivante en affirmant: «La langue anglaise est la langue de l'erreur, de l'hérésie, de la révolte, de la division, de l'anarchie dogmatique et morale[107].»

En 1921, il considère que «la Confédération [...] doit se dissoudre un jour, [... car] les Anglais ont voulu employer la Confédération à nous asservir[108]».

Mais — et c'est là le *hic* — la foi prime-t-elle la race? Si, en 1910, il semble concilier les deux dans son fameux «sermon de Notre-Dame», en proclamant lyriquement: «N'arrachez à personne, ô prêtres du Christ, ce qui est le plus cher à l'homme après le Dieu qu'il adore, à savoir, sa langue», à compter des années vingt, il opte de plus en plus pour la foi. «On ne saurait trop répéter que la lutte pour la langue et la culture françaises, légitime en soi, n'est qu'accessoire et subordonnée à la lutte pour la foi[109].»

Cinq ans plus tard, il n'y a plus d'hésitation possible: «Les intérêts supérieurs et généraux du catholicisme priment tout[110].» Le voilà mûr pour l'audience privée que lui accorde Pie XI le 18 novembre 1926, où la semonce tombe comme un couperet:

> Le premier devoir d'un journaliste catholique est de défendre les causes de Dieu et de l'Église. Les autres causes, même légitimes, sont secondaires et doivent être subordonnées. [...] À l'heure actuelle, le principal obstacle à l'action de la Papauté, [...] c'est la substitution du nationalisme au catholicisme[111].

Pour la quinzaine d'années à venir, c'en est fait du héraut du nationalisme transformé en officiant du Christ. Et André Laurendeau pourra proclamer en 1935: «Bourassa, mort à Rome en 1926», tandis que l'abbé Groulx considère qu'un «mal héréditaire, [...] le scrupule religieux — point d'autre hypothèse possible — a égaré l'esprit du Bourassa de 1926». S'il demeure logique sur les autres sujets, «le mot *nationalisme* peut le faire sauter par la fenêtre[112]». Sur sa lancée, Bourassa dénonce les sentinellistes, défenseurs de la franco-américanie, fait prier les foules après ses discours, affirme sa foi à la Chambre des communes — tellement d'ailleurs qu'il provoque en 1929 une crise cardiaque chez le grand maître orangiste Edwards qui en meurt le lendemain[113] — et, considérant que nombre de clercs sont devenus vendeurs du temple, il leur dit, en mars 1932 dans une conférence tenue sous les auspices de l'Association catholique des voyageurs de commerce:

> Je préfère voir les membres du clergé fréquenter les maisons de prostitution plutôt que les bureaux de courtage[114].

En outre il se met à dos, par «son caractère hautain», tous ses disciples de la première heure, tels les influents Asselin, Lavergne et Laflamme. Rien d'étonnant, donc, à ce que ses traditionnels électeurs de Labelle ne renouvellent pas le mandat de leur prédicateur en 1935. Car, commente son adversaire victorieux Maurice Lalonde, que Bourassa avait accusé d'être un jeunet: «Aujourd'hui, les dents commencent à lui tomber, et il ne veut pas s'occuper de votre patronage. Moi, je suis dans la force de l'âge, et je m'en occuperai[115].» Finis les sermons, et fini Bourassa! Mais si nous avons tellement insisté sur le personnage, c'est que, d'une part, durant les vingt premières années du siècle, il est apparu comme le porte-parole incontesté des Québécois et que, d'autre part, par ses tiraillements aussi éternels que dichotomiques, il préfigure ces mêmes Québécois qui éliront à la fois Lévesque et Trudeau!

❏

> L'héritier de Papineau, l'avenir dira que ce fut l'abbé Groulx. Bourassa a trahi son grand-père.
>
> PAUL BOUCHARD,
> *La Nation*, 11 février 1937

Sans doute... mais un siècle plus tôt, lorsque grand-père affirmait qu'il ne prévoyait ni ne voulait de violence, il avait pour le moins joué avec le feu quand, à Saint-Charles, quelque 4000 jeunes avaient juré devant lui et sa Colonne de la liberté, d'être «fidèles à la patrie, et de vaincre ou de mourir»! On pourrait difficilement alors le qualifier de «tête à Papineau» pour sa perspicacité. C'est ce que les Bas-Canadiens ont rapidement compris, qui fredonnaient peu après sa fuite aux États-Unis:

> Il a pris l'escampette
> Pour gagner les États,
> Mais c'est pas brav' Pépère
> De se sauver comme ça.

En somme, tout peuple a besoin de héros — surtout si, comme le peuple québécois, il se sent vulnérable — et a alors tendance à mythifier des Papineau porteurs de rêves, même si ceux-ci se révèlent catastrophiquement irréalistes. Papineau, en boycottant les produits britanniques, croyait-il réussir là où Napoléon avait échoué? Quant à Laurier — qui aimait bien Bourassa malgré tout, et lui avait dit lors de sa démission en 1907: «Je regrette votre départ. Nous avons besoin d'un homme comme vous à Ottawa. Mais pas deux» —, il avait bien perçu Bourassa, lorsqu'il en disait, sur ses vieux jours:

> Bourassa est un homme de grand talent, mais son talent est essentiellement négatif et destructif. Il ne fera jamais rien de constructif ni qui soit de nature à bénéficier aux causes qu'il épousera[116].

Mais qui sera-t-il donc, ce sauveur «constructif» attendu depuis... 1760? De 1920 à 1950 — avec des temps forts tout particulièrement durant la Crise déboussolante —, l'abbé Lionel Groulx se révélera indéniablement être la plaque tournante de tout le mouvement nationaliste. Pour cette raison, nous le suivrons chronologiquement, en une première période nous menant jusque vers 1932-1933, et en reparlerons dans le chapitre V («Politique et démagogie»), au moment où plusieurs voudraient en faire «le chef» tant espéré.

La vie de Groulx est à un tel point remplie qu'il ne saurait être question d'en dresser ici un inventaire. Mentionnons seulement qu'il devient réellement une notoriété à compter de 1915, alors qu'il est nommé professeur d'histoire du Canada à l'Université de Montréal. Et qu'on ne vienne pas lui demander de se dépouiller de sa «qualité de catholique et de Canadien français, [... car, dit-il,] on ne se dépouille de soi-même qu'à la condition assez affligeante de n'être personne[117]». On peut dès lors comprendre l'opposition radicale entre cette «lave incandescente» et Thomas Chapais, dit «le charbon calciné[118]», qui, durant la même période, distillera son «poison loyaliste[119]» en enseignant l'histoire du Canada à l'université Laval. Réactionnaire à en faire bleuir les ultras, cet ineffable Thomas de tous les honneurs jouit littéralement lorsqu'il se vautre dans la «Conquête providentielle» nous ayant épargné l'horreur «révolutionnaire née durant le cataclysme de 1789» ou encore lorsqu'il décrit le cérémonial déployé pour accueillir à Québec, en 1867, sir Narcisse Belleau, le premier lieutenant-gouverneur —

sans pouvoir — «escorté par des troupes anglaises qui lui présentent les armes comme à un souverain, entouré d'officiers anglais qui lui font un cortège d'honneur», et qui, de surcroît, est «un homme de race et de langue françaises[120]». Et comment ne pas pleurer avec «quatre cents millions d'hommes» la mort d'Édouard VII — ô femmes ingrates, particulièrement celles qu'il payait si bien dans sa chambre réservée au lupanar le Chabanais, 12, rue de Chabanais, Paris[121] — qui «ne fut pas seulement un occupant du trône, [... mais qui] fut le *roi*[122]». Par contre, ô ciel, honte à ces rebelles de 1837, alors que

> à ce moment, il était impossible de ne pas constater que le petit peuple, dont le domaine s'étendait sur les deux rives du Saint-Laurent était l'un des plus heureux du monde[123].

Et c'était justement pour annoncer leur bonheur aux Américains des *factories* qu'ils commençaient à émigrer par dizaines de milliers vers les États-Unis. Et qu'en pense la «lave incandescente»? Grossière ignorance que «cette exégèse de la conquête de la Nouvelle-France *bienfait providentiel*[124]». Les Rébellions de 1837-1838? «L'on ne saurait oublier ce que ce mouvement traînait en son fond de sain et d'émouvant[125]». Quant à la Confédération, nous verrons sous peu de quelle façon il considère cette catastrophe! Tout cela pour dire qu'il existe au moins deux façons de voir l'histoire, tout comme un catholique est devant deux possibilités pour concevoir le nationalisme: celle de Bourassa, où le nationalisme s'efface devant l'universalisme catholique, et celle de Groulx: «Car enfin, où est le péché, où est le crime d'une nationalité en possession légitime, d'un droit indiscutable, de défendre ce droit contre l'agresseur[126].»

Nous voilà donc situés quant au rôle possible d'un historien catholique et canadien-français. Mais, dès 1917, Groulx élargit son influence de communicateur en ajoutant la dimension d'écrivain à celle d'historien. En effet, avec des amis de la Ligue des droits du français — Omer Héroux, Joseph Gauvreau, Léon Lorrain et autres —, il devient cofondateur du mensuel *L'Action française*, dont il assumera la direction de 1921 à 1928. Dès 1918, ce périodique atteint un tirage de 4000 et rejoint essentiellement les clercs et les membres de professions libérales. La Ligue des droits du français — dont le pape est l'abbé... — crée en outre ses propres éditions, dites Bibliothèque de l'Action française. Tout un chacun peut maintenant s'exprimer, soit par des articles, soit par des monographies, sur divers aspects se rapportant au Québec. Ils n'y manqueront surtout pas, et particulièrement Groulx qui, dès juillet 1917, pour fêter le cinquantième anniversaire de la Confédération, écrit:

> L'œuvre de destruction est presque achevée, et nous allons léguer à l'histoire l'un des exemples les plus saisissants des lamentables banqueroutes qui peuvent atteindre les unions fédératives. [...] Aujourd'hui, le mal est profond, incurable, et la situation nous apparaît sans issue. [...] Race décapitée, [...] nous sentons trembler entre nos doigts le flambeau de nos destinées, et la grande force surhumaine nous fait ployer les genoux et joindre les mains[127].

Mais «ne ployant les genoux» que devant son Seigneur, Groulx se ressaisira rapidement et tentera par la suite — contrairement à Bourassa, mais aussi utopiquement parfois — de trouver des solutions positives pour son «petit peuple» et non pour le Canada, car, écrit-il:

> Contre la langue française, contre nos lois, contre nos écoles, contre nos privilèges et nos droits les plus sacrés, se poursuit, à Ottawa et ailleurs, une offensive savante, sournoise, systématique, froidement résolue à porter les coups décisifs[128].

Contre cette offensive, ressuscitons des héros, et si *L'Action française* de Maurras a relancé Jeanne d'Arc, celle de Groulx se fera l'ardent promoteur, avec l'ACJC, d'un Dollard sauveur qu'on fêtera patriotiquement tous les 21 mai à compter de 1921.

De façon plus spectaculaire encore, il publie l'année suivante son roman *L'appel de la race*, où il dénonce violemment l'anglomanie qui a caractérisé nombre de nos dirigeants, ainsi que la francophobie persistante à Ottawa. Résultat: 6000 exemplaires vendus en trois mois. En fait, cet *appel de la race* vient à son heure, car en ces années vingt, les nationalistes ne croient tout simplement plus au Canada. Aussi Groulx fait-il publier dans son *Action française* de 1922 une série d'études sur les grands problèmes subis alors par le Québec, et fait converger ses collaborateurs vers une somme intitulée *Notre avenir politique*, qui paraît l'année suivante et constitue une charge contre la Confédération. Il faut dire qu'encore là, et comme toujours, durant ces mêmes années 1922 et 1923, Ottawa persiste à rêver d'unitarisme en s'attaquant à notre système d'enseignement, champ de compétence exclusivement provincial. Mais surtout — comme l'exprime au cours de l'été 1923, à Montréal, sir James Aikins, président de l'Association du Barreau canadien — le Canada désire imposer un seul Code civil pour l'ensemble des provinces. Cette fois c'en est trop, et Taschereau réplique que «nous n'avons signé le pacte confédératif qu'à cette condition. Le jour où l'on méconnaîtra ce privilège, on mettra la Confédération en danger[129]».

Si même Taschereau en est rendu à parler de séparation, on peut comprendre que *Notre avenir politique* arrivait décidément au moment propice!

Examinons brièvement les données majeures de cet éreintement. Pour «La Direction de *L'Action française*», — en fait Groulx — comme

> la dislocation de l'État fédéral dépend de causes trop puissantes que nul ne peut empêcher d'agir. [... il ne nous reste qu'à] être nous-mêmes, absolument nous-mêmes, constituer, aussitôt que le voudra la Providence, un État français indépendant[130].

Et la Providence devra le vouloir assez rapidement, car, précise le père Rodrigue Villeneuve, nommé cardinal onze ans plus tard:

> Nous ne courons au devant d'aucune séparation. Nous la regardons venir. [... Puisque] de gré ou de force, le tronçonnement du Canada s'en vient, nous n'aurons pas à l'opérer. [...] Quand l'immense squelette canadien se désossera, [il n'y aura personne pour le pleurer, car] le loyalisme nous coûte maintenant des subsides, des dreadnoughts, de la chair à canon, ce qui atténue la serviabilité. [En somme], reconnaissons-le, la Confédération n'a été en ce qui concerne nos intérêts nationaux qu'une banqueroute lamentable, qu'une déception humilitante et amère[131].

Ainsi s'exprime le bon père Villeneuve en 1922. Vingt ans plus tard, Son Éminence, après s'être assuré que les clercs ne seraient pas conscrits pour la guerre, favorise l'enrôlement des Québécois contre l'Antéchrist nazi. Après tout, la reconnaissance n'est-elle pas chrétienne? Mais revenons pour l'instant à l'enquête de *L'Action française* sur notre avenir politique.

Après une litanie de jérémiades où on constate qu'au Québec,

— nous ne sommes que les éternels porteurs d'eau des «Anglais, Américains ou Juifs[132]»,
— notre influence ne cesse de décroître, au fédéral, allant de pair avec la diminution de notre représentation démographique[133];
— notre aplaventrisme a fait de nous un «éparpillement de vaincus, de pense-petit, de chercheurs de places, qui demandent aux puissants Anglais non pas des libertés comme nos pères, mais de l'ouvrage[134]»;
— et que notre stupidité nous a fait répéter qu'«il ne faut point mettre de patriotisme dans les affaires[135]»,

Groulx passe à l'action et implore la jeunesse

> de prendre en ses mains le flambeau rallumé pour le porter sur les hauteurs. [... Car] l'idéal d'un État français va correspondre de plus en plus parmi nous à une sorte d'impulsion vitale. [...] Seulement, que la jeunesse s'en souvienne: il y a des heures qui ne sonnent jamais deux fois dans la vie d'une nation[136].

Et dans une finale bien groulxienne: «Nous ne promettons pas d'agir; nous avons commencé.» Cet appel aux forces vives — que seront éternellement les jeunes — suscite chez eux «un immense espoir». Et c'est ainsi que Georges-Émile Lapalme, alors étudiant au Séminaire de Joliette, futur père de la Révolution tranquille, peut écrire:

> Jusqu'à ce qu'apparut Notre avenir politique, [...] les éléments de notre conscience politique se dispersaient en fragments. [... Mais dès ce moment], un immense espoir se levait à la lecture de ces pages d'un caractère nouveau [... débouchant] sur une réalité inéluctable: l'Indépendance d'un État français en Amérique. Au Cercle [Saint-Michel, du Séminaire de Joliette], nous fûmes tous des séparatistes avant la lettre[137].

❑

La prospérité des années vingt profitant aux «autres» — comme le soulignait Georges Pelletier —, notre émigration se poursuit. Théoriquement, les Québécois sont face à une alternative: les États-Unis, où 130 000[138] des leurs se dirigeront durant cette décennie, comme nous le verrons dans la partie consacrée à nos relations avec les Américains; ou encore l'ouest du Canada, peu peuplé. Mais, voilà à nouveau le hic, on n'y veut pas plus d'eux en 1925 qu'au début du siècle, alors que Clifford Sifton, ministre de l'Intérieur sous Laurier, «*was filling the changing West with his thousands of English, Americans, Germans, Russians, anything but French*». Que ces derniers restent au Québec ou, mieux encore, qu'ils se noient dans le grand *melting-pot* américain. Car notre «vaste pays, prodigue de ses immenses domaines pour tous les spéculateurs étrangers, [se révèle] avare de son sol pour les fils de ses paysans et de ses défricheurs[139]».

De façon moins romantique et dramatique, John Wesley Edwards, député aussi orangiste qu'ontarien, déclare: «Nous avons assez d'une province de Québec au Canada[140].» Et on pourrait sans doute substituer «trop» à «assez», puisque le fédéral accorde à ce moment-là quelque 20 000 $ pour parquer des Québécois comme colons au Québec, «32 000 $ à l'immigration des Chinois, et 500 000 $ à la propagande anglaise et étrangère[141]».

Aussi, par un de ces miracles économiques incompréhensibles pour les analphabètes québécois, si un «Anglais d'Angleterre» veut partir de Londres pour se rendre à Edmonton, il lui en coûtera 27 $, «et ses enfants âgés de moins de dix-sept ans ne paieront pas un sou», alors que le Québécois qui voudra se rendre à ce même Edmonton — Alberta, ciel!... — devra débourser 71,25 $ et payer en outre pour ses enfants, généralement nombreux, même s'ils ont moins de dix-sept ans! Ajoutons que les Anglais recevront gratuitement des terres vacantes, ce dont n'est pas du tout assuré le Québécois. «Et l'on se demande, le front plissé, comment il se peut faire que tant de Canadiens passent la frontière américaine[142].»

On se doute que, dans un tel contexte, le soixantième anniversaire de la Confédération ne suscitera pas chez nous un enthousiasme délirant:

> L'esprit et la lettre de la Confédération ont été violés. Dans huit provinces sur neuf les minorités françaises sont brimées par les majorités anglaises. [...] La vérité, tout le monde le

> sait: nos droits essentiels, depuis soixante ans, sont foulés aux pieds par nos associés les plus loyaux[143].

Aussi, dans un «Mot d'ordre» bien dans son style, Groulx proclame-t-il: «Un peuple qui a le sens de la dignité, devrait savoir à quelle hauteur, le 1er juillet prochain, ne pas hisser ses drapeaux[144].»

Le fédéral aura beau nous donner une sucette avec sa série de timbres pour la première fois bilingues — en ajoutant «Postes» à «Post» — commémorant ce sexagénaire British North America Act, le Québec n'oublie pas pour autant qu'il est en train de perdre le Labrador. En effet, ce territoire étant réclamé à la fois par Terre-Neuve et par Québec, on a décidé de s'en remettre au Conseil privé de Londres pour trancher le litige. Or, de Londres, 10 millions de dollars ont été investis pour une usine de pâtes et papier au Labrador. Mais cette entreprise faillit et deux des cinq juges du Conseil privé se retrouvent à la fois «juge et partie[145]». En 1927, Terre-Neuve ne fait toujours pas partie du Canada et relève directement de Londres. Conséquemment, Ottawa devrait défendre la position du Québec puisque la perte du Labrador diminuerait d'autant le territoire canadien. Mais Hugh Guthrie, chef du Parti conservateur au fédéral ayant déclaré gentiment: «La question du Labrador n'intéresse pas le Canada, puisque seul le Québec est en cause», le tripotage habituel en semblable circonstance provoquera

> [l']amputation de territoire de quelque 110 mille milles carrés, décrétée à nos dépens, pour des raisons évidemment politiques, par un tribunal étranger qui n'a jamais rien entendu à nos affaires[146].

De toute façon, le Canada est un «pays britannique[147]», maître du Québec où, jusque vers 1930, le trésorier provincial est forcément anglophone, et où on ne s'adresse à son ministère qu'en anglais. Quant aux futurs professeurs de français aux États-Unis ou dans les provinces anglophones, ils doivent détenir leurs diplômes uniquement de l'université McGill, car les *French Canadians* n'utilisent qu'un patois[148], «*a lousy French*» dira plus tard Pierre Elliott Trudeau. Le Québec n'engendrant toutefois pas que des PET, et Groulx, pour sa part, considérant que «le suprême malheur pour une race, c'est de douter de soi-même[149]», prévient tous nos «politiciens affairistes, à demi émasculés de sentiment national[150]» que,

> si jadis l'on put troquer bon marché notre adhésion au pacte fédératif, la génération d'aujourd'hui n'admet point qu'on ait vendu ses chances de vie, non plus que son droit de vivre dignement[151].

Et la moindre dignité consisterait justement pour Ottawa à défendre les droits des Franco-Saskoutains que les francs-maçons attaquent alors violemment. Il n'en faut pas davantage pour qu'E. K. Brown l'orangiste gémisse:

> *It occurs to me that in the drastic but plausible doctrines of the Abbé Lionel Groulx, there is a menace to Canadian unity for more disquieting than all the activities of all the lodges in the land*[152].

«Notre américanisation[153]»

En Nouvelle-Angleterre

Si, depuis leur indépendance jusqu'au milieu du XIXe siècle, les États-Unis nous apparaissaient comme la terre de toutes les libertés et l'exemple à suivre, la perception que nous nous en faisons se détériore graduellement à compter du moment où nous y émigrons nous-mêmes. Et bientôt, le *yankee* n'apparaît plus que comme un vulgaire adorateur du veau d'or, incarnant «le paganisme, le lynch, la mort aux prêtres, le divorce, et plusieurs autres pogromes de décadence[154]».

Nous examinerons dans la présente section portant sur l'entre-deux-guerres, d'une part, l'assimilation que subissent les Franco-Américains, et, d'autre part, l'américanisation qui touche le Québec. Dans le premier cas, après avoir vu ce que sont devenus les Franco-Américains, nous nous attarderons sur l'incident marquant de l'échec des sentinellistes.

Vers 1930, la Franco-Américanie semble à première vue bien se porter: on y trouve quelque 250 «petits Canadas» où on a tenté de recréer la vie canadienne-française avec églises, écoles et couvents encadrés par près de 5000 clercs. Ces derniers, après une initiale bouderie contre tous ces «abandonneurs de terre», se sont une fois de plus recyclés lorsqu'ils ont constaté que nos émigrants devenaient une véritable présence en Nouvelle-Angleterre, capables de faire bénéficier les Américains de la «supériorité de notre culture franco-catholique». Aussi renouvelèrent-ils pour eux notre institution par excellence: la paroisse!

> La paroisse est en effet la source intarissable où s'alimente l'âme franco-américaine. C'est dans l'église paroissiale que se déroulent les principaux événements de la vie ethnique, avec une pompe qui les rend inoubliables: baptêmes, premières communions, confirmations, premières messes, mariages, funérailles, fêtes solennelles parsemant de fleurs la route pénible de l'existence où elles ouvrent des perspectives d'infini, si consolantes au sein d'une vie trop courte et trop douloureuse. La paroisse n'est pas seulement la mère de l'âme franco-américaine; elle est encore le plus beau poème de foi, d'espérance et de dévouement à la survivance catholique et française aux États-Unis[155].

Et quelle est alors la situation de ces émigrants? Matériellement, certes supérieure à celle qu'ils avaient connue au Québec. Tous les membres de la famille peuvent travailler et en retirer un salaire généralement deux fois supérieur à celui payé dans des filatures semblables au Québec. En outre, si la mère souhaite demeurer à la maison, elle peut réaliser des revenus en logeant des pensionnaires. Les usines ont besoin de travailleurs — «pendant une année, j'ai changé d'emploi 11 fois, avec chaque fois 5 ou 10 cents de plus l'heure» — et ceux-ci peuvent cumuler les emplois: «J'ai travaillé pendant 13 ans tous les samedis, les dimanches et les jours de fêtes dans des restaurants, en plus de travailler dans les manufactures[156].»

Autre constatation fréquente: «Aux États-Unis, tous les gens étaient égaux[157]». «Je haïssais le travail ici [Trois-Rivières], parce qu'il y en avait qui s'en faisaient trop accroire. Là-bas, les gens étaient tous pareils[158].»

En somme, on peut enfin jouir de cette société de consommation tant vantée. Ainsi, après s'être payé «des chemises de soie, des sous-vêtements de soie et une Ford neuve», Henri Boucher poursuit:

> Après une journée de travail, je rencontrais mes amis à la taverne du coin, et là nous jouions aux cartes et jasions. C'était magnifique — après avoir mené une existence morne et monotone, je pouvais maintenant vivre comme un des contremaî-

> tres du moulin. Je n'étais pas obligé de manger de la soupe, je pouvais acheter du steak. Je n'étais pas obligé de vivre dans un sous-sol, je pouvais me payer un appartement dans un quartier résidentiel. Quoi que je dépense, une autre paye arrivait. Mes amis se réunissaient à la taverne et puis partaient pour un bal ou une fête. On n'avait pas à s'inquiéter pour son emploi[159].

En somme, la vie rêvée que faisait miroiter le beau Lorenzo Surprenant à la douce Maria Chapdelaine, «simple et sincère, et proche de la nature qui ignore les mots». En 1907, les Franco-Américains comptent cinq sénateurs, l'année suivante un gouverneur au Rhode Island, et, en 1915, Henri Bourassa constate qu'ils ont délaissé «leurs sales *tenements* [... pour] monter à l'assaut paisible mais constant des quartiers bourgeois et aristocratiques[160]».

On est pour le moins éloigné de la ferme québécoise, sans revenus fixes, sans distractions, et où le père seul a — en principe — toute autorité et quelques sous! «Le monde était heureux aux États-Unis. Il y avait de l'argent, de quoi vivre. Au Canada, c'était la pauvreté[161].» Aussi l'exode se poursuit-il, et

> de juillet 1925 à juillet 1926, 105 000 Canadiens sont partis du Québec pour les États-Unis, deux fois et demie notre surplus annuel de natalité. Suicide de race, tuberculose nationale, disparition par familles entières[162].

Mais en fait, il s'agit là d'un chant du cygne. Outre que les conditions de travail étaient loin d'être idylliques — chaleur épouvantable, bruit assourdissant, exploitation d'enfants de dix ans[163] —, on a perdu foi en la persistance d'une Franco-Américanie! Alors que vers 1890 elle était perçue comme une extension du Québec, à compter du premier conflit mondial, on constate que les Franco-Américains désirent de plus en plus se fondre dans le grand *melting-pot* américain. Et malgré le fait qu'ils se soient enrôlés nombreux en 1917-1918, les Franco-Américains paient pour la non-participation de leurs frères québécois qui ne sont «*neither French, English nor Canadian*, [... et dont l'attitude] *passes all understanding*[164]».

La législation américaine anglicise de plus en plus leurs études et même — comme nous le verrons — leur religion. Dès 1920, on commence à avoir honte de fêter la Saint-Jean-Baptiste, et lorsqu'on le fait, c'est bien souvent avec des discours en anglais... Et, clou enfoncé, même l'Église se fait laxiste en n'interdisant pas «danses et manches courtes», baignades mixtes et cinéma frivole. En fait et surtout, son messianisme se meurt, et ses fidèles se laissent envoûter par le «sensualisme et le pragmatisme» aussi ambiants que triomphants.

Bientôt surviendra la crise économique, et, avec leurs 11 millions de chômeurs, les États-Unis fermeront leurs portes à l'immigration. Les Franco-Américains, sans contacts revivifiants avec le Québec, n'auront plus qu'à s'américaniser définitivement. Mais entre-temps, nos coreligionnaires irlandais mettent définitivement fin à tout espoir en assenant à leurs frères catholiques un coup digne de Jarnac et d'Érin...

Le mouvement sentinelliste

«Peuple persécuté devient-il fatalement peuple persécuteur?» se demandait André Laurendeau face aux Irlandais de «l'Affaire Providence»[165]. Chose certaine, en tout cas, ces derniers se montrent voraces, et non seulement en Amérique du Nord, mais partout dans le monde, accaparant les hauts postes de la hiérarchie catholique aussi bien en Inde qu'en Australie[166]! Évidemment, il s'agit là de populations anglophones ou colonisées par ces derniers, et les Anglais étant généralement protestants, Rome se tourne alors du côté des Irlandais. Mais ce n'est pas toujours aussi simple ou simpliste. Au Canada, par exemple, au début du siècle, près de 75 % de la population catholique est francophone et a 4 archevêques et 15 évêques. Quant aux Irlandais qui composent le 25 % restant, ils ont 4 archevêques, et 10 évêques[167]. Ils réclament tous les sièges épiscopaux hors Québec, veulent s'accaparer de l'Université d'Ottawa dirigée par les oblats, demandent qu'on transfère la dignité cardinalice de Québec à Ottawa, et, dans leur «alliance monstrueuse» — le mot est du sénateur Philippe Landry — avec les orangistes, ne cessent de s'attaquer aux francophones, «quitte à crier eux-mêmes à la persécution si on ne les laisse partout dominer[168]». On sait qu'en Ontario, ils avaient tout tenté — Mgr Michael Fallon en tête — pour faire appliquer le règlement XVII interdisant, à toutes fins utiles, l'enseignement du français, et en Nouvelle-Angleterre, ils feront de même avec Mgr William Hickey. Ce que notre chauvinisme — identique à celui de toutes les autres nations — semble négliger toutefois, c'est qu'il s'agit là d'un mouvement concocté dans les plus hautes sphères et désireux d'englober toutes les minorités nord-américaines. En effet, en 1891, l'Allemand Peter-Paul Cahensly, constatant que nombre d'immigrants abandonnaient le catholicisme parce que rebutés par «l'Église irlando-américaine», suggérait de favoriser la création de diocèses par groupes ethniques. Mais le cardinal Gibbons, fils d'Irlandais né à Baltimore et tellement entiché de sa nouvelle patrie qu'on le surnomme «le cardinal des Américains», décide au contraire que tous les nouveaux arrivants doivent s'intégrer le plus rapidement possible au grand *melting-pot*. Et pour y parvenir, les Irlandais, catholiques et anglophones, serviront tout naturellement de catalyseur américanisant pour les 9 millions de catholiques que comptent alors les États-Unis. Léon XIII et le président Harrison féliciteront le cardinal Gibbons pour cette belle initiative d'un moulage uniformisant[169].

Et comme, en outre, la Grande-Bretagne, où le catholicisme était pratiquement inexistant et même persécuté au début du XIXe siècle, compte quelque 2 millions de fidèles à la fin de ce même siècle, qu'Albion est la grande puissance de l'heure et que Rome manifeste toujours beaucoup de complaisance envers les puissances, la solution va de soi: favorisons l'anglais! C'est ce qu'avait bien compris et nous avait bien dit Mgr Bourne, archevêque de Westminster, lors du Congrès eucharistique tenu à Montréal en 1910. Et on se souvient qu'Henri Bourassa, dans une envolée d'un lyrisme délirant, lui avait répliqué que le «Christ, qui est mort pour tous les hommes, n'a imposé à personne l'obligation de renier sa race pour lui demeurer fidèle».

Et c'est ce même Bourassa qui, quatre ans plus tard, déclare à des Franco-Américains: «Si nous laissons sacrifier une par une les minorités françaises qui sont nos avant-postes, le jour viendra où la province de Québec elle-même subira l'assaut[170].» Mais il vieillira notre Henri...

En attendant, la guerre éclate, la conscription est votée, les Québécois sont mal vus, et les États-Unis imposent de plus en plus à leurs minorités leur rouleau aussi compresseur qu'homogénéisant! Comment angliciser les Franco-Américains? En réduisant l'importance de leur clergé et de leur vie paroissiale, et en leur enlevant leurs sous! On nomme donc des évêques irlandais à la tête des diocèses et ils s'emploieront à drainer de tels revenus pour l'éducation anglaise qu'il ne restera plus rien pour les autres[171].

Et c'est ainsi que Mgr William Hickey, évêque irlandais de Providence, Rhode Island, qui pense «*in terms of the diocese*», lance une campagne de souscription de un million de dollars en 1922 pour la fondation de *high schools*. Chaque paroisse se voit fixer un objectif, et si elle ne l'atteint pas, elle devra s'hypothéquer. Ainsi, elle ne pourra plus soutenir ses propres écoles — en l'occurrence pour ce qui nous concerne: françaises ou bilingues! Et si une campagne ne suffit pas à tarir les fonds, on la renouvelle annuellement, comme le fera Mgr Hickey.

Les Franco-Américains se divisent — ce qui était prévu par le digne prélat —, et tandis qu'Elphège Daignault et son Association canado-américaine s'opposent à ce projet, Élie Vézina et l'Union Saint-Jean-Baptiste l'appuient. Daignault fonde, en avril 1924, *La Sentinelle*, journal catholique pour défendre les droits des Franco-Américains et appuyé initialement par le cardinal Bégin ainsi que par nombre d'évêques et de théologiens québécois. Parmi ceux-ci, le plus célèbre, Mgr Paquet, écrit:

> Nous ne dirons jamais assez combien il importe, pour la conservation de la foi et la sanctification des âmes, que les évêques dans leur diocèse, comme les curés dans leur paroisse, soient en pleine sympathie d'idées, d'esprit et de langue avec la masse de leurs ouailles[172].

Nous étions d'autant mieux placés pour de telles affirmations qu'à ce moment-là, on retrouvait à Montréal 25 paroisses pour allophones — Irlandais, Polonais, Italiens, etc — desservies dans leur langue et autant que possible «par un prêtre de leur nationalité». Mais ça, c'est une autre histoire, celle de notre éternel fanatisme…

Pendant ce temps, «la fièvre monte» à Providence et à Woonsocket, alors que le National Catholic Welfare Council fait éditer *A Catechism of Catholic Education*. Dans une traduction de Daignault lui-même, on peut lire à la

> Question 7 — Comment le langage de l'école catholique prouve-t-il qu'elle est américaine?
> Réponse — La langue de l'école catholique est l'anglais.

Et pour l'école où on enseigne encore occasionnellement en «langue étrangère», on précise à la réponse suivante que l'objectif majeur consiste à la «transformer, dans un délai relativement court, en une école où la langue anglaise est le seul véhicule d'instruction[173]». Daignault multiplie les pétitions auprès de ses concitoyens et les démarches auprès des religieux québécois, mais sa *Sentinelle* se fait acerbe, et même, écrira Laurendeau, «injurieuse pour l'épiscopat[174]».

Or nous sommes à l'époque où Pie XI, considérant que «le principal obstacle à l'action de la Papauté et de l'Église dans le monde, [...] c'est la substitution du nationalisme au catholicisme», a condamné *L'Action française* de Maurras en 1926. Il a en outre convaincu Bourassa, lors d'une audience privée accordée le 18 novembre de cette même année, qu'il devait utiliser toute son influence de communicateur pour étouffer ces «passions de race». Daignault n'arrive pas dans le bon temps, et, en avril 1928, lui et 61 de ses collaborateurs sont excommuniés et leur journal, interdit! Ce qui n'empêche pas l'ineffable abbé Lavergne de les recevoir comme des héros dans son église de Notre-Dame-de-Grâce à Québec, et Daignault d'être réélu président de l'Association canado-américaine! S'achemine-t-on vers un schisme? Élie Vézina, de l'Union Saint-Jean-Baptiste, violemment opposé à Daignault et friand d'assimilation, demande alors à Bourassa d'intervenir, sachant que ce dernier est encore généralement perçu comme le héraut de la langue française, ce qu'il fut jusque vers 1920, bien qu'il ait complètement changé depuis son entrevue avec Pie XI. Et c'est ainsi que l'homme du «discours de Notre-Dame» se décide à publier dans *Le Devoir*, du 15 au 19 janvier 1929, cinq articles «coup de poignard»! «Sous prétexte de défendre la langue française, écrit-il, il n'est pas permis à des catholiques de mettre en péril l'unité et l'autorité de l'Église.»

Aussi faut il que les sentinellistes, délaissant tout orgueil inconsidéré, se soumettent à Rome et à Mgr Hickey! Ces articles sont reproduits dans *La Tribune* de Woonsocket, et l'exécution bourassiste est totale! Les sentinellistes se soumettent, Hickey et Vézina jubilent; il s'agit d'un verdict normal, puisque, comme le déclare Mgr Ross de Gaspé à propos de toutes ces intrigues irlandaises: «Actuellement, ces questions sont réglées par des considérations politiques, le désir de satisfaire l'autorité anglaise[175]». C'est là, dira-t-on, «l'épisode le plus tragique, la page la plus sombre, le seul passage indigne des annales franco-américaines[176]».

Le ressort est brisé, la Crise ferme les frontières, *requiescat* la Franco-Américanie!

«*QUEBEC NEXT*»

Comme l'avait si bien dit Bourassa en 1914 — et non en 1929... —: «Si nous laissons sacrifier [...] nos avant-postes, le jour viendra où la province de Québec elle-même subira l'assaut.» Et il semble bien que vers 1930, après que nos minorités eurent partout perdu, ce serait maintenant le tour du Québec. Et que pouvait-il faire, le pauvre, avec ses quelque 2 % de la population nord-américaine! Économiquement, nous ne sommes toujours qu'un réservoir de matières premières agrémenté d'un *cheap labor*, et au service désormais des États-Unis dans une proportion de deux tiers et de l'Angleterre pour le reste...

Dans les fourgons des dollars: la culture! Et en quoi consiste donc ce fameux *american way of life* tant vanté? Pour notre *intelligentsia* paupéro-morbido-chrétienne, il s'agit littéralement d'un Belzébuth réincarné dans la totalité des vices. En veut-on quelques exemples? Pour l'austère dominicain Marc-Antonin Lamarche, c'est une «façon de vivre où tout s'absorbe par les sens, au lieu de contraindre l'esprit à gagner sa satisfaction par l'angoisse de sa recherche[177]».

Tout aussi angoissé, l'oblat Rodrigue Villeneuve considère que cette américanisation se réalise

> par une égale licence dans la vie morale, indifférentisme religieux, divorce, malthusianisme, féminisme, démocratie libertaire, égalitarisme social; par un semblable matérialisme dans les idéaux, par un paganisme aussi éhonté dans la jouissance[178].

En somme, comme le déclarent nos évêques dans une lettre collective de 1927, c'est un «vent de sensualisme» qui souffle et nous submerge «avec une alarmante rapidité».

Et ce simoun plus que zéphir s'insinue par tous les moyens. Dans les sports, «il est tout entier dans une balle de caoutchouc, dans une crosse, dans un hockey». Et c'est ainsi que même des femmes, gémit l'abbé Camille Roy, «sans robe ni jupons — puisqu'elles ont dû "quitter les habits de [leur] sexe pour la circonstance" — viendront jouer au baseball dans la sainte capitale provinciale, et ces "garçonnières" seront applaudies par «quinze cents badauds[179]!»

Et que dire maintenant des médias, où «l'américanisme» s'affirme par «l'effroyable pourriture de son théâtre, le sans-gêne effronté de ses magazines, [et] l'impudeur de ses journaux[180]»?

Et que trouvera la femme dans ces nouveaux imprimés dont on nous inonde?

> Dans ces magazines où elle apprend à faire de délicieux cookies, à préparer des «cinq à sept» ou des cocktails, elle peut trouver également, pour peu qu'elle y soit assidue et passive, tout ce qui peut faire son éducation américaine: la nouvelle niaise, le roman sensuel, la thèse ou «sex appeal», de l'amour libre, du mariage-compagnonnage ou à l'essai, la théorie du «birth control», une explication honteuse et erronée de la méthode Ogino-Knaus, les modes d'utilisation du soleil, de la plage, de l'auto, tout cela illustré par des modèles vivants: stars, écolières, jeunes gens, jeunes filles à la respiration haletante et fiévreuse[181].

Quant à la radio:

> L'Oncle Sam ne se contente pas d'abrutir les radiophiles avec ses *crooners*, ses *blues*, ses roucoulements de négresses, en un mot ses monstruosités musicales de toutes sortes, mais il les abrutit encore avec ses pitres, qu'il décore pompeusement du titre de comédiens ou même d'humoristes . [...] Qu'ils s'appellent Eddie Canto «the banjo-eyed comedian», Jimmie Durante, *Popeye the Sailor* ou *Mrs. Wiggs of the Cabbage Patch*, ces faux demi-dieux qui semblent avoir pour mission de résumer en des sketches stupides la bêtise humaine ne méritent pas que l'on gaspille un seul instant de notre existence à les écouter[182].

L'immersion est d'ailleurs telle que «si une jeune femme pratiquait, par faiblesse momentanée, la restriction familiale, elle disait à son amie: "Il faudra que je m'accuse à confesse d'avoir fait l'américaine"[183]».

Et si cela s'accompagnait d'un *french kiss*? Il en résulte parfois le mal napolitain...

En somme, «de quelque côté qu'on le regarde, l'américanisme étend vers nous puis ramène ses souples tentacules, et déjà nous sommes empieuvrés[184]!» On peut de la sorte comprendre Arthur Sauvé, chef de l'opposition conservatrice, qui disait, en parlant du représentant des États-Unis présent à l'ouverture de la session parlementaire du 10 janvier 1928: «Il est chez lui, il est de plus en plus chez lui dans notre province[185]». Mais bientôt, chacun restera chez soi...

Notes

1. *L'opposition: son programme*, politique provinciale, 1927, s.é., 241 p.
2. M. C. Urquhart et K. A. H. Buckley (dir.), *Historical Statistics of Canada*, Toronto, Macmillan, 1965, p. 169.
3. Louis-Adolphe Paquet, «La vocation de la race française en Amérique», 23 juin 1902, repris dans *Bréviaire du patriote canadien-français*, Montréal, Éd. de l'Action française, 1925, p. 52. Hans Suyin décrit ce même phénomène chez les Chinois des années 1900, et des Africains faisaient de même dans une série d'émissions télévisées à Radio-Canada. L'éternel complexe des colonisés!
4. *Quelques problèmes d'actualité dans le Québec*, Montréal, Beauchemin, 1939, p. 62.
5. Fernande Roy, *Progrès, harmonie, liberté*, Montréal, Boréal, 1988, p. 32.
6. Cité par F.-A. Angers, «L'industrialisation et la pensée traditionnelle», dans *Économie québécoise*, Québec, Presses de l'Université du Québec, 1969, p. 424.
7. *Annuaire statistique du Québec*, 1932, p. 364.
8. *Ibid.*, p. 352.
9. *Ibid.*, 1940, p. 326.
10. *Ibid.*, p. 309.
11. «Mot d'ordre», *L'Action française*, février 1922, p. 65. Et F.-A. Angers a beau écrire (dans «L'industrialisation et la pensée nationaliste traditionnelle», *op. cit.*) que l'agriculturisme des dirigeants et du clergé n'est qu'une invention d'historiens, il fait exactement comme eux en ne choisissant que quelques citations étayant sa thèse industrialiste. Et quand même il voudrait s'approprier Groulx en citant trois lignes, datant de 1920, sur le million qu'il a écrites, il ne faudrait pas oublier que ce présent texte de Groulx n'a été écrit que quatorze mois plus tard, et que, pour le chanoine, le clocher d'une église est toujours plus élevé que les cheminées d'usine.
12. *Annuaire statistique du Québec*, 1916, p. 395.
13. *Ibid.*, 1940, p. 252.
14. *Ibid.*, 1932, p. 277, 352.
15. *Ibid.*, 1916, p. 446.
16. *Ibid.*, 1932, p. 330.
17. *Ibid.*, p. 366.
18. *Ibid.*, 1916, p. 530; 1932, p. 404.
19. Chanoine Philibert Grondin, *Catéchisme des Caisses populaires Desjardins*, 12e éd., Sherbrooke, Fédération des Caisses populaires Desjardins, 1953, p. 19.
20. *Annuaire statistique du Québec*, 1949, p. 385.
21. *Ibid.*, p. 381.
22. *Ibid.*, 1961, p. 556.
23. *Ibid.*, 1932, p. 384. Trois fois moins qu'en Ontario!
24. *Ibid.*, 1916, p. 475.
25. *Sur les routes du Québec*, ministère de la Voirie et des Mines, 1929, p. 48.
26. *Ibid.*, p. 49.
27. *Annuaire statistique du Québec*, 1932, p. 201.
28. Édition de 1910, p. 15.

29. Louis-Edmond Hamelin, «Évolution numérique séculaire du clergé catholique dans le Québec», *Recherches sociographiques*, vol. II, n° 2, avril-juin 1961, p. 189-241.
30. J. Hamelin et N. Gagnon, *Histoire du catholicisme québécois, 1898-1940*, Montréal, Boréal Express, 1984, p. 122-123, 136-139.
31. En 1914, un instituteur catholique gagne 587 $ par année, un instituteur protestant 1598 $, une institutrice catholique, 171 $ et une institutrice protestante, 487 $ (*Annuaire statistique du Québec*, 1916, p. 218). Par professeur catholique: 37 élèves; par professeur protestant: 27 (*ibid.*, 1915, p. 281). En 1939, un instituteur catholique gagne 1752 $, un instituteur protestant, 2169 $, une institutrice catholique, 409 $ et une institutrice protestante, 1060 $ (P.-A. Linteau et coll., *Histoire du Québec contemporain*, Boréal, tome II, p. 96.)
32. *Annuaire statistique du Québec*, 1940, p. 107, 136.
33. *Ibid.*, 1916, p. 230; *ibid.*, 1940, p. 122.
34. Ronald Rudin, *Histoire du Québec anglophone,* IQRC, 1986, p. 161.
35. *Annuaire statistique du Québec,* 1915, p. 289.
36. *Ibid.*, 1940, p. 126.
37. R. Rumilly, *Histoire de la province de Québec*, Montréal, Fides, 1955, vol. XXVIII, p. 277.
38. *Le Jour*, 16 octobre 1937.
39. *Annuaire statistique du Québec*, 1915, p. 382-383; *ibid.*, 1940, p. 201.
40. *Ibid.*, 1916, p. 129, 131.
41. *Ibid.*, 1915, p. 193.
42. *Canada 1940*, *op. cit.*, p. 44.
43. *Annuaire statistique du Québec*, 1940, p. 98-99. Malgré le fait qu'en 1923, le Québec ait acheté un gramme de radium théoriquement «tueur de cancer» — au coût de 100 000 $! R. Rumilly, *op. cit.*, vol. XXVI, p. 239.
44. *Annuaire statistique du Québec*, 1916, p. 373.
45. J. Rouillard, *Histoire du syndicalisme québécois*, Montréal, Boréal, 1989, p. 74, 131.
46. Abbé Edmour Hébert, *Le problème social et sa solution*, Montréal, E.S.P., 1919, p. 12.
47. R. P. Em. Georges, *La question ouvrière d'après les principes catholiques*, Québec, Éd. de l'Action sociale catholique, 1922, p. 110-111.
48. A. Charpentier, *Ma conversion au syndicalisme catholique*, Montréal, Fides, 1946, p. 56, 65.
49. *La Bonne Nouvelle*, 28 novembre 1925.
50. «L'âme de la corporation», *L'Action nationale*, novembre 1938, p. 254.
51. Sœur Dolorès Riopel, «Le charisme de mère Marie Gérin-Lajoie», dans *L'esprit des fondateurs et notre renouveau religieux*, 1976, p. 347.
52. J. Hamelin et N. Gagnon, *op. cit.*, p. 346-353.
53. *L'Action catholique*, 16 juin 1931.
54. Cardinal Villeneuve, dans sa préface du volume du père J.-P. Archambault, *De Rome à Montréal*, Montréal, E.S.P., 1942, p. 13.
55. «Lettre du cardinal Bégin au comité central permanent de l'Action catholique», 21 avril 1925, citée dans F. Dumont et coll., *Idéologies au Canada français, 1930-1939*, Québec, PUL, 1974, p. 62.

56. *L'Action catholique*, 10 juin 1981.
57. *Ibid.*, 1er février 1938.
58. *Ibid.*, 16 avril 1938.
59. *L'Ordre*, 7 juillet 1934; 2 mars 1935.
60. *Le Devoir*, 10 janvier 1910.
61. *La Bonne Nouvelle*, 25 avril 1925.
62. Abbé Camille Roy, *Essais sur la littérature canadienne*, Québec, Garneau, 1907, p. 334.
63. Yves Lever, *Histoire générale du cinéma au Québec*, Montréal, Boréal, 1988, p. 35, 54-56. Très lucidement, Harry Bernard écrivait dans *L'Action française* (août 1924, p. 77), à propos du cinéma américain: «Non seulement il ignore tout de notre histoire, de notre vie nationale, mais, quand il affecte de s'intéresser à ce pays de neige qu'est le Canada, il le représente sous des couleurs fausses, ou n'en montre qu'un aspect, comme il arriva lors de l'engouement pour les histoires de la gendarmerie à cheval canadienne, à la suite des romans de James Oliver Curwood et de Ralph Connor. Il nous rend, en quelque sorte, auprès de l'étranger, le même mauvais service que Maria Chapdelaine.»
64. *La Semaine religieuse de Québec*, 1918, p. 415.
65. «Lettre de Mgr l'Archevêque de Montréal sur les maux de l'heure présente», 13 avril 1921, dans *Mandements, lettres pastorales, circulaires et autres documents de Montréal*, vol. XVI, p. 362.
66. Cité dans Y. Lever, *op. cit.*, p. 41.
67. *Annuaire statistique du Québec*, 1940, p. 390.
68. «Monseigneur Ross aux paroissiens de Saint-Bonaventure», 29 juin 1926, dans J. Hamelin et N. Gagnon, *op. cit.*, p. 324.
69. *L'Action catholique*, 25 janvier 1938.
70. Mgr L.-A. Paquet, «Le féminisme», *La Canada français*, décembre 1918, p. 233, 240.
71. Cité dans Marcel-Aimé Gagnon, *Olivar Asselin toujours vivant*, Montréal, PUQ, 1974, p. 159.
72. Henri Bourassa, *Femmes-hommes ou hommes et femmes?*, Montréal, Éd. Le Devoir, 1925, p. 47.
73. *Annuaire statistique du Québec*, 1940, p. 124.
74. Citée dans D. Bélanger et coll., *Les religieuses au Québec*, Montréal, Libre Expression, 1982, p. 181.
75. *Ibid.*, p. 180.
76. *La femme canadienne-française*, Lévesque, Almanach de la langue française, 1936, p. 45.
77. Marie Lavigne et Jennifer Stoddart, «Ouvrières et travailleuses montréalaises, 1900-1940», dans *Les femmes dans la société québécoise*, Montréal, Boréal Express, 1977, p. 127-129.
78. Mme Bruno Noury (vers 1925 et de retour au Québec après avoir travaillé aux É.-U.), citée dans J. Rouillard, *Ah les États!*, Montréal, Boréal Express, 1985, p. 136.
79. *Le Devoir*, 26 juin 1920. Les vacances qui commencent ne favoriseront certes pas la mobilisation professorale, c'est donc le temps de sévir…
80. Mgr L.-A. Paquet, «Le féminisme», *Le Canada français*, février 1919, p. 13.

81. *La Bonne Parole*, 9 mai 1921.

82. Père Rodrigue Villeneuve, «Et nos frères de la dispersion», dans *Notre avenir politique*, Montréal, BAF, 1923, p. 133.

83. *Le Devoir*, 18 février 1922.

84. Charles-Alphonse Fournier, député de Bellechasse, *Débats de la Chambre des communes*, 26 février 1925, p. 553-555.

85. Code civil, articles 187-188. Il faudra attendre 1954 pour que cette dernière perle soit supprimée.

86. «Deuxième rapport de la Commission des droits civils de la femme», *Revue du notariat*, vol. XXXII, 1929-1930, p. 365.

87. «L'aristocratie des sexes», *Le Monde ouvrier*, 28 janvier 1928.

88. Père Ceslas-Marie Forest, «Droit de vote, suffrage féminin et féminisme», *Revue dominicaine*, juillet-août 1926, p. 403.

89. Coupure de journal non identifiée retrouvée dans son recueil *La vieille maison*, Montréal, BAF, 1920, 219 p.

90. «Nos droits et nos devoirs», *La Bonne Fermière*, janvier 1930, cité dans Le Collectif Clio, *L'histoire des femmes au Québec depuis quatre siècles*, Montréal, Quinze, 1982.

91. *L'Ordre*, 17 juillet 1934.

92. Gérard Plante, «Les honorables rhétoriciens, M.P.», dans *Souvenirs annuels* (Collège Sainte-Marie), vol. III, 1930, p. 41.

93. «Faut-il modifier la condition juridique de la femme dans Québec?», dans *Quelques problèmes d'actualité dans le Québec*, Montréal, Beauchemin, 1939, p. 172, 179.

94. Cité dans R. Rumilly, *op. cit.*, vol. XXV, p.139-140.

95. Montréal, L'Arbre HMH, 1978, p. 15.

96. Imprimerie du Devoir, 1930, p. 3.

97. H. Bourassa, *La langue française et l'avenir de notre race*, Québec, Éd. de l'Action sociale, 1913, p. 18.

98. R. Rumilly, *op. cit.*, vol. XIX, p. 82.

99. H. Bourassa, *«Le Devoir», son origine, son passé, son avenir*, Montréal, Éd. Le Devoir, 1916, p. 16.

100. Joseph Schull, *Laurier*, Montréal, HMH, 1968, p. 407.

101. H. Bourassa, *Syndicats nationaux ou internationaux?*, Montréal, Éd. Le Devoir, 1919, p. 57.

102. H. Bourassa, *Le problème de l'Empire*, Montréal, Éd. Le Devoir, 1919, p. 36.

103. O. Asselin, *Lettre au directeur de Démocratie nouvelle*, 25 novembre 1925, dans *Archives des lettres canadiennes*, VI, p. 383.

104. O. Asselin, «Pourquoi je m'enrôle», dans *Trois textes sur la liberté*, Montréal, HMH, 1970, p. 183. À propos de son enrôlement, il précisera plus tard: «Si ce chapitre de mon existence fut plutôt incohérent, je crois qu'il ne manque pas de pittoresque.» (cité dans M.-A. Gagnon, *op. cit.*, p. 77.)

105. O. Asselin, *L'œuvre de l'abbé Groulx*, Montréal, BSF, 1923, p. 54-55.

106. H. Bourassa, *La Conscription*, Montréal, Éd. Le Devoir, 1917, p. 20.

107. H. Bourassa, *La langue, gardienne de la foi*, Montréal, BAF, 1918, p. 33.

108. *Le Devoir*, 23 décembre 1921.

109. *Le Devoir*, 9 novembre 1920.
110. «Bourassa au maire d'Anvers, M. Van Cauwelaert», 9 juin 1925, dans *Archives des lettres canadiennes*, VI, p. 407.
111. Cité dans R. Rumilly, *Henri Bourassa*, Montréal, Éd. Chantecler, 1953, p. 692
112. L. Groulx, *Mes mémoires*, Montréal, Fides, 1971, vol. II, 257-259.
113. R. Rumilly, *Histoire de la province de Québec*, *op. cit.*, vol. XXX, p. 228-229.
114. H. Bourassa, «Sommes-nous honnêtes ou canailles?», *Le Devoir*, 7 mars 1932.
115. Cité dans R. Rumilly, *Henri Bourassa*, *op. cit.*, p. 746.
116. Laurier en 1916, cité dans J. Schull, *op. cit.*, p. 480.
117. L. Groulx, *Mes mémoires*, *op. cit.*, vol. I, p. 279.
118. Père Carmel Brouillard, o.f.m., «Chapais et Groulx», *La Nation*, 2 septembre 1937.
119. O. Asselin, *L'œuvre de l'abbé Groulx*, *op. cit.*, p. 67. Ou encore: «Les Anglais de M. Chapais sont des gens que nous n'avons jamais vus que dans les livres.» (*Ibid.*)
120. Thomas Chapais, *Cours d'histoire du Canada*, Québec, Garneau, 1919, vol. I, p. 4.
121. «Le prince de Galles avait sa chambre au Chabanais» («Petite histoire des maisons closes», *Le Crapouillot*, Paris, printemps 1977, p. 23-24) où, précise-t-on, il utilisait une baignoire en cuivre qu'il remplissait «de champagne pour y faire boire ses petites amies d'un soir». Pourquoi ce potin? Pour Chapais qui se scandalisait parce qu'en 1899 le gouvernement Marchand avait décidé de donner quelques livres scolaires aux élèves pauvres. Pour lui, il s'agissait là de «communisme officiel».
122. *Discours prononcé au Conseil législatif*, 10 mai 1910.
123. T. Chapais, *op. cit.*, 1923, vol. IV, p. 226-228.
124. L. Groulx, *Notre maître le passé*, Montréal, Granger, 3e série, 1944, p. 161.
125. L. Groulx, *Histoire du Canada français depuis la découverte*, Montréal, Éd. de L'Action nationale, 1952, vol. III, p. 247.
126. L. Groulx, *Mes mémoires*, *op. cit.*, vol. II, p. 257.
127. L. Groulx, «Ce cinquantenaire», *L'Action française*, juillet, 1917, p. 193-203.
128. L. Groulx, *Le Devoir*, 24 juin 1920.
129. Cité dans R. Rumilly, *Histoire de la province de Québec*, *op. cit.*, vol. XXVII, p. 68-69.
130. La Direction, «Notre avenir politique», *L'Action française*, janvier 1922, p. 4-25.
131. R. Villeneuve, «Et nos frères de la dispersion», *L'Action française*, juillet 1922, p. 4-27.
132. Georges Pelletier, «Les obstacles économiques...», dans *Notre avenir politique*, p. 142.
133. Joseph Bouchard, «Le Canada français et les étrangers», dans *Notre avenir politique*, p. 163.
134. *Ibid.*, p. 167.

135. L. Groulx, «Conclusion», dans *Notre avenir politique*, p. 246.
136. *Ibid.*, p. 249-250.
137. G.-É. Lapalme, *Le bruit des choses réveillées*, Montréal, Leméac, 1969, p. 145-148.
138. Yolande Lavoie, *L'émigration des Québécois aux États-Unis de 1830 à 1940*, Québec, Éditeur officiel du Québec, 1979, p. 45.
139. L. Groulx, *Dix ans d'Action française*, Montréal, BAF, 1926, p. 178.
140. Cité dans R. Rumilly, *Histoire de la province de Québec*, *op. cit.*, vol. XXX, p. 62.
141. Joseph Bouchard, «Le Canada français et les étrangers», dans *Notre avenir politique*, *op. cit.*, p. 173-174.
142. Anatole Vanier, «L'immigration, les fonds publics et nous», *L'Action française*, mai-juin 1927, p. 302-303.
143. Gilles Desroches, «Contre la Confédération», dans *Collège Sainte-Marie: Souvenirs annuels*, vol. II, 1927, p. 85.
144. «Mot d'ordre», *L'Action française*, avril 1927, p. 194.
145. Roger-J. Ferland, *L'affaire du Labrador. Anatomie d'une fraude*, Montréal, Éd. du Jour, 1968, p. 43-47. Également, dans la presse londonienne, au lendemain du jugement: «Le Labrador restera terre d'Empire.» (Cité dans Henri Dorion, *La frontière Québec-Terre-Neuve*, Québec, PUL, 1963, p. 69.)
146. Esdras Minville, «En entendrons-nous parler bientôt?», dans *Les Canadiens français et la Confédération canadienne*, Montréal, BAF, 1927, p. 103-104.
147. *Toronto Telegram*, 28 avril 1932.
148. *Langue et langage*, émission réalisée par Jean-Pierre Saulnier, Radio-Canada FM, émission du 18 juillet 1990.
149. Conférence donnée à Sherbrooke en mars 1927.
150. L. Groulx, *Mes mémoires*, *op. cit.*, vol. II, p. 360.
151. *Les Canadiens français et la Confédération canadienne*, *op. cit.*, p. 21.
152. E. K. Brown, «The Abbé Groulx: Particularist», *Canadian Forum*, octobre 1929, cité dans L. Groulx, *Mes mémoires*, *op. cit.*, vol. III, p. 42.
153. Titre d'une enquête parue aux éditions de l'Œuvre de presse dominicaine, Montréal, 1937, 266 p.
154. Anatole Vanier, «L'État français et les États-Unis», dans *Notre avenir politique*, *op. cit.*, p. 79-80.
155. Josaphat Benoit, *L'âme franco-américaine*, Montréal, Lévesque, 1935, p. 103, 114. Et surtout, «pas de mélanges avec les autres»: «Il y avait des églises pour les Grecs, d'autres pour les Polonais. On n'allait pas dans ces églises. J'avais assez peur d'entrer dans une église qui ne soit pas catholique et que le diable soit là.» (Témoignage de Rose-Anne Bellemare, vers 1925, cité dans J. Rouillard, *Ah les États!*, *op. cit.*, p. 119.) Et on n'envoie pas davantage les enfants dans les écoles publiques — théoriquement neutres — parce que «si c'était pas catholique, c'était protestant.» (Témoignage de Mme Bruno Noury, *ibid.*, p. 63.)
156. Témoignage d'Adrien Phaneuf, *ibid.*, p. 153.
157. Témoignage de Béatrice Mandeville, *ibid.*, p. 128.
158. Témoignage de Rose-Anne Bellemare, *ibid.*, p. 116.
159. Cité dans Y. Roby, *Les Franco-Américains de la Nouvelle-Angleterre, 1776-1930*, Québec, Septentrion, 1990, p. 285.

160. *Ibid.*, p. 240, 243.
161. Témoignage de Béatrice Mandeville, cité dans J. Rouillard, *Ah les États!, op. cit.*, p. 123.
162. Père Adélard Dugré, s.j., «La défense de notre capital humain par la colonisation», *L'Action française*, septembre 1926, p. 138.
163. J. Rouillard, *Ah les États!, op. cit.*, p. 105, 140, 142.
164. *Review of Reviews*, novembre 1917, p. 635; janvier 1918, p. 63.
165. *Notre nationalisme*, Tracts Jeune-Canada, octobre 1935, p. 28.
166. Daniel-Rops, *L'Église des Révolutions*, Paris, Fayard, 1960, p. 783, 803.
167. J. Hamelin et N. Gagnon, *op. cit.*, p. 107.
168. Hermas Bastien, «Les Irlandais et nous», dans *Les Canadiens français et la Confédération canadienne, op. cit.*, p. 47.
169. Daniel-Rops, *Un combat pour Dieu*, Paris, Fayard, 1963, p. 578-585.
170. Cité dans Maurice Poteet et coll. *Textes de l'exode*, Montréal, Guérin, 1987, p. 116.
171. «Afin de prouver que les catholiques étaient des Américains patriotiques tout comme les WASP, le clergé irlandais a cherché à oblitérer toutes les composantes ethniques qui pouvaient étiqueter un catholique en tant qu'étranger.» (Louise Péloquin-Faré, *L'identité culturelle — Les Franco-Américains de la Nouvelle-Angleterre*, Paris, CREDIF-Didier, 1983, p. 66.)
172. Mgr L.-A. Paquet, «L'Église et les clergés nationaux», *Le Canada français*, octobre 1926, p. 91.
173. Cité dans Elphège-J. Daignault, *Le vrai mouvement sentinelliste*, Montréal, Zodiaque, 1936, p. 58-59.
174. A. Laurendeau, *Notre nationalisme*, Tracts Jeune-Canada, octobre 1935, p. 28.
175. Mgr F.-X. Ross à Mgr Joseph Hallé, 12 février 1930, cité dans J. Hamelin et N. Gagnon, *op. cit.*, p. 112.
176. J. Benoit, *L'âme franco-américaine, op. cit.*, p. 226.
177. Père M.-A. Lamarche, «Introduction» à *Notre américanisation, op. cit.*, p. 9.
178. Père R. Villeneuve, «Et nos frères de la dispersion», dans *Notre avenir politique, op. cit.*, p. 121.
179. C. Roy, «La femme, ou réflexions sur les *Bloomer Girls*», dans *Propos canadiens* [dédiés «À ma vieille mère qui me berça au *vieux hangar*»], Québec, Éd. de l'Action sociale, 1912, p. 72-73.
180. «L'américanisme», dans *Almanach de la langue française*, 1928, p. 3.
181. Ernestine Pineault-Léveillé, «Notre américanisation par la femme», dans *Notre américanisation, op. cit.*, p. 139.
182. Lucien Desbien, «L'infiltration américaine par la radio», *ibid.*, p. 174-175.
183. Père M.-A. Lamarche, «Aperçu complémentaire», *ibid.*, p. 261.
184. *Ibid.*, p. 263.
185. R. Rumilly, *Histoire de la province de Québec, op. cit.*, vol. XXX, p. 10-11.

Bibliographie sélective

BEAULIEU, André et coll., *La presse québécoise*, Québec, PUL, 1973-1987, 8 vol.

BENOIT, Josaphat, *L'âme franco-américaine*, Montréal, Lévesque, 1935, 246 p.

DAIGNAULT, Elphège-J., *Le vrai mouvement sentinelliste*, Montréal, Zodiaque, 1936, 246 p.

DUMONT, Fernand et coll., *Idéologies au Canada français, 1900-1929*, Québec, PUL, 1974, 377 p.

HAMELIN, Jean et Nicole GAGNON, *Histoire du catholicisme québécois, 1898-1940*, Montréal, Boréal Express, 1984, 504 p.

LEMIEUX, Denise et coll., *Les femmes au tournant du siècle, 1880-1940*, IQRC, 1989, 398 p.

LEVER, Yves, *Histoire générale du cinéma au Québec*, Montréal, Boréal, 1988, 552 p.

Notre américanisation. Enquête de la Revue dominicaine, Montréal, Œuvre de Presse dominicaine, 1937, 266 p.

POTEET, Maurice et coll., *Textes de l'exode*, Montréal, Guérin, 1987, 505 p.

ROBY, Yves, *Les Franco-Américains de la Nouvelle-Angleterre*, Québec, Septentrion, 1990, 434 p.

ROUILLARD, Jacques, *Histoire du syndicalisme québécois*, Montréal, Boréal, 1989, 535 p.

RUMILLY, Robert, *Histoire de la province de Québec*, Montréal, Chantecler, Fides, 1952-1959, vol. XXV-XXXI.

CHAPITRE IV

Québec: La Crise — Marasme économique, 1930-1935

Autant la décennie 1920 s'était révélée prometteuse malgré des débuts pénibles en raison du recyclage des lendemains de guerre, autant les années trente se révéleront globalement désastreuses, et pas seulement sur le plan économique. C'est que, devant l'ampleur de la catastrophe, on a perdu foi dans le présent système capitaliste accoucheur des beaux jours de l'Occident impérialiste. Après le chaos des années 1930-1935, on tentera de se rassurer en s'en remettant entièrement à une dictature-panacée, communiste ou fasciste, peu importe. Si tout cela se déroule en Europe sur fond wagnéro-nietzschéen, nous devrons nous contenter ici des Taschereau-Groulx-Duplessis saupoudrés de Ryerson, Côté-Mercier ou Arcand... Il faut toujours une certaine dose d'humilité pour resituer dans son véritable contexte notre population comptant pour un millième de «l'humanité souffrante», et encore dans ses langes culturels!

Mais reportons-nous au *Black Thursday* du 24 octobre 1929, alors qu'on assiste au krach boursier mettant au chômage quelque 35 millions de travailleurs, dont 11 aux États-Unis et un au Canada. Les économistes s'entendent — après le fait accompli, ils s'entendent toujours; ce qui semblerait préférable, ce serait de pouvoir croire à leurs prévisions, car, comme le cocoricoïsait Chantecler: «C'est la nuit qu'il est beau de croire à la lumière» — pour dire que l'Europe de 1925 ayant recommencé à produire autant qu'avant la guerre de 1914, et l'Amérique du Nord ayant produit pour deux durant cette même période, il y avait... surproduction. Il n'y a rien comme la futurologie au passé!

Causes

Au Québec, comment interprète-t-on cette Crise? Quelles en étaient les causes immédiates et bien perceptibles? Une première réaction, venant du cœur et des tripes: puisque manufactures et usines ferment leurs portes et qu'elles appartiennent aux anglophones, c'est donc «la faute aux Anglâs!» Et cette société de consommation «sensualiste» s'effondrant, ce sera l'occasion rêvée de revenir à une vie plus simple, et peut-être même de profiter de cette situation pour remplacer les grandes entreprises internationales par des «PME» bien de chez nous. Car Henri Bourassa ermitisé y revient constamment: «La Crise est due à des causes profondes, morales, bien plus qu'économiques et physiques. [...] Nous avons péché par imprévoyance et surtout par extravagance[1].»

Le péché! En cette époque misérabiliste par excellence, et conséquemment chère à l'Église de toutes les douleurs, le grand mot à saveur eschatologique sera bientôt servi à toutes les sauces. Le père Louis Chagnon, jésuite, parlera des «péchés du capitalisme[2]», tandis que *L'Action catholique* considère que la Crise «montre une fois de plus comment Dieu venge sa dignité outragée[3]» et qu'on ne connaîtrait point ce marasme «si tous les financiers et tous les industriels s'étaient inspirés de principes chrétiens[4]».

Pour étudier cette «crise morale [provoquée par] une civilisation matérialiste[5]» —, selon l'intelligentsia québécoise — nous allons d'abord procéder à une simple énumération des événements politiques majeurs qui se produisent durant les années 1930-1935. Nous examinerons ensuite les statistiques relatives à cette période dépressive, et, enfin, nous nous intéresserons aux divers remèdes proposés en vue d'enrayer cette crise.

Devant les fermetures d'usines et les multiples mises à pied, Taschereau s'entend dès 1930 avec le fédéral pour faire promulguer la Loi de l'aide aux chômeurs et assurer l'année suivante l'octroi de «secours directs» pour «l'alimentation, l'habillement, le combustible et le loyer». Nous reviendrons sur cette double législation un peu plus loin. En 1931 ont lieu les élections provinciales. Camillien Houde, le gouailleur «p'tit gars de Sainte-Marie» et populiste maire de Montréal, a remplacé Sauvé comme chef de l'opposition. Il s'agit d'un sang neuf dont les conservateurs avaient grandement besoin. En cette période de chômage où les libéraux sont identifiés aux trusts fermeurs d'usines, on proclame: «Houde, c'est le peuple, Taschereau, c'est l'argent!» Fourbissant déjà ses armes pour une prochaine élection, l'unique abbé Lavergne s'attaque toujours à Taschereau — dont la Commission des liqueurs «peuple les prisons, les asiles d'aliénés et les hôpitaux[6]» — et à tous ces patrons alliés des libéraux «qui profitent de la crise et du chômage pour payer à leurs employés des salaires dérisoires[7]».

Mais ces voix dans le désert n'empêchent pas Taschereau de balayer à nouveau la province le 24 août 1931, obtenant une majorité encore accrue: 79 libéraux contre 11 conservateurs!

Il faut dire que, peu avant, dans un «complot contre la province de Québec» — le mot est d'Asselin —, Bennett avait à nouveau négocié avec les États-Unis pour une éventuelle canalisation du Saint-Laurent. En somme, comme on l'écrira pathétiquement dans *Le Canada* du 21 août, «les Américains veulent faire de nous leurs serviteurs. Ils veulent s'emparer de notre Saint-Laurent». Mais, grâce à Taschereau, «seul obstacle à la réalisation de leur dessein», ils n'y parviennent toujours pas!

Autre récurrence dans le domaine économique, mais de la part des nationalistes cette fois: l'étatisation de nos ressources hydro-électriques afin de «briser les trusts exploiteurs». Si Taschereau, dit «l'homme des trusts», se sent moins lyrique sur ce terrain, il est toutefois à même de constater que les «nationalisateurs» se révèlent tout à fait incapables de s'attaquer efficacement à ces «puissances de l'argent». Aussi se contente-t-il de temporiser, tout en reconnaissant que la disparité des prix — un kilowatt-heure coûte cinq fois plus cher à Saint-Hyacinthe qu'à Ottawa, mais 35 % moins cher à Westmount qu'à Montréal[8] — nécessite des correctifs. Et il laissera en 1935 le champ libre à son fougueux président de l'Assemblée législative et maire de Saint-Hyacinthe, T.-D. Bouchard, pour que celui-ci nationalise l'électricité dans sa ville maskoutaine. Entre-temps, la Commission d'assurances sociales préconise à compter de 1933 une série de correctifs pour secourir les orphelins, vieillards, mères nécessiteuses et autres laissés-pour-compte. Ces recommandations seront appliquées dans les années suivantes et seront vaguement à l'origine de l'État-providence, tel qu'on le connaîtra au cours des années soixante-dix. Mais en attendant, la Crise draine et pilonne à la fois toutes les énergies, tant politiques — éclatement des partis — qu'économiques. Il serait donc inutile d'aligner ici des événements sans les intégrer dans la grisaille de cette quotidienneté.

Quelques tristes chiffres…

Entre 1929 et 1933, le Québec est en chute libre, chute qui est particulièrement catastrophique à Montréal. Si on assiste à un vague réajustement durant les cinq années suivantes, il faut bien reconnaître qu'il se révèle plus que fragile et que seule la guerre rétablira une certaine prospérité, par l'embauche de chair à canon et d'ouvriers fournisseurs de canons.

En 1929, le Québec exporte pour 422 136 000 $ et, en 1933, pour 238 338 000 $. En 1929, ses importations se chiffrent à 320 549 000 $ et en 1933 à 131 984 000 $[9]. Son développement industriel qui s'élève à 1 106 475 000 $ en 1929 chute à 604 497 000 $ quatre ans plus tard. Pour ces mêmes années, la valeur de son cheptel passe de 172 452 000 $ à 70 968 000 $, tandis que ses recettes passent de 153 664 000 $ à 67 512 000 $; les revenus tirés de ses mines subiront une baisse, soit de 46 455 000 $ à 28 165 000 $, de même que ceux du tourisme, qui passent de 61 266 000 $ à 35 000 000 $; et, signe des temps, les ventes de la Commission des liqueurs tomberont de 27 540 000 $ à 11 371 000 $[10]!

❑

> Ville-Marie était une prière, un acte de foi; Montréal est un aveu d'impuissance, le témoignage de notre défaite.
>
> VICTOR BARBEAU[11]

En 1931, la population du Québec s'élève à 2 860 000 et compte 63 % d'urbains. Toutefois, mis à part les villes de Québec, de Trois-Rivières et quelques autres récemment industrialisées grâce à l'hydro-électricité ou à une quelconque monoproduction, «la» ville demeure Montréal, avec plus d'un million d'habitants et les trois quarts de l'économie provinciale.

Montréal sera, et de beaucoup, la ville la plus durement frappée par la Crise. Ville portuaire, son commerce par le Saint-Laurent baisse des deux tiers avec les autres pays, tandis que, entrepôt pour le blé de l'Ouest, elle n'en exporte plus en 1935 que 31 millions de boisseaux comparativement à 171 millions en 1928. En outre, durant les années de prospérité de la décennie précédente, Montréal avait attiré un très grand nombre de ruraux et d'ouvriers étrangers non qualifiés qui, les premiers, se retrouveront sans travail. Si on ajoute que la législation québécoise imposait aux municipalités un fardeau de 25 % des coûts de l'assistance comparativement à 15 % pour celles du reste du Canada, on peut comprendre que l'endettement de Montréal passe de 128 millions de dollars en 1923 à 250 en 1933 et à 345 en 1937[12]. Or, dans cette agglomération la plus atteinte par la récession, quel est le groupement national le plus affecté?

> Ce triste honneur est le nôtre — écrit Groulx — de compter, proportionnellement à notre population, le plus grand nombre de secourus: 30 pour cent. [...] Nous dépassons de 4 pour cent ceux qui nous suivent de plus près, les Italiens et les Ukrainiens[13].

Si «nul n'est prophète en son pays», le problème pour les Québécois d'alors, c'est qu'ils ne prophétisent pas ailleurs!

En 1933, on compte à Montréal quelque 240 000 personnes assistées. Les travailleurs qui ont conservé leur emploi dans l'industrie manufacturière touchent un revenu annuel moyen de 785 $ — soit les trois quarts de ce qu'ils gagnaient quatre ans auparavant — et en consacrent plus du tiers à leur logement. Parlons-en de ces habitations sombres et humides qui, dit Bourassa aux Communes, «ne conviendraient pas pour des animaux». Les gens y naissent pour y mourir, renchérit le journaliste Louis Dupire, car

> on connaît des maisons qui tuent, des maisons si malsaines que ceux qui s'y succèdent y ont tous le même sort. La tuberculose prend les adultes, le rachitisme prépare les enfants aux atteintes de celle-ci[14].

Un Comité de logement, qui est alors créé, après avoir fourni une série de «chiffres effroyables», conclut, en 1936: «Si vous ne vous débarrassez pas des taudis en un temps proche, les taudis vous détruiront... économiquement ou par la révolution[15].»

«Quand le bâtiment va, tout va», disait-on, dans l'espoir de faire remplacer ces taudis par des logements neufs et de redonner ainsi du travail aux ouvriers de la construction. Un tel espoir est vain, car, faute d'argent, on suspend même la construction en cours de l'Université de Montréal et de la Gare centrale. De 1930 à 1933, on donne 37 millions de dollars en secours directs aux Montréalais, versés en parts égales par Ottawa, Québec et la ville même.

De tout ce marasme naît, de façon particulièrement remarquable chez certains privilégiés anglophones, une nette conscientisation sociale. Grâce à des universitaires gauchisants, tels Stanley B. Ryerson et Frank Scott, ou encore Charles Smart, député de Westmount déclarant:

> Les banquiers d'aujourd'hui sont des gangsters et des pirates. [...] Qu'un indigent vole un pain et il fera deux ans de prison. Un autre prend 10 000 $ et le voilà capitaine d'industrie[16],

tous «s'accordent pour dire que le vieux style de vie ostentatoire [du *Golden Square Mile*] a disparu avec la crise[17]».

Si la ville de Montréal est fortement touchée, il ne faudrait surtout pas croire pour autant que le reste de la province est épargné. Certes, les cultivateurs se débrouillent peut-être un peu mieux en ce qui concerne le gîte et la nourriture, mais lorsque vient le temps de vendre le surplus agricole — si surplus il y a! —, ils doivent le laisser aller à environ le tiers du prix obtenu en 1929! Quant au revenu supplémentaire qu'on allait chercher comme bûcheron, on ne s'y fie plus, car, d'une part, nombre de chantiers sont fermés et, d'autre part, la situation est telle que dans ceux qui restent ouverts, «quatre-vingt-dix pour cent des hommes employés dans les exploitations forestières ne font autre chose que gagner leur nourriture[18]».

La situation est pire encore dans les petites villes à monoproduction lorsque celle-ci cesse — par exemple, la fermeture des moulins à Chicoutimi, à Shawinigan et à Chandler. C'est alors la quasi-totalité de la population, habituée à des salaires décents, qui a besoin du secours direct! Comme on le voit, il s'agit d'une détresse généralisée, à laquelle il faudra trouver des solutions globalisantes. On s'y emploiera de trois façons. L'une, qu'on pourrait qualifier de modérée, prônée principalement par le clergé, se rattachera à nos traditions catholico-québécoises de centre-droite; l'autre, en bonne partie importée d'Europe, proposera la guérison par la greffe d'idéologies radicales qui sont alors en plein essor: communisme et fascisme. Et comme toujours au Québec s'ajoutera une solution nationaliste de droite, s'orientant cette fois vers le séparatisme.

Les solutions préconisées

Avant toute chose — La Palice approuverait —, il faut savoir ce qu'on veut, ce qui n'est pas toujours si clair! Mais il est un point sur lequel on semble enfin s'entendre grâce à la Crise: il nous faut minimalement délaisser notre attitude aussi ambiguë que vaguement méprisante face au monde des affaires et en arriver à maîtriser notre économie. N'attendons pas le salut des autres, répètent Philippe Hamel rêvant de nationaliser l'électricité ou encore les pragmatiques professeurs Victor Barbeau et Esdras Minville, car ils n'ont aucun intérêt à promouvoir nos propres idéaux. Et même Groulx, pour qui la croix d'un clocher est plus élevée que la cheminée d'une usine, en arrive à affirmer: «À l'heure actuelle, pour sauver leur avenir et leur culture, les Canadiens français auront besoin de conquérir, en même temps, leur liberté économique[19].» Prudent, il ne dira toutefois pas comment y parvenir...

Tous s'entendent donc sur le fait qu'on n'est jamais mieux servi que par soi-même. Plusieurs semblent également prétendre que notre morale laxiste a pu causer la situation qui prévaut:

> Notre peuple traverse actuellement une crise morale. Entouré d'une civilisation matérialiste, il est tombé sans préparation dans une période de prospérité inouïe, puis dans une dépression sans précédent. Ces secousses ont ébranlé sa santé morale jusqu'au fond des campagnes où l'honnêteté, à tous les points de vue, était pourtant traditionnelle[20].

En somme, conclura Bourassa le mystique, après avoir «péché par imprévoyance et surtout par extravagance, le retour au bon sens, à la modération, à la simplicité s'impose sans délai[21]».

Une fois parvenu à cette relative unanimité sur ces deux points, reste maintenant à savoir si on orientera ses énergies vers l'agriculture ou vers l'industrie. Comme le gouvernement Taschereau tentera des efforts dans les deux directions, contentons-nous de préciser pour l'instant que les traditionalistes opteront pour un utopique retour à la terre qui, seule, «fournira indéfiniment du travail, du pain, du chauffage et du logement[22]», alors que les «pieds-à-terre» — en 1939, l'agriculture ne comptera plus que pour 18 % de la production totale contre 64 % pour l'industrialisation — réclameront à grands cris qu'on s'ajuste au marché occidental.

Des remèdes modérés

Durant cette décennie morose, on multipliera les initiatives pour enrayer la Crise. Certaines, concrètes, proviendront soit des syndicats, soit des pouvoirs publics. D'autres, plus théoriques et à fortes influences cléricales, chercheront à établir des organismes directifs pour une société déboussolée ou, plus abstraitement encore, à faire naître une morale nouvelle.

Examinons tout d'abord la situation syndicale. En 1931, on retrouve au Québec 286 syndicats internationaux, dépendant essentiellement des États-Unis, et 121 syndicats catholiques. Tous ces syndicats ne regroupent qu'environ 72 000 travailleurs, soit seulement 9 % des ouvriers syndicables[23]. Et puisque nombre de patrons,

> allumeurs de haine, spéculateurs sur la faim et la misère, [...] profitent de la crise du chômage, pour payer à leurs employés des salaires dérisoires, [... et qu'] ils existeront aussi longtemps qu'il y aura des ouvriers non syndiqués,[24]

il ne reste qu'une solution: redonner aux syndicats catholiques une combativité qui les rendra crédibles auprès des ouvriers et leur permettra ainsi de concurrencer valablement les syndicats internationaux. Des efforts seront effectivement accomplis en ce sens. Par exemple, le clergé exhortera les employeurs à accepter la syndicalisation et, pour les y inciter, recommandera à ses fidèles d'acheter les produits de ces derniers. Une liste de ces produits est même publiée dans *La Semaine religieuse* de Québec. Argument supplémentaire:

> Malheureusement, la très grande majorité des employeurs redoutent encore les conventions collectives tellement l'individualisme et l'esprit de domination les étreint [*sic*] encore. Mais ils ont immensément tort, particulièrement en notre province, où ils pourraient, dans la plupart des industries, transi-

> ger avec des organismes ouvriers pondérés prêts à collaborer loyalement et honnêtement[26].

Et sur cette lancée douteuse d'un *cheap labor* encensé, Alfred Charpentier — bien enrégimenté par ses maîtres jésuites — poursuit: «Le retour de la mère au foyer s'impose pour le bien social[27]». Car, comme le précise dès l'année suivante la CTCC à son congrès de 1935:

> Attendu *que l'une des causes principales du chômage est le développement exagéré du travail féminin*, le congrès demande à la législation provinciale de restreindre à de justes proportions l'emploi de la main-d'œuvre féminine [...] et spécialement en commençant par le congédiement des femmes mariées.

Évidemment, il y a difficilement cercle plus vicieux: pour garder les usines ouvertes, nous proclamons notre «pondération collaboratrice», les employeurs en profitent pour baisser les salaires — parfois «2 cents l'heure, ce qui représentait 1,50 $ par semaine de 75 heures[28]» — femmes et enfants tentent alors d'aller chercher le supplément nécessaire et accroissent d'autant le surplus de main-d'œuvre. La dégringolade se poursuit, et, dans une semblable situation, les travailleurs deviennent tellement craintifs que, pour ne pas se mettre le patronat à dos, d'une part, ils abandonnent leurs syndicats — ce que font quelque 35 % des ouvriers entre 1929 et 1933 — et que, d'autre part, surendettés, ils ne peuvent pour ainsi dire plus recourir à la grève[29].

Profitant de ce serpent se mordant la queue, la CTCC se retrouvera alors à son apogée en 1935, regroupant — selon ses propres estimations généralement jugées inflationnistes — les deux tiers des syndiqués québécois. Mais conservant sa «mauvaise habitude d'être trop conciliatrice», elle sera à nouveau dépassée par les syndicats internationaux dès 1937[30].

SALAIRES OU SECOURS?

«Tu mangeras ton pain à la sueur de ton front», avait à peu près dit le Seigneur, et «qui ne travaille pas ne mange pas», avait corroboré saint Benoît cinq siècles plus tard. Et nous en étions toujours là.

Aussi, dès 1930, lorsque le gouvernement provincial se rend compte de la gravité de la situation, optera-t-il pour un précoce *New Deal*. Il se lance alors dans des travaux publics, principalement dans le domaine de la voirie — où il investit 54 millions de 1930 à 1937[31] — mais également en déboisement et restauration d'édifices communautaires. Mal planifiés, ces travaux, parfois inutiles, coûtent très cher et se noient souvent en pots-de-vin et favoritisme. Nous verrons plus loin que, de 1932 à 1936 principalement, le gouvernement s'orientera différemment. Mais penchons-nous pour l'instant sur la situation des travailleurs, et constatons que, durant ces sept années, le gouvernement dépensera 26 millions pour l'établissement de colons. Somme considérable qui ne donnera guère de résultats et qui servira surtout à stabiliser durant les années 1931-1941 la population rurale à 37 %, alors que, au cours des décennies précédentes, elle baissait régulièrement de 5 % à 8 %[32].

En fait, les terroiristes à tout crin vont tout simplement à l'encontre de la réalité. Évidemment, lorsque des dizaines de milliers de personnes crèvent en ville, il peut être tentant de leur faire miroiter une vie rurale idyllique, surtout qu'on n'aura plus à leur verser le «secours direct sans qu'ils aient eu à le gagner». Et le tonitruant Claude-Henri Grignon — comme nombre d'intellectuels d'ailleurs — aura beau qualifier de «déserteurs» ces nouveaux citadins sans le sou, le problème est qu'ils n'ont justement rien déserté! Leurs parents avaient quitté des terres parce que celles-ci ne pouvaient plus faire vivre la nombreuse progéniture qui s'y retrouvait, et on demandait maintenant à ces déracinés de s'improviser à nouveau cultivateurs dans des colonies de misère. Évidemment, derrière ce souhait s'inscrit une longue tradition ruralisante, principalement entretenue par le clergé qui considère comme un bienfait qu'on possède au moins sa terre et sa maison — hypothéquées très souvent. Par ailleurs, le clergé est certes plus en mesure d'exercer un contrôle sur ses paroissiens campagnards que sur les urbains. On voulait en outre, comme au siècle précédent, éviter la saignée migratoire vers les «États» tentateurs.

Et c'est ainsi que dans la seconde moitié du XIXe siècle, plusieurs religieux s'étaient fait missionnaires-colonisateurs aux quatre coins du Québec: l'abbé Nicolas Hébert au Saguenay, l'abbé Calixte Marquis dans les Cantons-de-l'Est, l'abbé Thomas-Léandre Brossard dans la Mauricie, le pentagruélique curé Antoine Labelle dans les Laurentides, et le père Charles-Alfred Paradis dans le

Témiscamingue. Mais, fait capital à ce moment-là, ils n'étaient point — ou pas totalement en tout cas... — déphasés, l'agriculture semblant encore être le débouché le plus acceptable.

Or, après l'industrialisation de la période 1910-1930, il n'en allait plus de même. Cependant et une fois de plus, on tentait de pallier l'immédiat et on agissait sans doute au meilleur de sa connaissance. Le père Alexandre Dugré, jésuite, multiplie les démarches pour envoyer des colons en Gaspésie et en Abitibi, d'où les habitants vivotant émigraient déjà vers les villes... L'abbé Charles Minette, missionnaire-colonisateur, convoque dès 1929 de nombreux curés à Amos pour y définir une stratégie de développement. Pour stimuler cette colonisation-panacée, on exalte l'esprit de conquérant des colons présentés comme de nouveaux Marie Rollet et Louis Hébert.

Mais la réalité dans le dénuement dépasse toute fiction: les femmes accouchent sans médecin, et la plupart du temps sans infirmière, dans des cabanes gelées. Les chemins sont impraticables les deux tiers de l'année et, durant la belle saison, les colons sont littéralement dévorés par les moustiques. Et surtout, la transformation du chômeur urbain en colon est loin de soulager toutes les détresses, principalement s'il n'y a pas prise en charge par l'État afin de planifer et diriger les efforts de chacun.

Un premier essai en ce sens sera fait par le fédéral en 1932, avec le plan Gordon accordant une prime de 600 $ aux chômeurs se faisant colons. Mais il s'agit beaucoup plus de dollars que de directives. En 1934, le cardinal Villeneuve favorise l'incorporation d'une société de colonisation, pour aider à «l'extension du royaume de Jésus-Christ», car,

> beaucoup d'anciens agriculteurs sont fatigués de l'asservissement de l'usine, de l'humiliation des secours directs. Ils reconnaissent qu'ils se sont trompés en méconnaissant les beaux côtés du travail des champs, sa noblesse, sa valeur sociale, ses avantages aux points de vue matériel, moral, familial, religieux[33].

Moins bucolique toutefois, l'épiscopat québécois constate en mai 1935 qu'il n'y a «pas de lots en disponibilité, pas d'arpentage fait à l'avance dans les régions susceptibles d'être colonisées, [et] pas de chemins pour y conduire[34]».

En cette même année — année d'élection — Taschereau débloque enfin 10 millions de dollars et, par le plan Vautrin, du nom de son ministre de la Colonisation, s'engage à faire construire routes et églises, ainsi qu'à faire verser aux colons un ensemble de «primes chronologiques»: au défrichement, à la construction et à la culture. L'année suivante, un nouveau programme fédéral-provincial, dit Rogers-Auger, accorde 1000 $ pour l'établissement d'une famille de colons.

Toutes ces dépenses et ces énergies auront provoqué durant la Crise la migration de quelque 100 000 personnes vers les colonies, alors qu'un nombre équivalent, abandonnait ces «colonies de malheur» après quelques échecs ou quittait la «terre paternelle» pour les villes. Résultat: bilan démographique nul, mais développement — plus qu'éphémère la plupart du temps — de l'arrière-pays de la Gaspésie ainsi que des régions saguenéennes et abitibiennes.

En somme, travaux publics et colonisation coûtant une fortune sans donner de résultats réels, ne vaudrait-il pas mieux accorder tout simplement aux démunis une somme minimale pour leur permettre de subsister en attendant la reprise économique? On est cependant très peu favorable en Amérique du Nord à cette mesure «ultra-socialiste» qui consiste à donner de l'argent sans travail en retour, remplaçant ainsi «l'esprit d'initiative par le laisser-aller, l'esprit d'économie par l'insouciance, la fierté par le parasitisme, l'honnêteté par la ruse et la finasserie[35]».

Surtout que, en septembre 1930, le fédéral a voté sa Loi pour soulager le chômage, mettant à la disposition des sans-travail une somme de 20 millions renouvelable selon les besoins. En outre, le gouvernement provincial, qui ne dispose pas à ce moment-là de ses propres organismes pour rejoindre les démunis, a demandé, en novembre 1930, à la Société de Saint-Vincent-de-Paul de distribuer à sa place près de 300 000 $. Ces montants s'élèveront graduellement à plusieurs millions et, finalement, la Saint-Vincent-de-Paul, organisme de charité privée essentiellement, refusera de se bureaucratiser davantage et cessera, en 1933, d'être la courroie de transmission entre l'État et les assistés[36] tout en continuant, par contre, à distribuer à ces derniers vivres et argent provenant de quêtes auprès de particuliers ou de communautés religieuses.

Face à cette situation, Taschereau décide d'institutionnaliser à compter de 1932 les «secours directs» qui n'étaient distribués que très parcimonieusement depuis 1930. Si, selon certains, il s'agit là du meilleur moyen pour produire «des épaves humaines, des mécontents, des aigris dangereux pour la tranquillité publique[37]», ce n'est toutefois pas avec la mirifique somme de 6,73 $ remise hebdomadairement à une famille de neuf personnes qu'on endormira les «épaves» dans le confort, «le pain et les jeux»...

Finalement, de 1930 à 1939, les Québécois recevront en secours directs la somme de 139 416 000 $ et bénéficieront de travaux publics pour 61 387 000 $. Sur ces 200 millions de dollars, un peu plus de 89 proviennent du provincial, 66 du fédéral et 46 des municipalités[38]. Si on considère qu'en 1939 le fédéral empoche 51 % des taxes perçues au Québec, contre 16,5 % pour le provincial et 32,5 % pour le municipal[39], on peut comprendre que le gouvernement provincial ait dû sans cesse emprunter durant cette décennie et que

> la situation financière du Québec, longtemps considérée au point de vue fiscal comme le Gibraltar des provinces canadiennes, s'est affaiblie d'une façon alarmante pendant la crise[40].

DES CLERCS PLUS PRATIQUES

> Nous savons pertinemment la distinction des pouvoirs de l'autorité civile et de l'autorité religieuse. Nous entendons bien rester à notre place, et laisser ceux qui ont en main la responsabilité politique s'en servir selon leur conscience et dans les limites de leur mandat. Nous espérons n'avoir jamais à réclamer les droits de Dieu et de l'Église, ce que, pourtant, Nous aimons autant tout de suite en avertir, Nous ferions, Dieu aidant, sans aucune hésitation et au prix de notre vie s'il était nécessaire[41].

Ainsi s'exprime en février 1932 le père Rodrigue Villeneuve lors de son intronisation comme nouvel archevêque du diocèse de Québec. Une telle déclaration — «Au prix de notre vie» — dans l'ultra-catholique cité de Québec, face à une députation soumise et à un premier ministre neveu de cardinal, faut le faire!... Heureusement toutefois, tous ne pontifient pas toujours pour rien dire!

Nous avons vu dans le chapitre précédent que, depuis l'encyclique *Rerum novarum* de Léon XIII en 1891, l'Église s'était réellement efforcée de comprendre davantage les problèmes d'un prolétariat jusqu'alors négligé. Et quarante ans plus tard, dans son encyclique *Quadragesimo anno*, Pie XI pourra préciser: «L'ouvrier ne doit pas recevoir en charité ce qui lui revient en justice.»

Entre-temps, les jésuites fondaient en 1911 l'École sociale populaire qui, en plus de «susciter toutes les œuvres sociales à notre peuple», se devait en premier lieu

> de dépister les erreurs qui avaient pénétré les milieux ouvriers, d'enseigner la doctrine de l'Église en matières sociales, [et] de préparer la voie à l'organisation ouvrière confessionnelle[42].

En 1920, le père Joseph-Papin Archambault organisait ses Semaines sociales pour étudier les problèmes relatifs à la famille, aux syndicats, à la colonisation, etc. Avec la Crise, et

> en une mesure qui n'est surpassée par aucune autre province, les institutions religieuses ont pris à leur charge les services relatifs au bien-être social et à l'enseignement[43],

réduisant de la sorte «considérablement les frais que durent acquitter les gouvernements[44]». Mais, comme revers de la médaille, la situation financière du clergé s'aggrave d'autant. En 1932, l'ensemble des fabriques est endetté d'un tiers de milliard et celle de Saint-Étienne, à Montréal, doit déclarer faillite. Et même les riches sulpiciens, après de mauvais placements, se retrouvent dans une situation tellement précaire que le gouvernement provincial devra leur garantir un emprunt pour éviter procès et saisie. Ces difficultés sensibiliseront l'Église à la misère de ses fidèles et l'humaniseront davantage.

En fait, face à un capitalisme «égoïste» et à un communisme «matérialiste», les clercs cherchent une voie médiane déjà tracée avec le corporatisme vaguement perçu comme «la» solution depuis le début du siècle. Il s'agit pour les employeurs et employés de collaborer en vue d'un bien commun, et non plus de se combattre les uns les autres. Car, se demande-t-on séraphiquement:

> Qu'est-ce que l'Église catholique veut de ses enfants du monde industriel? Elle désire le rapprochement des patrons et des ouvriers, le retour aux coutumes chrétiennes qui réglaient jadis les rapports entre eux. Elle désire la reconstitution de la corporation industrielle chrétienne. Pour cela, elle veut que les

> ouvriers soient les initiateurs d'une ère ouvrière chrétienne, tout comme elle veut que les patrons se fassent, de leur côté, les initiateurs d'une ère patronale chrétienne[45].

Si, pour le journal communiste *Clarté*, toute la belle phraséologie relative au corporatisme «est simplement le capitalisme brutal, dur et violent que nous connaissons aujourd'hui[46]», le cardinal Villeneuve, pour sa part, déclare que ce «qu'il nous faut, c'est du corporatisme à plein[47]»!

Mais pendant qu'on théorise, le pasteur méthodiste James Shaver Woodsworth réunit à Calgary en 1932 des représentants des milieux ouvriers, agricoles et intellectuels insatisfaits de l'Ouest, pour y fonder la Cooperative Commonwealth Federation (CCF). En juillet de l'année suivante, ils publient le socialisant *Regina Manifesto* dans le but de remplacer

> le système capitaliste en place, injuste et inhumain [...] par une organisation sociale où la domination et l'exploitation d'une classe par une autre seraient impossibles et dans laquelle la planification économique abolirait les privilèges de l'entreprise privée.

On y préconise, entre autres, l'étatisation des banques et des chemins de fer, le remplacement des taudis par des habitations salubres, ainsi qu'un ensemble de travaux publics pour faire cesser le chômage. Ce programme opportun permettra à la CCF d'envoyer sept députés à Ottawa en 1935.

Comme on le voit, Satan ne semble guère se profiler derrière ce manifeste, et même Bourassa l'ultra sympathise avec l'idéaliste Woodsworth. Mais au Québec, on ne l'entend pas de la sorte. Tout en étant conscient de l'urgence de résoudre le présent marasme, on ne tient pas à ce que d'autres — anglophones protestants et peut-être même communistes... — viennent tracer la voie, la vérité, la vie!

Aussi, ayant obtenu une copie dudit programme avant même sa publication officielle, l'omniprésent père Archambault réunit-il dès le 9 mars 13 ecclésiastiques pour étudier le cas. Parmi eux, tout particulièrement, le père Georges-Henri Lévesque, dominicain, doit analyser — et démolir... — ce manifeste, tandis que le père Louis Chagnon, jésuite, doit proposer une solution de rechange.

Comme Pie XI vient de proclamer que «personne ne peut être en même temps bon catholique et vrai socialiste» et que Woodsworth a précisé que son programme ne s'appliquera pas «sans que les théories présentes sur la propriété chancellent», on peut présumer du sort réservé à cette «socialisation outrancière [qui n'est qu'] une odieuse et insupportable servitude pour tous les citoyens[48]».

Le père Archambault, conscient qu'un nouveau programme politique dicté uniquement par des clercs serait possiblement inconvenant et sûrement mal reçu par les politiciens, décide de procéder en deux étapes. En premier lieu, il fait paraître dès le mois de mai 1933 une brochure intitulée *Pour la restauration sociale au Canada*[49], divisée en trois parties, dont la première est rédigée par Esdras Minville, professeur à l'École des hautes études commerciales, et intitulée «Le capitalisme et ses abus». Minville constate que «l'extraordinaire influence des trusts dans notre province» a

— permis de «supprimer la loi de la concurrence»;
— occasionné «l'influence occulte des puissances d'argent sur les pouvoirs publics»;
— facilité par son contrôle de «la presse [... tout ce qui] dicte la politique[50]».

Vient ensuite le texte démolisseur du père Lévesque, «La Cooperative Commonwealth Federation», où il dénonce les trois «erreurs» suivantes:

— un éventuel «recours à la force ou à la lutte violente des classes»;
— le fait de «limiter le principe de la propriété privée»;
— une «conception matérialiste de la société[51]».

Viennent enfin les «Directives sociales catholiques» du père Louis Chagnon. Dans sa conclusion, il propose 13 points, dont les principaux sont les suivants:

— l'État doit corriger les abus du capitalisme par une «réglementation sévère»;
— pour «des considérations d'intérêt général», on peut nationaliser «certaines catégories de biens [qui] confèrent parfois une puissance économique trop considérable pour qu'elle soit laissée entre les mains de personnes privées»;
— l'État doit planifier l'économie;
— il faut institutionnaliser le corporatisme;
— «l'ouvrier a droit à un salaire familial», et «il est désirable que les employés puissent être appelés à participer en quelque manière à la propriété de l'entreprise»;

— il faudrait songer à des allocations familiales, et à diminuer pour les «peu fortunés» les impôts ainsi que les frais médicaux;
— enfin, qu'Ottawa respecte «les droits des provinces et le principe d'égalité des deux races[52]».

Décidément, on s'éloigne de l'ondoyante onctuosité proverbialement épiscopale! Une fois les principes émis, le père Archambault passe à l'étape suivante en demandant à 10 laïcs nationalistes militants — notamment Esdras Minville comme chef de file, le docteur Philippe Hamel qui désire nationaliser nos ressources hydro-électriques, Albert Rioux, président de l'UCC, et Alfred Charpentier, président de la CTCC — d'établir cette fois un programme on ne peut plus concret.

Et c'est ainsi qu'en 1934 paraît le *Programme de restauration sociale expliqué et commenté*[53] par ces laïcs et traitant de quatre thèmes.

Pour le monde rural: rationaliser la «production par l'introduction de nouvelles spécialités culturales convenant à notre sol et à notre climat», et dresser un inventaire de nos produits et de nos besoins. Qu'on fournisse aux colons des routes adéquates et qu'on leur assure que les arbres qu'ils auront coupés pour le défrichement de leurs terres seront achetés. Qu'on encourage en outre «le développement des arts domestiques» pour assurer un revenu supplémentaire à ce monde autarcique.

Pour les ouvriers: imposer l'«organisation progressive des assurances sociales», fournir une «allocation aux mères nécessiteuses», donner au père de famille un salaire permettant le «retour de la mère au foyer», faire disparaître les taudis et faciliter «l'accession à la propriété».

Dans le domaine des finances: «lutter tout spécialement contre le trust de l'électricité», enquêter sur ces compagnies exploitrices et les étatiser au besoin. Procéder en outre à l'électrification rurale. Réglementer sévèrement les lois relatives aux banques et compagnies pour y faire cesser l'actuel tripotage.

Quant aux réformes politiques, elles interdiront aux ministres d'être «administrateurs d'une entreprise industrielle, commerciale ou financière», elles obligeront les journaux à publier la liste, attestée sous serment, de leurs administrateurs et actionnaires, et forceront les partis politiques à déclarer les «montants souscrits à leur caisse électorale».

Prudents et réalistes, les signataires concluent:

> Tous les articles de ce programme ne sont pas de réalisation facile ni immédiate. Nous nous en rendons parfaitement compte. Mais les réformes qu'il préconise nous paraissent justes et nécessaires, et aucune ne rencontre d'obstacle réellement insurmontable.

Si nous avons tellement insisté sur ce nouvel ordre social, c'est pour montrer que, d'une part, certains clercs devenaient de plus en plus conscients du pourrissement ambiant et étaient tout désignés pour le contrecarrer au bénéfice des plus démunis et que, d'autre part, ce programme progressiste se démarquant clairement du conservatisme traditionnel laissait présager un changement de mentalité, voire un avant-goût de «révolution tranquille». Tellement d'ailleurs que nombre de libéraux, fatigués d'un gouvernement Taschereau s'enlisant dans les scandales, s'en détachaient pour fonder en 1934 le parti de l'Action libérale nationale qui adoptera presque intégralement ce *Programme de restauration sociale*, dont maints articles se retrouveront à la base de notre présente législation.

Pour une morale renouvelée

Parallèlement à ces diverses tentatives pour atténuer le malaise, se crée tout un mouvement en vue d'un renouvellement pour une morale intériorisée, car, disaient certains: «Changez de système tant que vous voudrez, vous ne changerez rien si vous ne changez pas les hommes[54].»

De plus en plus, on ose dire que le catholicisme québécois se résume à «une compilation d'obligations et de défenses [... parce que] notre religion est devenue une mécanique, nous avons un catholicisme de robot[55]». Ce que Bourassa répétait depuis une vingtaine d'années concernant notre morale laxiste accompagnée d'une piété de façade, nombre de clercs l'admettent: après l'inflation des plaisirs et des sous,

> nous en sommes maintenant à la déflation. Il nous faut revenir de gré ou de force de ces illusions, de ces mirages, de cette course folle aux profits exagérés, aux plaisirs faciles et à la vie chère où nous a poussés et longtemps maintenus une

> prospérité de surface. [...] Nous sommes entrés, selon l'expression courante, dans une période de «réajustement économique». Il faut ajouter que notre santé ne redeviendra pleinement florissante que si nous opérons du même coup un «réajustement chrétien[56]».

Pour favoriser un tel réajustement, le clergé monopolise ses forces vives en vue d'un embrigadement total de la jeunesse. N'oublions pas que le Québec des années trente, s'il ne fait guère partie du Canada, fait du moins partie du monde, sait ce qui s'y passe et en est une fois de plus influencé.

Initialement — c'est peut-être triste, mais sans doute normal à cause de leur «cartel» de l'enseignement —, les religieux rejoignent le groupe déjà privilégié des étudiants dans leurs couvents et collèges classiques. Les dominicains, pour leur part, œuvreront principalement au niveau universitaire. Comme il se doit, ils considèrent qu'il revient à la philosophie, dite *regina scientiarum*, «d'indiquer à chaque science sa place et son rôle[57]», et, puisqu'ils sont les dignes fils du savantissime Thomas d'Aquin, ce rôle leur est dévolu de toute éternité. Ils contrôleront donc la faculté de philosophie de l'université de Montréal de 1920 à 1960 et fonderont en 1938 à l'université Laval — grâce au charismatique père Georges-Henri Lévesque — l'École des sciences sociales dont Duplessis se serait bien passé.

Nous avons vu que, dès 1904, des représentants de divers collèges classiques fondaient l'Association catholique de la jeunesse canadienne-française (ACJC) afin de préparer ces jeunes «à une vie efficacement militante pour le bien de la religion et de la patrie». Un quart de siècle plus tard, avec la Crise, on sent davantage le besoin de rejoindre les laissés-pour-compte. Aussi, à l'instar de l'abbé Joseph Cardijn, fondateur de la Jeunesse ouvrière chrétienne (JOC) en Belgique, qui déclarait: «C'est nous qui sommes la révolution[58]», décidons-nous de créer en 1931 notre propre JOC, mais *catholique* cette fois... Son slogan dans cette ère de désespoir? «Les désemparés, nous nous en emparons.» Trois ans plus tard, l'ACJC englobant toutes les «jeunesses», on fonde la JEC, pour les étudiants seulement, et on instaure l'ordre des scouts dans la province. Quant aux JAC et JIC (agricole et indépendante), elles voient le jour en 1935. La JUC (universitaire) suivra sous peu!

Durant ces mêmes années, on inonde les bibliothèques scolaires et paroissiales de monographies aussi directives qu'édifiantes:

Le triomphal congrès jociste à Montréal (1935); *L'Évangile dans la vie scoute catholique*, du père Vincent (1935); *Orientations*, (1935) et *Directives* (1937), de l'abbé Groulx; *Patou ou la grande œuvre du jocisme conquérant*, de l'abbé Dumont (1937), *On demande des chefs* (1937); *L'impérieuse mission de la jeunesse*, de Roger Brossard (1938), et que d'autres!

Par ailleurs, entre 1931 et 1939, on fonde pas moins de 37 périodiques destinés aux jeunes, aux titres évocateurs: *Alerte*, *Servir*, *Conquérants*, *Debout*, *Combat*, *Chefs de file*, *Vouloir*, *Réveil*, ou encore *Cran! les gars*[59].

Toujours dans le sillage d'une morale renouvelée, mais pour adultes cette fois, de jeunes intellectuels fraîchement sortis du moule jésuitique — principalement Paul Beaulieu, Robert Charbonneau, Claude Hurtubise et Roger Duhamel — fondent en 1934 *La Relève*, mensuel s'inspirant de la revue *Esprit* du Français Emmanuel Mounier. Ayant pour objectif la «réhabilitation de l'homme», ces «catholiques de gauche» désirent réaliser une synthèse du christianisme et du socialisme, beaucoup plus par la réappropriation de l'homme intérieur que par l'action dans le nationalisme ou l'économie.

> Il semble urgent et de tâche nécessaire, d'éclairer le monde, plus que de combattre l'ennemi qui est un esprit non incarné. Satan ne se vainc pas par les armes de la chair, que ce soient les barricades ou la politique. Tout cela ne vaut que nourri d'un jaillissement intérieur[60].

Ils représentent sans doute assez bien toutes ces générations d'intellectuels québécois «tourivoirisés» dans leurs collèges et séminaires aussi autarciques que serres chaudes, et qui, une fois rendus dans la société, se retrouvent dans des professions libérales qui leur assurent prestige et revenus raisonnables leur permettant de continuer à spéculer sur les grandes réformes à accomplir — voire «la révolution» dont ils se gargarisent abondamment —, mais uniquement en tant que conseillers et non en tant qu'acteurs. Car de toute façon,

> *Une révolution n'en est pas une qui n'est pas spirituelle.* Une révolution est sanglante dans la mesure où elle est mal préparée, dans la mesure où il y a, à sa base, un défaut, une carence de l'esprit[61].

Tout comme les Camelots du Roy dont parlait le célèbre journaliste Henri Rochefort à Jules Fournier: «Ils parlent beaucoup du *coup de force*, mais ils ne pourraient jamais le réaliser. Ils sont trop bien élevés[62].»

Solutions radicales de gauche

Ryerson, Scott, Underhill — et combien d'autres «trop bien élevés» — penseront pourtant différemment ici, bien conscients que tout changement radical requiert toujours à la fois ses théoriciens et ses organisateurs.

Sans remonter à notre préhistoire gauchiste, constatons simplement qu'une première association ouvrière — celle des charpentiers et menuisiers — existait à Montréal dès 1818[63]. Vinrent de façon beaucoup plus structurée les Chevaliers du travail dans les premières années de la Confédération. Avec l'exploitation grandissante du prolétariat, les positions se durcissent, et on fonde à Montréal en 1899 un Parti ouvrier, suivi douze ans plus tard de la création du Parti social-démocrate du Canada auquel adhèrent dès 1913 les socialistes montréalais dirigés par Albert Saint-Martin.

L'URSS de 1917 enflamme cœurs et corps, et, en 1921, on fonde à Guelph, Ontario, le Parti communiste canadien. Deux ans plus tard, Albert Saint-Martin tente, mais en vain, d'obtenir une section particulière pour les francophones.

Une scission s'ensuit entre communistes et socialistes, et ces derniers fondent en 1925 l'Université ouvrière — située à l'angle des rues Montcalm et Sainte-Catherine — pour s'opposer à l'endoctrinement de l'École sociale populaire des jésuites. En outre, Albert Saint-Martin y intègre une association dont le but est d'aider ceux qui ont renié le catholicisme, et qui comptera bientôt — selon ses dires — 4000 membres[64]! Tout comme à l'E.S.P., on y multiplie conférences et circulaires, avec cette nuance, toutefois, que «le bonheur est sur terre»...

Les communistes, eux, internationalistes, acceptent cependant en 1927 une première section francophone au Québec, où le recrutement tendra toujours vers «l'infiniment petit»! Vingt Canadiens français seulement sur 80 communistes au Québec en 1930, et 200 sur 1000 en 1939[65], même si ceux-ci jouent de la note sentimentale pour miséreux en demandant au «catholique, frère de misère[66]» de joindre leurs rangs. Les clercs en profiteront pour faire jouer le nationalisme contre les militants communistes, étant donné que ceux-ci sont majoritairement juifs ou slaves! Le père Joseph-Papin Archambault engagera d'ailleurs une lutte à finir contre ce matérialisme athée. Dès 1931, il regroupe les énergies de ses coreligionnaires en un Comité des œuvres catholiques de Montréal, qui noiera les «sans-Dieu» sous un déluge d'écrits, tels *L'Antéchrist*, *La griffe rouge sur l'Université de Montréal*, *Le signe de la Bête s'efface*, *Sous la menace rouge*, et autres titres tout aussi rassurants. On y ajoute des conférences, des émissions radiophoniques et des menaces. À vrai dire, quand on est en présence de 2,5 millions de francophones catholiques contre 20 communistes canadiens-français dans le Québec des années trente, on a de bonnes chances d'en venir en bout... surtout que le communisme y sera légalement interdit de 1931 à juin 1936, et de mars 1937 à 1957!

Aussi le gouvernement Bennett ayant «heureusement» mis fin dès 1930 à la «criminelle immigration» — c'est-à-dire les «rouges de Moscou» qu'avait favorisés «le gouvernement rouge d'Ottawa[67]! — peut-on s'attaquer rapidement au «credo bolchevique [dont l'] article le plus essentiel [est] la haine de Dieu[68]». Nous avons vu que, mettant dans le même sac les socialistes de Woodsworth et, selon le mot chrétien du cardinal Villeneuve, les «serpents venimeux» de Moscou, le *Regina Manifesto* de 1933 en avait rapidement pris pour son rhume, étant donné que «le communisme est *l'adversaire et l'ennemi déclaré de la sainte Église et de Dieu lui-même*», alors que le socialisme constitue la «ruine de l'autorité qui ne repose plus que sur des intérêts temporels et non sur Dieu[69]». De toute façon, coupant dans le vif selon ses habitudes, l'abbé Lavergne tranche:

> En apparence organisé pour améliorer la classe ouvrière, le communisme, de fait, s'en moque. Entre les mains des chefs, le prolétariat n'est qu'un instrument, une sorte de bélier que l'on pousse contre la société[70].

Staline toutefois, conservant son auréole, un certain nombre de militants du Québec — dont Emery Samuel, Évariste Dubé ou Jean Péron — vont se ressourcer à Moscou. Dans le cas de ce dernier, ce sera plutôt l'inverse puisqu'il quittera spectaculairement le parti à son retour d'URSS en 1937[71]. Le 14 janvier 1935 paraît à

Montréal le journal communiste *Clarté*. Dès le premier numéro, en plus de réclamer la liberté d'expression et «l'introduction de véritables assurances-chômage», on précise:

> Nous sommes en faveur du droit de vote pour les femmes et de toutes mesures susceptibles d'amoindrir le lourd fardeau d'oppression séculaire imposé sur elles par l'obscurantisme et les obstacles économiques.

Position tout de même plus progressiste que celle du Québec clérico-taschereausiste!

Face à l'hystérie fasciste européenne en train de nous contaminer, la gauche québécoise retrouve une nouvelle raison d'agir et même, par voie de conséquence, de nouveaux adhérents. Et c'est ainsi que de jeunes universitaires anglophones — Norman Bethune, Frank Scott et Stanley Bréhaut Ryerson, pour lequel l'ineffable *Nation* réclame «la potence d'abord[72]», ensuite on verra — tentent d'éveiller le Québec à une problématique mondialiste: le docteur Bethune part en 1936 aider les républicains d'Espagne et, l'année suivante, le bataillon Mackenzie-Papineau formé de volontaires Canadiens vient appuyer ces derniers. Mais, comme nous le verrons avec l'étude des mouvements de droite, il faut bien admettre que les Québécois francophones, conditionnés par un clergé survolté et un Duplessis cadenassant, ne semblent guère voir au-delà de leurs *trente arpents*... Et il faut bien reconnaître également que le Parti communiste canadien n'aura pas l'air particulièrement brillant non plus en suivant comme un chien fidèle le grand frère moscovite qui, le 23 août 1939, signait avec les nazis cet accord aux antipodes de toute rationalité: le pacte germano-soviétique. Nos communistes s'opposent donc à toute participation au conflit, et le fédéral les rejette dans la clandestinité par ses *Defence of Canada Regulations*.

Solutions radicales de droite à l'européenne: fascisme et antisémitisme

Pendant que Moscou coiffe notre gauche, une Rome vaticanisée chapeaute toujours notre droite, alors qu'une Rome mussolinisée enthousiasme notre extrême droite.

Avant la guerre de 1914, et sauf en ce qui concerne les républiques de France et de Suisse, l'Europe s'était habituée au plus insignifiant des régimes: la monarchie absolue et, aussi évidemment que conséquemment, héréditaire! Avec le traité de Versailles toutefois, nombre de royaumes adoptent un régime démocratique qui ne règle pas nécessairement tout pour autant. Il faut, d'une part, s'habituer à ce système nouveau et, d'autre part, faire face aux innombrables problèmes occasionnés par l'hécatombe de 1914-1918. Il semble qu'en pareils cas la tendance soit de chercher la solution dans la facilité: comme la démocratie lourdement hésitante n'évolue pas assez vite, pourquoi ne pas remplacer le monarque déchu par un leader charismatique qui a justement eu l'occasion de se faire valoir durant cette période de transition troublée, toujours révélatrice de tempéraments forts? En somme, de Louis XVI à Napoléon, ou de Charybde — et le mot est beaucoup trop fort pour le plus compréhensif des rois de France — en Scylla! Deux régimes fondamentalement viciés, mais avec cette nouveauté, de prime abord attrayante, que le dictateur jouit assurément d'une personnalité puissante. Cependant, la suite vient rapidement: l'adulation l'enivre, et comme, en tant que parvenu, la tradition du pouvoir lui échappe, il délire rapidement. Et peu importe que ce soit à droite ou à gauche, Hitler et Staline se valent et s'avalent.

En 1922, Mussolini instaurait dans une Italie chaotique un régime fort dit fascisme — de *fascio*, «faisceau» des licteurs romains —, préconisant le corporatisme économique et un renouveau du nationalisme s'abreuvant à la Rome impériale aussi antique que solennelle. En Occident, on constate qu'avec ce régime quasi dictatorial, «les trains arrivent enfin à l'heure» en Italie, et lorsqu'en février 1929 Mussolini signe avec Pie XI — toujours «prisonnier du Vatican»!... — les accords de Latran, octroyant au pape la pleine autonomie dans sa Cité vaticane, les catholiques jubilent! Enfin un vrai «chef», ni protestant ni communiste!

Au Québec, on ne tarde pas à s'associer au dithyrambe et lorsque, quatre mois plus tard, Camillien Houde, devenu chef de l'opposition conservatrice au Québec, déclare: «Mon programme ne comprend que trois articles: 1. Dehors la clique [de Taschereau]; 2. Plus vite que ça; 3. Ça presse!», la foule ne trouve rien de mieux pour manifester sa satisfaction que de s'écrier: «Vive le Mussolini canadien»! Comme on le verra à la toute veille de la guerre, Houde prendra ça au sérieux!

En attendant, notre *Action catholique* plus qu'unique s'empresse d'encenser le Mussolini italien, précisant dès le 2 juin 1931: «La dictature est un régime efficace parce qu'elle est généralement le plus coordonné de tous les régimes. Le fascisme dirigé par Mussolini a fait un bien immense à l'Italie.»

Et mettant en pratique ces beaux principes, rien de tel pour éliminer le chômage que d'éliminer les chômeurs!

> Supprimons les immigrants que nous n'aurions pas dû importer et ceux qui, pour une raison ou pour une autre, ont dû laisser la campagne pour la ville, et dans la plupart de nos villes le chômage est pratiquement réglé[73].

En 1933, on fait un accueil triomphal aux 24 hydravions italiens qui, en route pour Chicago, viennent offrir aux Italiens émigrés à Montréal les salutations du *Duce*. Pour remercier ce dernier, le parti fasciste italien du Québec lui fait parvenir un cheval et demande à Guido Nincheri de peindre pour la coupole de l'abside de l'église Notre-Dame-de-la-Défense, à Montréal, une fresque représentant Mussolini bien en selle sur ledit cheval et entouré, entre autres, de Pie XI et de ses cardinaux.

À une si bonne compagnie pourquoi ne pas ajouter le maître du *New Deal*? Car

> le régime qui existe à Washington comme à Rome, c'est la dictature. Roosevelt n'a rien à envier à Mussolini. L'un et l'autre exercent à peu près les mêmes pouvoirs, ils détiennent l'un et l'autre la véritable autorité[74].

À ce moment-là, il faut le reconnaître, les horreurs du fascisme — comme celles du communisme d'ailleurs — sont encore bien camouflées. Aussi est-ce avec surprise qu'on voit émerger une droite politique québécoise sans nuances. Jean-Louis Gagnon, tout juste éclos du moule jésuitique, peut de la sorte déclarer:

> Le parti — l'État — n'a pas besoin d'hommes non producteurs: artistes, poètes, philosophes. Ce qu'il lui faut: des paysans, des techniciens, des économistes, des politiques. L'État doit être la chose des producteurs. [...] L'intellectuel est généralement un tourmenté qui s'embarrasse le cerveau de raisonnements superflus et inutiles. [...] L'intellectuel ne comprendra jamais qu'agir est un million de fois plus beau que penser[75].

Sous la Terreur, Lavoisier fut guillotiné parce que la République n'avait pas besoin de savant, et un quart de siècle plus tard, l'utopiste Saint-Simon affirmait, si les «trente mille» Français dirigeant le pays mouraient «le même jour», les autres Français en seraient affligés, «parce qu'ils sont bons, [...] mais il n'en résulterait aucun mal politique pour l'État».

Le 2 octobre 1935, à l'école du délire européen, et fortes de «la neutralité bienveillante du Vatican», les troupes italiennes — comprenant bientôt 400 000 militaires — pénètrent en territoire éthiopien. Et le 9 mai 1936 — *Viva! Viva!* — Victor-Emmanuel, roi d'Italie, devient empereur d'Éthiopie. À Montréal, le 17 février, le père Manfriani, dans une homélie à faire pleurer tous les Italiens réunis à l'église Notre-Dame-de-la-Défense, leur avait demandé or et bijoux, afin que «l'Italie apporte aux barbares la civilisation et le christianisme[77]». Le consul et son épouse prêchent par l'exemple, et les fascistes recueillent ainsi «430 onces d'or et plus de 10 000 $». Comble d'ingratitude: aucun remerciement de la part des barbares! Heureusement que certains Québécois comprennent tout l'héroïsme de ce massacre. Ainsi Jean-Louis Gagnon peut-il à nouveau bramer: «La guerre est à l'homme ce que la maternité est à la femme, un parachèvement de l'Être[78]», tandis que Paul Bouchard titre: «Grandeur de l'Italie et pitié du royaume de France[79]». De quoi faire larmoyer toutes les Madeleine d'Arc!

Et comme toujours, quand un pays devient à la mode — notre récente intelligentsia se trémoussa d'aise en voletant des Soviétiques aux Chinois[80], des Albanais aux Amérindiens —, il se transforme inévitablement en utopie. Aussi peut-on constater qu'en plus d'avoir des trains ponctuels — qu'en est-il donc des autocars? —

> l'Italie a réalisé à date cette merveilleuse organisation que sont les clubs ouvriers, soutenus tant par les corporations patronales que par les corporations ouvrières, fréquentés tant par les patrons que par les ouvriers, contribuant par conséquent à raccourcir les distances entre ouvriers et patrons[81].

Contrairement à cette Italie toujours bien caractérisée par son «absence de classes sociales», la situation est autre au Québec:

> La crise nous a révélé que deux classes de métèques nous dominent, nous exploitent ou nous corrompent. En haut, les ploutocrates trustards qui s'enrichissent à même nos res-

> sources naturelles et que seul un État fasciste pourra dompter [...] En bas toute une voyoucratie intellectuelle et communiste qui tente de dénationaliser le prolétaire avec la lutte des classes et fomenter la révolution sociale. Le corporatisme italien met fin à cet état de choses et nous donne un système parfait et sûr de reconstruction économique et sociale d'une nation[82].

Cela va de soi, puisqu'il s'agit d'un État «uniquement soucieux du bien général[83]». Et ce bien devient tellement général que, répétant son exploit d'avant la Première Guerre mondiale, alors que l'Italie s'alliait d'une part à l'Allemagne ainsi qu'à l'Autriche-Hongrie et d'autre part à la France, elle agira de même à la veille du deuxième conflit, toujours dans l'intérêt général, bien entendu. Car, comme nous l'explique *L'Action catholique* du 19 avril 1938:

> En construisant l'axe Rome-Berlin-Tokyo, Mussolini a éloigné la menace «rouge». En édifiant l'axe Rome-Londres, Mussolini éloigne la menace raciste. [...] Nos pourfendeurs de «fascisme» feraient bien de le retenir: Mussolini n'a aucune ambition internationale alors que Staline veut d'une volonté de fer la domination mondiale et que Hitler cherche d'une énergie d'acier la domination racique.

Donc, pas de caciques raciques pour nous, mais d'uniques catholiques. C'est ce que nous constaterons dans le dernier chapitre de la présente partie, alors que nous verrons la poursuite de cette hystérie avec la guerre civile espagnole qui a eu lieu de 1936 à 1939.

Antisémitisme

Toujours dans le sillage d'un catholicisme européen borné, on s'acharne contre les «tueurs de Dieu» — selon l'expression de saint Grégoire de Nysse dès le IVe siècle —, accoucheurs du fameux: «Que son sang retombe sur nous et sur nos enfants.» Ils l'ont voulu et l'auront donc! Sans remonter au déluge, mentionnons que les catholiques se sont généralement acharnés contre les Juifs et que, entre autres, dès 1215, le Concile de Latran les excluait de la vie sociale, tandis qu'en 1248, Louis IX — saint Louis — faisait brûler les manuscrits hébreux trouvés à Paris et, six ans plus tard, bannissait les Juifs de France. En 1751, une Inquisition prémonitoire décrétait que les Juifs de Rome seraient forcés de «porter la marque de couleur jaune qui les distingue des autres gens[84]». Nous ne serons pas plus lumineux au Québec et mettrons dans un même sac — digne du pacte germano-soviétique — les francs-maçons, les communistes et «ces ennemis jurés de Jésus [qui] menacent de s'emparer de notre province[85]», c'est-à-dire les Juifs! Car ces derniers, précise le virulent sociologue Arthur Saint-Pierre, «alliés naturels, ou plutôt inspirateurs et maîtres de la franc-maçonnerie, ont envahi Montréal» pour la corrompre et la contrôler[86].

Il faut dire que, aux yeux des francophones qui craignent toujours d'être noyés par une immigration massive, les Juifs se manifestent pour le moins intensément au début du siècle. Alors que la métropole n'en comptait que 2500 en 1891, on en dénombre 60 000 quarante ans plus tard. Après «les deux races fondatrices»(!), ils forment la minorité la plus importante. Se rallieront-ils aux francophones ou aux anglophones? La «question des écoles juives» alimentera bien des passions. Tentons d'en dégager les éléments majeurs.

Comme la plupart des immigrants non francophones, les Juifs ont tout naturellement tendance à rejoindre les anglophones majoritaires. Le système scolaire québécois étant confessionnel et partagé entre catholiques et protestants, ces derniers acceptent dès 1894 les enfants juifs dans leurs écoles. Trente ans plus tard, ceux-ci comptent pour 12 000 des 30 000 écoliers protestants. La cohésion des Juifs est grande et leur influence politico-économique s'étend. En 1928, deux députés libéraux juifs, Peter Bercovitch et Joseph Cohen, demandent à leur chef Louis-Alexandre Taschereau de former un «comité juif du Conseil de l'Instruction publique». À Londres, le Conseil privé admet qu'ils y ont droit, et à Québec, Taschereau, sachant que les Juifs votent libéral, serait prêt à le leur accorder. Mais craignant la multiplication de ces comités qui peuvent éventuellement aboutir à l'école neutre, l'épiscopat s'alarme.

Le 28 février 1930, le cardinal Rouleau écrit au premier ministre:

> Quelles garanties aura-t-on contre les entreprises de la propagande bolcheviste, alors même qu'avec les droits de surveillance actuelle, on affirme qu'il existe des écoles juives, ou russo-juives, à caractère bolchevisant, même dans la Province[87]?

Quatre mois plus tard, voulant fêter aussi chrétiennement que dignement la Saint-Jean-Baptiste, le jésuite Alexandre Dugré, se vidant le cœur, se fait l'interprète de nombre de ses compatriotes:

> Que certains errants, appelés par l'Histoire la race destructrice et le fléau des nations aient pu s'installer chez nous, même en jurant d'observer nos lois de pays chrétien, c'est déjà trop; mais qu'ils aient, après trente ans de vie mystérieuse, décidé de profiter d'une bonté poussée jusqu'à la bonasserie pour former un État dans l'État, et qu'ils obtiennent, pour devenir maîtres chez nous, l'aide de nos libertés si chèrement payées et de notre argent si mesuré à nos instituteurs et institutrices, et si souvent refusé à des œuvres d'expansion de notre race, cela, Dieu ne le veut pas[88].

L'opposition conservatrice dirigée par Camillien Houde considère à son tour qu'avec une telle loi, «toutes les races et toutes les religions réclameront les mêmes droits». Finalement, après une législation boiteuse en 1930 et 1931, par laquelle le gouvernement Taschereau essaie de contenter tout le monde, les Juifs obtiennent une certaine responsabilité quant à l'enseignement des leurs, à Montréal seulement. La reconnaissance de cette compétence, à toutes fins utiles, reconduira leur alliance avec les écoles protestantes. Mais cette valse d'hésitations vaguement permissives favorisera une montée d'antisémitisme qu'incarnera tout particulièrement Adrien Arcand le déroutant.

Après ses études classiques, Arcand sera journaliste à *La Presse* pendant une dizaine d'annés, mais en est congédié en 1928 pour avoir tenté d'y fonder un syndicat de journalistes. *La Presse* a beau avoir sa chronique ouvrière et «ses allures populistes[89]», le syndicalisme, c'est bon pour les autres! Et ce paradoxal Arcand, fondateur du Syndicat des journalistes catholiques de Montréal et réclamant «la nationalisation des services publics», sera alors récupéré par Mgr Georges Gauthier, archevêque coadjuteur de Montréal, qui lui demande de «combattre par la plume» le projet de loi libéral favorisant la création d'un comité scolaire distinct pour les Juifs. Arcand vient de trouver sa nouvelle vocation.

Avec Joseph Ménard, il fonde en 1929 les hebdomadaires *Le Miroir* et *Le Goglu* contre «l'invasion juive». Il est à noter que le tirage de ce dernier s'élèverait à 85 000 copies en 1930[90], année où il publie *Chrétien ou Juif?*, constatant que ces derniers ont une «mission de la race: conquérir le monde». On peut comprendre qu'il louangera bientôt «l'œuvre glorieuse d'Hitler»! En fait, le mouvement est lancé, et de partout fuse l'hystérie alarmiste, afin que «le Canada cesse d'être le dépotoir des nations surpeuplées de l'Europe centrale et méridionale», et tout particulièrement du Juif, «partout l'ennemi de Jésus-Christ, de son Église et du nom chrétien[91]». En 1930, nos deux intarissables compères fondent l'hebdomadaire *Le Chameau*, où ils conseillent: «Lâchez le Juif tous ensemble, Canayens, et il mourra de faim.» Deux ans plus tard, Arcand fonde le Parti national social chrétien dont il publie le *Manifeste* en 1933. Tout un programme... D'abord, à partir de cette idée de base: «Les Juifs sont les enfants de Satan, ils font l'œuvre de leur père», rappelons-nous — autre préfiguration — que «c'est parce que les Juifs étaient contenus dans leurs ghettos et mis hors d'état de nuire, durant le Moyen Âge, que cette époque fut si brillante». Nouveau truisme: comme «les individus sont naturellement inégaux», il leur faut donc un chef, lequel «tire son autorité de la loi divine qu'il est chargé de faire respecter et d'appliquer». Conséquemment, «il faut, en précurseurs de sa venue certaine, porter partout l'évangile fasciste, le seul qui pourra nous sauver et nous restaurer». Et comme appel final: «Âme du vieux Québec, éveille-toi[92]!»

Sans doute d'accord avec ce cri du cœur et de l'âme, l'abbé Lavergne enchaîne:

> Qui ne sait aujourd'hui que, au fond du bolchevisme, [...] il y a le Juif. [...] Donc rien d'étonnant que dans la répression du bolchevisme Hitler ait atteint des Juifs, bousculé leurs plans, dérangé leurs complots et même frappé quelques unités peut-être trop rudement. C'est inévitable en toute répression[93].

Et après tout, n'est-il point évangéliquement notoire que *qui bene amat, bene castigat*! Il reste que, face à ces petites taloches, les Juifs du Canada exercent de fortes pressions auprès de Wesley Gordon, ministre de l'Intérieur, pour qu'il ouvre grandes les portes aux Juifs persécutés[94]. Et effectivement, mais de façon aussi discrète que possible, quelques milliers entreront, de telle sorte qu'on pourra titrer dans *La Nation* du 23 avril 1936: «1000 Youpins de contrebande au pays».

> Le chant gras de 1000 youpins voleurs et anarchistes vient de passer dans les airs de Montréal avec des relents, 1000 you-

> pins viennent de nous arriver en contrebande! Au tarif de cent dollars par circoncis, nous comprenons que le ministère de l'Immigration embarque dans le racket. [...] Nous avons suffisamment de chômage. Nous n'accepterons jamais que Jacob-les-circoncis et que Cohen-les-taxis protègent les lecteurs du Talmud au détriment des autochtones du Québec.

Et le 14 mai, on précise qu'en plus de ces «1000 youpins», on

> parle de mettre dans nos meubles 8000 mennonites importés du Mexique. [...] Nous savons que le ministère de l'Immigration d'Ottawa peut nous passer en contrebande tous les voyous et les rastaquouères du monde.

Mais le mot de la fin et du fin appartient sans doute à *L'Action catholique*: «Les Juifs sont des indésirables. Endurons chrétiennement ceux que nous avons, n'allons pas commettre la bêtise d'en inviter d'autres[95].»

Revenons toutefois en 1933 et à la trajectoire de notre aryen. Avec son éternel Ménard, Arcand fonde l'hebdomadaire *Le Patriote* pour nous débarrasser du peuple «qui a assassiné le sauveur» — devinez — et devient l'année suivante le chef du Parti social chrétien, accoucheur du parti nazi canadien! Pour diffuser son évangile, il fonde en 1935 *Le Fasciste canadien*, mensuel ayant pour cible principale — qui s'en serait douté? — «les rats de Mésopotamie», car «démocratie libérale, socialisme et communisme ne sont que les trois stades d'une même idée juive[96]».

Et comme la «Juiverie, [c'est le] malheur du monde[97]» et que Mussolini ronronne avec le Vatican, et qu'Arcand est un fervent pratiquant, et qu'Hitler nettoie la place, et que blablabla, il est on ne peut plus normal de titrer en mai 1936: «Hitler sauveur du catholicisme». En cette même année cataclysmique — Duplessis prend le pouvoir... — notre *Nation* guère nationale proclame à son tour: «La question juive... Hitler avait raison[98]». Assurément, car, comme le constate Albert Pelletier, notaire, nationaliste, éditeur et fondateur de l'importante revue *Idées*:

> La dictature d'Hitler m'apparaît l'une des meilleures actuellement et nous avons lieu d'espérer qu'il maintiendra dans le sentier de la paix le troupeau dont il se considère le très humble berger[99].

«Pais mes brebis», *Bon Pasteur* Adolf, puisque, précise son Éminence le cardinal Innitzer: «Hitler exécute la volonté de Dieu[100]». Et au moins, avec cet oint du Seigneur, «le Reich manque de main-d'œuvre, tandis qu'avec la juivocratie, c'est le chômage[101]». Le 2 juillet 1938, Arcand devient chef national du parti nazi. Précisons toutefois, à notre grande honte, que ce parti «national» se recrute essentiellement chez les Canadiens français du Québec, avec quelque 6000 membres sur 7000! Les «cathos» flirtent dangereusement avec l'hystérie de l'heure.

Solutions de droite à la québécoise nationaliste

Jeune-Canada

«Qui s'étonnera qu'en ces dix années 1930-1940 foisonnent les mouvements de jeunesse d'allure plus ou moins révolutionnaire?» demande le chanoine Lionel Groulx[102]. Personne... assurément, mais ce que notre chanoine national ne souligne guère, c'est que l'Église — de droite à l'échelle occidentale — est souvent à l'origine de nombreux mouvements sectaires, et que lui-même, rêvant d'un chef aussi mussolinien que musclé pour son «petit peuple», ne se sauve guère lorsque ses disciples le présentent comme étant ce messie attendu «depuis plus de...» cent cinquante ans par le Québec. Et à la mesure du contexte mondial de crise, les demandes se radicalisent.

Parmi ces «mouvements de jeunesse», celui des Jeune-Canada se distingue tout particulièrement par l'intransigeance de son programme et par le dynamisme de ses membres, dont quelques-uns — André Laurendeau, Pierre Dansereau, Roger Duhamel, pour ne mentionner que les plus représentatifs — parviendront à une notoriété politico-intellectuelle certaine. S'inspirant des mouvements révolutionnaires Jeune-Italie, Jeune-Irlande et Jeune-Turquie — l'ambition ne manque pas —, ils se réunissent pour une première fois le 19 décembre 1932 au Gesù des jésuites...

Dans son *Manifeste*[103], André Laurendeau commence par un avertissement: «Nous demandons aujourd'hui ce que nous exigerons demain.» Car la «jeune génération» ne peut plus endurer de voir que «les Canadiens français sont en train de devenir chez eux un vaste peuple de prolétaires [... avec] rôles de manœuvres et de domestiques». Et de conclure, en digne élève des fils d'Ignace: «Souvenons-nous que nous ne serons maîtres chez nous que si nous devenons dignes de l'être».

En plus de voir leurs opinions entérinées par quelque 75 000 signatures[104], les Jeune-Canada sont appuyés par Armand Lavergne, président des Communes du Canada et qui a présidé leur première assemblée, ainsi que par Esdras Minville, président de la Ligue d'action nationale, qui déclarait à cette même occasion, qu'il fallait en finir avec «notre vie de peuple vaincu», ajoutant que «les peuples ne meurent pas, mais se suicident[105]». Et tandis que l'abbé Groulx leur sert de guide, l'abbé Édouard-Valmore Lavergne se fait lyrique:

> Leurs voix nous ont réconfortés. À mesure qu'ils parlaient, qu'ils affirmaient leur jeune volonté d'être ni aux Bleus ni aux Rouges mais à la vérité et au service de leur pays, des espoirs nouveaux se levaient dans les âmes[106].

Le Devoir multiplie les comptes rendus élogieux à leur égard, et les jésuites ouvrent grandes leurs portes à leurs assemblées, ce que ne digère pas le premier ministre Taschereau! Aussi précise-t-il que, s'il est bien joli pour les jeunes de parler de révolution lorsqu'on ne satisfait pas à leurs demandes, il ne faudrait pas oublier que «partout où la révolution a éclaté, ce sont d'abord les bons pères Jésuites qui ont été chassés[107]».

À la suite de cette publicité «providentielle», les Jeune-Canada décident de publier *Cahiers* et *Tracts* pour diffuser leurs idées.

À l'école de Groulx, mais avec la fougue de la jeunesse, ils s'en prennent fondamentalement au «pacte fédératif dont certains articles puent la mauvaise foi[108]». Car il faut bien le reconnaître, «la nation canadienne est un mythe inventé par les Pères de la Confédération[109]». Et certes, pour faire accroire aux Amérindiens, Acadiens, Québécois, loyalistes, Ontariens et *Westerners* qu'ils sont frères en Canadiens, il faut avoir du culot. Et ce n'est pas avec notre députation québécoise, composée de «tripoteurs, coulissiers [et] vulgaires politiciens[110]» — dont certains pour qui «l'échafaud est une élévation à laquelle ils ne sont pas dignes d'accéder[111]» —, que nous améliorerons notre sort à Ottawa! Honnis soient donc, «jeunesse de mon pays, [... ces] politiciens vampires qui t'ont ravi le meilleur de ton sang[112]».

«De ton sang»... Cela ne nous rappelle-t-il pas ce verset tout évangélique qu'on retrouve chez Matthieu? «Que son sang retombe sur nous et sur nos enfants», clamait alors le peuple juif, ce «chancre nécessaire du christianisme, [et] qui en fait ressortir la beauté[113]». Car «les Israélites aspirent — tout le monde sait cela — au jour heureux où leur race dominera le monde». Avec leur «caractère de sournoiserie vindicative, poursuit André Laurendeau, ils nous écœurent[114]»! Bon... puisque le futur prophète humaniste du Canada français le dit, il doit avoir raison! Aussi Pierre Dansereau — futur grand écologiste et défenseur de tous les droits — précise-t-il, à titre de premier président des Jeune-Canada, qu'il ne faudrait surtout pas se laisser berner par leur «supposée persécution en Allemagne[115]», et les accueillir ici comme ils nous le demandent. Les bons sentiments d'Hitler à leur égard étant bien connus depuis son *Mein Kampf* paru en 1924, nous savons, écrit René Monette, qu'«il est impossible de piler en Allemagne sur la queue de cette chienne de juiverie sans qu'on entende japper au Canada[116]». Et c'est reparti avec la litanie des jérémiades contre ces «importés d'outre-mer qui ont inculqué chez nous ces doctrines malsaines» ayant pour tristes noms communisme et marxisme, car «dans toutes les révolutions modernes, on trouve toujours des Juifs à l'œuvre[117]». Si au moins ils s'en tenaient à leurs viles doctrines athées. Mais hélas...

> le matérialisme à base de sensualité, qui a atteint une grande partie de la race juive, se reflète dans notre milieu, par un excès d'immoralité funeste. Notre taux de natalité, qui était à la fin du XVIIIe siècle, de 41 p. m., est tombé à 21,7 p. m.
>
> On s'accommode de la perte d'un bébé en pensant qu'il y a un ange de plus au ciel. Belle conception religieuse que celle-là! On transforme le ciel en crèche d'enfants où l'on envoie paître les petits pour s'en débarrasser à bon compte[118].

Du reste, il n'y a là nulle marque de racisme particularisé, puisque «l'antisémitisme est international, comme les Juifs[119]». Après tout, on est de son époque ou on ne l'est pas! Mais parfois, justement, on ne l'est guère... Et c'est ainsi qu'en matière d'économie, on préconise une «franche politique de retour à la terre[120]», en y ajoutant un soupçon de morale chère aux êtres peccables que nous sommes: «Disons-nous que nous commettons une faute vénielle ou mortelle suivant la valeur de l'achat, lorsque nous le faisons à l'étranger[121].»

Quant aux réclamations féministes, après avoir précisé que «c'est la femme canadienne qui, avant la paroisse, avant même le clergé, a sauvé la nation canadienne-française», Bernard Hogue s'empresse d'ajouter: *il est vrai qu'à cette époque les femmes avaient d'autres préoccupations que le droit de vote*[122]!

Pas très à gauche les jeunes...

Il faut dire que nous partons de loin. Et c'est ce que Dostaler O'Leary, dans un texte catharsique, tentera de démontrer en analysant notre lourd *inferiority complex*: «*aquoibonnisme* [...] qui nous incline à trouver tout naturel d'être traités par l'étranger en citoyens de seconde zone, dans un pays qui est le nôtre[123]».

Tellement d'ailleurs que — triste souvenir toujours d'actualité avant 1960: «Quand neuf Canadiens français se trouvent en compagnie d'un seul Anglais... à tout coup, par veulerie, pardon, par politesse, ils parlent tous anglais[124].»

Et c'est ainsi que

> pour apaiser la faim insatiable de ces loups jaunes, appelés plus vulgairement «orangistes», nous avons jeté un à un les plus beaux morceaux, les plus belles conquêtes de notre peuple[125].

Et pourtant que de raisons nous aurions d'*être fiers*, étant donné que

> le Canada français n'a pas été peuplé par des aventuriers, des émigrants de qualité douteuse ou des forçats, comme l'Australie, les États-Unis, voire même le Canada anglais [... Notre nation est donc] de race pure et exempte de tout métissage[126].

Conséquemment, «nous avons tout ce qu'il faut pour devenir une race supérieure. Nous n'avons qu'à le vouloir[127]». Avec une nuance qu'aurait sans doute chérie le Verlaine de l'impair, Marie-Claire Daveluy poursuit, en cette même époque de gargarisme dithyrambique:

> Quand on a l'honneur d'être un fils intellectuel du pays de Pascal et de Racine, que l'on est par surcroît le fils d'un milieu catholique, l'on n'a peut-être pas le droit de se croire supérieur à tout autre, mais n'a-t-on pas le devoir de ne se croire inférieur à personne[128]?

Assurément, surtout que saint Louis et Jeanne d'Arc — secondés par un clerc bien de chez nous — nous guident toujours vers notre inéluctable destinée: «Ce que nous voulons, nous le savons, c'est M. l'abbé Groulx qui l'a résumé d'un mot: "Un peuple français dans un pays français. Et nous l'aurons"[129].»

Peut-être... mais en attendant, l'abbé Groulx — qui écrira par la suite à propos des Jeune-Canada: «Du mieux qu'il m'est possible, je leur apporte mon appui[130]» — apparaît à tous ces jeunes vaguement déboussolés comme le seul Québécois digne de les diriger. Aussi, à une réunion des Jeune-Canada tenue à Montréal le 8 avril 1935, Paul Simard, un des leurs, propose-t-il à une foule survoltée:

> Il nous faut un chef, c'est-à-dire un Canadien français catholique, concevant aussi clairement qu'il se peut la mission apostolique à laquelle nous sommes appelés, capable de subjuguer le peuple par son allant, sa fierté, son indépendance, un Canadien français catholique, ne craignant pas de risquer sa propre vie, et à plus forte raison son intérêt personnel, lorsque la grandeur de la patrie l'exige, un homme sage, intègre, ferme, joignant à une science étendue, un abîme d'amour pour Dieu et sa patrie, le Canada français, la Laurentie.
>
> Il nous est impossible de trouver un chef parmi nos hommes publics, c'est vrai. Mais alors, cherchons ailleurs, et, s'il le faut, brisons une tradition, et notons que le fait s'est déjà produit en d'autres pays. Il se trouve parmi nous un homme sur lequel nous pouvons fonder de grands espoirs, un homme qui, par sa fierté, son indépendance, a su faire passer un frisson d'amour dans l'âme de notre jeunesse, un homme qui est à la fois un profond catholique et un vrai Canadien français et dont la vie tout entière est un ardent poème chanté à la gloire de Dieu et du Canada français; un homme ferme, sage, intègre, qui jamais ne s'est souillé dans les boueuses compromissions des politiciens et dont l'œuvre magistrale est pour notre peuple un aliment de vie; un homme qui s'est formé à l'étude du passé, au contact de nos plus purs héros, un homme qui n'a jamais reculé à l'heure du combat, qu'on a toujours trouvé sur les remparts et dont l'âme est trop haute pour flancher aujourd'hui, un homme que notre grand Armand Lavergne jusqu'à l'heure de sa mort n'a pas cessé de nommer son chef; un homme qui cristallise dans sa personne toutes les aspirations, tous les désirs, toutes les espérances de notre peuple et qui vit

pour lui. Cet homme, vous l'avez reconnu... L'abbé Lionel Groulx! Pourquoi pas[131]?

GROULX-LE-CHEF-SAUVEUR

Admettons que le contexte[132] s'y prête! Mussolini, Salazar et Hitler — pour n'en nommer que trois — dirigent d'une main de fer des populaces enfin heureuses de s'en remettre à de présumés démiurges en cette époque de crise. Au Québec — oui, je sais que toute comparaison ne peut être que boiteuse et que Taschereau n'est pas Hitler — les libéraux détiennent le pouvoir depuis 1897 et les scandales «percent sous» Louis-Alexandre — et on ne compare pas des ordures mondiales à des blattes locales.

Il faut dire que l'abbé Groulx, qui a toujours rêvé de héros — et en a parfois presque engendré, tel son Dollard des Ormeaux —, ne se sauve pas particulièrement devant cette adulation. Et lorsque continuellement il réclame un chef, il n'est pas sans se douter que plusieurs songent alors à lui. En septembre 1934, son appel se fait aussi pressant que — pour la suite des temps — compromettant:

> Qui sera ici le moteur, le suprême distributeur d'élan, de volonté? Qui sera le chef national? le de Valera, le Mussolini, dont on peut discuter la politique, mais qui, en dix ans, ont refait psychologiquement une nouvelle Irlande et une nouvelle Italie, comme un Dollfuss et un Salazar sont en train de refaire une nouvelle Autriche et un nouveau Portugal? Hélas! mieux vaut nous l'avouer franchement: ce chef national, nous ne l'avons pas. L'aurons-nous jamais? La crise a ceci de terrible, en notre pays et en notre province, qu'elle est d'abord une crise d'hommes. Les partis ont beau se trémousser, se réorganiser, évoluer, nous voyons poindre des politiciens; des hommes, nulle part.
>
> Est-ce à dire qu'il faille nous résigner à une démission sans grandeur? Cet homme, dont nul peuple ne peut se passer, nous le demanderons, le cœur étreint, à la Providence[133].

Deux mois plus tard, il conseille aux jeunes: «Voyez l'exemple de grands éveilleurs contemporains: un Mussolini, un Dollfuss[134]». Quant à *L'Action nationale*, comme vœux de bonne année 1935, elle réclame:

> Un chef, un vrai chef, pétri de nos traditions, fort de notre foi, à l'esprit clair, à la volonté ferme, au cœur ardent: voilà ce

> qu'exige impérieusement notre survivance. Que la providence le fasse surgir! C'est notre souhait pour l'année nouvelle[135].

Une telle insistance mérite récompense. Aussi le prometteur Paul Gouin écrit-il quelques jours plus tard que ce rôle revient à Groulx lui-même, puisqu'il est le «chef racial incontesté des Canadiens français[136]». On ne peut toutefois s'empêcher, poursuit le mystico-rabelaisien Louis Francœur, de «regretter que M. Lionel Groulx soit prêtre, [car] il est incontestablement et sans possiblité de comparaison le chef canadien-français[137]». Qu'à cela ne tienne, puisque des prêtres catholiques deviennent députés dans d'autres pays.

Et bientôt cette obsession lancinante pour obtenir un guide se fait maniaco-messianique, car pour lui, «nous consentirons tous les sacrifices, et quand il apparaîtra, nous le reconnaîtrons[138]»! C'est que, outre le contexte politique international friand de dictature, la crise économique y incite. En effet, les nantis en ont marre de ces gouvernements démocratiques qui, «pour complaire au corps électoral, se sont constitués la Providence des affligés, des chômeurs, des imprévoyants[139]».

Que les bénéficiaires du secours direct retournent à la terre salvatrice — nous n'aurons plus alors besoin de les nourrir — et abolissons le suffrage universel — dont sont déjà exclues les Québécoises — car

> notre système gouvernemental s'est trouvé radicalement désaxé le jour où on a mis sur un pied d'égalité, devant le scrutin, celui qui acquitte sa feuille d'impôt et celui qui ne l'acquitte pas[140].

Et dans cette atmosphère pour le moins de droite, Groulx dit «le mage[141]» enjoint à la jeunesse réunie le 29 octobre 1935 au Monument-National pour commémorer le 400e anniversaire du passage de Cartier à Hochelaga: «Ne te demande pas de quoi sera fait notre avenir. Appelle Dieu à ton aide. Et cet avenir, fais-le[142]!» Et c'est effectivement ce que tenteront alors certains jeunes.

SÉPARATISME?

Avec la très forte immigration anglophone et notre propre saignée vers la Nouvelle-Angleterre jusqu'en 1930, nombre de

Québécois prenaient enfin conscience qu'ils ne formaient plus qu'«une minorité qui, selon le vocabulaire mathématique, tend à devenir négligeable[143]». Il en ira de nous comme des Italiens, Juifs ou Ukrainiens! Et si démographiquement, et par conséquent politiquement, nous nous acheminons vers la «négligence», économiquement, nous nous précipitons vers l'insignifiance:

> La voiture est américaine, les pneus sont américains, l'essence est américaine, vous êtes donc chez vous. Le chauffeur est canadien-français, mais vous êtes chez vous encore: il vous parlera anglais[144].

Tout comme les deux seuls hauts fonctionnaires canadiens-français parmi les 175 que compte le Canadian National ou encore l'unique du Canadian Pacific[145]!

Aussi, avant qu'il ne soit trop tard, disons donc «merde [...] à notre Confédération, parce que c'est elle qui nous a conduits où nous sommes[146]», et constatons, poursuit l'impétueux Jean-Louis Gagnon, que «le Canada français crève d'un manque de violence[147]», puis remédions au tout en fondant, ce 15 février 1936, *La Nation*, «Organe du mouvement séparatiste»! Nombre de clercs — entre autres Rodrigue Villeneuve, Lionel Groulx et Gustave Lamarche — avaient déjà patiné sur ce sujet; mais en ces années de violence, à tout le moins verbale chez nous, on devient extrémiste!

Si, pour Paul Simard, des Jeune-Canada, «Québec doit devenir au plus tôt un État libre dans lequel la nation canadienne-française sera absolument maîtresse de ses destinées[148]», Dostaler O'Leary, du même groupement, précise pour sa part: «La loi naturelle de l'évolution de tous les peuples fiers est l'indépendance nationale.» Et comme nous «avons toutes les raisons d'être fiers[149]»: vive l'indépendance! C'est exactement ce que préconise François Hertel, pseudonyme du guère pascalien jésuite Rodophe Dubé tranchant dans le très vif: «Le parti politique — quel qu'il soit — qui nous sauvera, sera celui qui mettra en tête de son programme, comme article premier et essentiel, une rupture de la Confédération[150].»

En ce même fiévreux printemps de 1936, le père Roméo Juneau, oblat, dans son «*Dieu et patrie*, chœur parlé patriotique sur l'éducation nationale, dédié à M. l'abbé Lionel Groulx», s'interroge douloureusement: «Qui donc sauvera la patrie menacée?» — Ah! si Dollard revenait!» soupire un «choriste inspiré». C'est beaucoup demander! Mais justement, à la scène II, «La scène resplendit subitement — Dollard apparaît. [...]

Chœur: (*Délire*) Dollard.

Choryphée: Comme jadis, viens-tu de nouveau sauver la patrie[151]?»

Mais... c'est Duplessis qui répondit!

Notes

1. *Le Devoir*, 14 octobre 1935.
2. Père L. Chagnon, «Directives sociales catholiques», dans *Pour la restauration sociale au Canada*, Montréal, E.S.P., n°s 232-233, mai 1933, p. 38.
3. *L'Action catholique*, 4 avril 1931.
4. *Ibid.*, 3 janvier 1931.
5. *Le Devoir*, 25 juin 1935.
6. *La Bonne Nouvelle*, 23 novembre 1929.
7. *Ibid.*, 29 décembre 1930.
8. R. Rumilly, *Histoire de la province de Québec*, Montréal, Fides, vol. XXXII, p. 184-185; vol. XXXIII, p. 167.
9. *Annuaire statistique du Québec*, 1940, p. 381.
10. *Ibid.*, p. 338, 267, 252, 309, 39, 206.
11. Victor Barbeau, *Mesure de notre taille*, Montréal, Éd. Le Devoir, 1936, p. 18.
12. *Rapport Rowell-Sirois*, vol. I, p. 180.
13. L. Groulx, *L'économie et le national*, Montréal, Imprimerie populaire, 1936, p. 4.
14. *Le Devoir*, le 16 novembre 1934.
15. «Politique de logements à Montréal», *Clarté*, 12 décembre 1936.
16. *Montreal Star*, 16 décembre 1932.
17. M. W. Westley. *Grandeur et déclin — L'élite amglo-protestante de Montréal, 1900-1950*, Montréal, Libre Expression, 1990, p. 263.
18. Édouard Lacroix, député fédéral de la Beauce, cité dans R. Rumilly, *op. cit.*, vol. XXXIII, p. 210.
19. L. Groulx, «L'éducation nationale», conférence du 5 décembre 1936, dans *Directives*, Montréal, Éd. du Zodiaque, 1937, p. 137.
20. Albert Rioux, éditorialiste, dans *Le Devoir*, 25 juin 1935.
21. *Le Devoir*, 14 octobre 1935.
22. A. Rioux, dans *Le Devoir*, 29 septembre 1934.
23. J. Rouillard, *Histoire du syndicalisme québécois*, Montréal, Boréal, 1989, p. 131, 74.
24. *La Bonne Nouvelle*, 29 décembre 1930.
25. J. Hamelin et N. Gagnon, *Histoire du catholicisme québécois, 1898-1940*, Montréal, Boréal Express, 1984, p. 406.
26. Alfred Charpentier, «L'organisation ouvrière», *La vie syndicale*, organe de la CTCC, cité par J. Rouillard, «Les écrits d'Alfred Charpentier, 1920-1945», dans

F. Dumont et coll., *Idéologies au Canada français, 1930-1939*, Québec, PUL, 1978, p. 311.
27. «La question ouvrière», dans *Programme de restauration sociale expliqué et commenté*, Montréal, E.S.P., 1934, p. 34.
28. *Comité spécial d'enquête sur les écarts de prix et l'achat en masse*, Ottawa, 1935, vol. I, p. 92-93.
29. *Annuaire statistique du Québec*, 1940, p. 406. Sans oublier le «travail à domicile» où une couturière reçoit 25 cents pour douze pantalons, alors qu'à la manufacture, si elle est syndiquée, elle recevrait 1,50 $ pour le même travail.
30. Alfred Charpentier et Léon-Mercier Gouin, «Quelles sont les tendances du mouvement ouvrier dans Québec?», *Quelques problèmes d'actualité dans le Québec*, Montréal, Beauchemin, 1939, p. 77-78.
31. *Rapport Rowell-Sirois*, vol. I, p. 181.
32. *Recensement du Canada*, 1941, Ottawa, ministère du Commerce, 1946, p. 4-5.
33. *Le Devoir*, 26 juin 1934.
34. «Procès-verbal de la réunion des archevêques et évêques de la province civile de Québec», 10 mai 1935, cité dans J. Hamelin et N. Gagnon, *op. cit.*, p. 373.
35. *Le Devoir*, 23 janvier 1936.
36. J. Hamelin et N. Gagnon, *op. cit.*, p. 368-369. L'Église crée également de nouveaux refuges, tels l'asile de nuit Saint-Jean-Baptiste et la Maison Ignace-Bourget.
37. *Le Devoir*, 17 août 1934. Ou encore: «Ne serait-ce pas donner pratiquement dans le socialisme, favoriser chez plusieurs l'insouciance, l'égoïsme, la paresse, et aggraver encore le malaise qui étreint la société?» («Lettre pastorale et mandement des Archevêques et Évêques des Provinces ecclésiastiques du Québec, de Montréal et d'Ottawa, à l'occasion du malaise économique des temps présents», 3 juin 1932, dans *Mandements, lettres pastorales, circulaires et autres documents de Montréal*, Montréal, vol. XVIII, p. 232.)
38. *Annuaire statistique du Québec*, 1940, p. 408.
39. *Rapport Tremblay*, province de Québec, 1956, vol. IV, p. 35.
40. *Rapport Rowell-Sirois*, vol. I, p. 249. Et on lit également, à la p. 210: «Les impôts, les dépenses et la dette de la province atteignirent des niveaux beaucoup plus élevés (par tête d'habitant, ou par rapport au revenu provincial) que dans les autres provinces du Canada.»
41. Cité dans R. Rumilly, *op. cit.*, vol. XXXIII, p. 46.
42. A. Charpentier, «L'École sociale populaire et le syndicalisme catholique», dans *Les vingt-cinq ans de l'École sociale populaire*, Montréal, E.S.P., 1936, p. 269-2870.
43. *Rapport Rowell-Sirois*, vol. II, p. 96.
44. *Ibid.*, vol. I, p. 181.
45. A. Charpentier, *L'aube d'une ère ouvrière nouvelle*, Montréal, E.S.P., n° 104, 1922, p. 21-22.
46. *Clarté*, 12 décembre 1936.
47. 17 avril 1937, cité dans Clinton Archibald, *Un Québec corporatiste*, Hull, Éd. Asticou, 1983, p. 70.
48. Anonyme, *La CCF — Que faut-il en penser?*, Montréal, E.S.P., s.d., 4 p.
49. *Pour la restauration sociale au Canada*, Montréal, E.S.P., n°s 232-233. 1933. 64 p.

50. *Ibid.*, p. 8-10.
51. *Ibid.*, p. 21, 27, 31.
52. *Ibid.*, p. 62-64.
53. *Programme de restauration sociale expliqué et commenté*, Montréal, E.S.P., n°s 239-240, 1934, 80 p.
54. *L'Action catholique*, 7 octobre 1931.
55. *Vivre*, octobre 1934, p. 3.
56. Circulaire de Mgr l'archevêque-coadjuteur au clergé du diocèse de Montréal, 4 janvier, 1932, dans *Mandements... de Montréal*, *op. cit.*, vol. XVIII, p. 196.
57. Père Ceslas-Marie Forest, cité dans J. Hamelin et N. Gagnon, *op. cit.*, p. 416.
58. Cité dans Daniel-Rops, *Un combat pour Dieu*, Paris, Fayard, 1963, p. 483.
59. R. Lahaise, «Embrigadement», dans *Le Québec, 1830-1939*, Montréal, HMH, 1990, p. 64-67.
60. Robert Élie, «Rupture», *La Relève*, février 1936, p. 177. En France, Jean de Fabrègues écrit en 1934, relativement aux nouvelles revues des années trente: «Contre l'égoïsme obtus du monde bourgeois-libéral, contre le matérialisme économique et spirituel, contre l'impuissance d'une politique sans esprit et sans âme, cette génération est tout entière dressée.» Et dans une totale communion d'esprit, Robert Brasillach, exécuté en 1945 pour collaboration, écrit dans *Candide*, en septembre 1931: «Nous voulons et devons retrouver notre âme profonde. [...] Il faut rejoindre la plus authentique tradition, retrouver les valeurs spirituelles que le monde moderne attaque et avilit à chaque instant.» (Pascal Louvrier, *L'illusion fasciste*, Paris, Perrin, 1989, p. 45-47.) Comme quoi le fascisme mène à tout.
61. Guy Frégault, «Lettre à *La Relève*», janvier 1938, p. 27.
62. «Une interview de M. Henri Rochefort», *La Patrie*, 24 mai 1910.
63. J. Rouillard, *Histoire du syndicalisme au Québec*, *op. cit.*, p. 15.
64. R. Comeau et coll., *Le droit de se taire*, Montréal, VLB éditeur, 1989, p. 166. Roméo Duval, communiste, lorsqu'il voyait un religieux dans la rue, fonçait sur lui avec son auto, en précisant: «Je fais toujours ça, c'est plus fort que moi.» On n'apprécie guère les «baiseux de balustres», semble-t-il (*Clarté*, 19 décembre 1936).
65. R. Comeau et coll. *op. cit.*, p. 495.
66. *La Nation*, 19 octobre 1936. Et même si cette ineffable *Nation* d'extrême droite en est rendue à titrer: «Henri Bourassa, pantin des communistes» (29 octobre 1936).
67. *Le Journal*, 30 avril 1930.
68. «Circulaire de Mgr l'Archevêque coadjuteur au clergé de son diocèse», 11 janvier 1931, dans *Mandements... de Montréal*, *op. cit.*, vol. 1933, XVIII, p. 165.
69. Père Louis Chagnon, «Directives sociales catholiques», dans *Pour la restauration sociale au Canada*, *op. cit.*, p. 40-41. La partie en italique est extraite de l'encyclique *Quadragesimo anno*. Au même effet: «Le communisme soviétique demeure interdit à un catholique.» (*Ibid.*, 1934, vol. XVIII, p. 348.)
70. Abbé Lavergne, «Les méthodes bolchevistes», causerie prononcée au poste CHRC pour *L'heure catholique*, 8 avril 1933, cité dans F. Dumont et coll., *op. cit.*, p. 253.
71. R. Comeau et coll., *op. cit.*, p. 509-511.
72. *La Nation*, 16 juillet 1936.

73. *L'Action catholique*, 6 mai 1931.
74. *Le Devoir*, 19 février 1934. Et encore...: «Notre système de gouvernement devient de plus en plus complexe et dispendieux. Pourquoi pas tout simplement, comme en Italie, des commissions et un Pouvoir exécutif? des groupes d'experts représentant les différentes branches de l'activité humaine conseilleraient plus efficacement le gouvernement que les élus du suffrage universel.» (*Le Devoir*, 27 février 1934.)
75. *Vivre*, 12 avril 1935.
76. Maurice Beaumont, *La faillite de la paix*, Paris, PUF, 1961, p. 694.
77. Claude Painchaud et Richard Poulin, «Les Italiens au Québec», *Le Québec littéraire*, automne 1988, p. 79.
78. *La Nation*, 15 février 1936. Dans ce premier numéro, on précise l'objectif du périodique: «Nous avons fondé *La Nation* pour grouper en faisceaux les haines de tous les hommes qui ont encore assez d'amour pour la guerre sainte et notre avenir national pour pouvoir haïr ceux qui nous empêchent d'aller d'avant.»
79. *La Nation*, 23 avril 1936.
80. On racontait sans sourciller que dans la Chine de Mao, on avait — entre autres —guéri en un an 412 enfants chinois sourds et muets sur 412 grâce à l'acupuncture.
81. *La Nation*, 13 août 1936.
82. *Ibid.*, 30 juillet 1936.
83. *Ibid.*, 25 novembre 1937.
84. Cité dans Henri Guillemin, *Parcours*, Paris, Seuil, 1989, p. 220. Philippe Auguste avait fait de même en 1217. (Jacques Attali, *1492*, Paris, Fayard, 1991, p. 48.)
85. Père Zacharie Lacasse, o.m.i., *Dans le camp ennemi*, Montréal, Cadieux et Derome, 1893, p. 61.
86. Arthur Saint-Pierre, *Vers l'action*, Montréal, Imprimerie du Message, 1911, p. 21-22.
87. Cité dans L. P. Audet, *Histoire de l'enseignement au Québec*, Montréal, HRW, 1971, vol. II, p. 242.
88. Dans *La Voix nationale*, août 1930. Cité dans R. Rumilly, *op. cit.*, vol. XXXII, p. 52.
89. André Beaulieu et coll. *La presse québécoise*, Québec, PUL, vol. III, p. 115.
90. *Ibid.*, vol. VI, p. 186.
91. *Le Journal de Québec*, 16 août 1930 et 29 novembre 1930.
92. «Manifeste fasciste», dans *Le manuel de la parole*, Montréal, Boréal Express, 1978, vol. II, p. 135-145. Également: «Fascisme signifie: patriotisme, nationalisme, respect des traditions, amour de son pays, contrôle de la nation par les nationaux, justice sociale, fin de l'exploitation. Autorité assez forte pour discipliner les puissances d'argent, écrasement de la subversité et du mensonge, élimination de toute propagande empoisonneuse, dignité, droiture, honneur.» (*Le Fasciste canadien*, juin 1938.)
93. *La Bonne Nouvelle*, 13 mai 1933.
94. Et Rumilly de commenter (*op. cit.*, vol. XXXIII, p. 164): «L'idée paraît extravagante, quand 500 000 ouvriers canadiens battent le pavé. Les États-Unis, au contraire, ont fermé leur frontière. Mais les Juifs veulent accueillir leurs coreligionnaires d'Allemagne; les réseaux veulent transporter du fret humain; et les

impérialistes veulent équilibrer la forte natalité canadienne-française. C'est là l'essentiel, et l'urgent, puisque la fermeture de la frontière américaine arrête l'hémorragie québécoise.»

95. *L'Action catholique*, 23 novembre 1938. D'ailleurs, quant au comportement des Juifs, on n'y peut rien, car «c'est Dieu qui les faits ainsi, et nous n'avons pas à demander les raisons de SA redoutable Justice» (*Le Fasciste canadien*, octobre 1937).

96. *Le Fasciste canadien*, mai 1938.

97. *Ibid.*, novembre 1936.

98. *La Nation*, 22 octobre 1936.

99. *Ibid.*, 11 juin 1936.

100. *Le Fasciste canadien*, avril 1938. Et comme prémonitoire solution finale: «La question juive touche à tout, c'est la seule question à régler pour la paix mondiale, pour le salut de la civilisation mondiale.» (*Ibid.*, novembre 1937.)

101. *Ibid.*, avril 1938.

102. L. Groulx, *Mes mémoires*, Montréal, Fides, vol. III, p. 269.

103. «Manifeste des jeunes», *L'Action nationale*, février 1933, p. 117-120.

104. Lucienne Fortin, «Les Jeunes-Canada» [alors que les membres écrivent «les Jeune-Canada»], dans F. Dumont et coll., *op. cit.*, p. 216-217.

105. «Discours de M. Minville», *L'Action nationale*, février 1933, p. 120-128.

106. *La Bonne Nouvelle*, 23 décembre 1933.

107. *Le Devoir*, 18 décembre 1933.

108. Bernard Hogue, «Comment chacun de nous fera de l'éducation nationale», *Qui sauvera Québec?*, cahier III, Montréal, Éd. Le Devoir, 1935, p. 71.

109. André Laurendeau, *Notre nationalisme*, Tract 5, octobre 1935, p. 38.

110. Thuribe Belzile, *Nos déficiences, conséquences, remèdes*, Tract 4, mai 1935, p. 31. Dans le même esprit, Jean-Charles Harvey l'imprévisible parle de ces «adorateurs de l'Empâare [... qui] nagent jusqu'au menton dans le bourbier du crétinisme britannique» (*Le Soleil*, 3 mars 1933).

111. Bernard Hogue, *op, cit.*, p. 72. Et l'imprimeur d'ajouter, après cette envolée aussi fréchettiste qu'hugolisante: «(Appl.)»...

112. René Monette, «Commerce juif et commerce canadien-français», *Politiciens et Juifs*, Cahier I, 1933, p. 41.

113. Gilles Manseau, «Les Juifs sont-ils une minorité au Canada? Ont-ils un traitement de faveur?», *Politiciens et Juifs*, *op. cit.*, p. 21.

114. André Laurendeau, «Partisanerie politique», dans *Politiciens et Juifs*, *op. cit.*, p. 62, 64. Bon sang ne sachant mentir, son papa Arthur écrira deux ans plus tard: «Le protestant le plus authentique est toujours en instance d'athéisme.» (*L'Action nationale*, avril 1935, p. 206.) Cette même année, André fils récidive, à propos de la langue anglaise: «Acceptée en bloc et par la foule, elle correspond à une occasion prochaine de péché.» (*Notre nationalisme*, op. cit., p. 31.)

115. Pierre Dansereau, «Allocution du président», *Politiciens et Juifs*, *op. cit.*, p. 10. «Le danger juif est un péril imminent.» (*Ibid.*, p. 12.)

116. R. Monette, *op. cit.*, p. 47.

117. Pierre Dagenais, «L'immigration au Canada et le communisme», dans *Politiciens et Juifs*, *op. cit.*, p. 30. Et cet autre ancien du collège Sainte-Marie d'ajouter, à la page suivante: «En résumé, sur les 545 fonctionnaires du régime soviétique, on compte, cette année, 447 membres juifs, soit 83 p. c. du nombre total.»

118. R. Monette, *op. cit.*, p. 39.
119. A. Laurendeau, *Notre nationalisme*, *op. cit.*, p. 26.
120. R. Monette, *op. cit.*, p. 42.
121. Dostaler O'Leary, «*L'Inferiority Complex*», Tract 2, mars 1935, p. 17.
122. B. Hogue, *op. cit.*, p. 81-82 (en italique dans le texte).
123. D. O'Leary, *op. cit.*, p. 6.
124. *Ibid.*, p. 18-19. D'où: «À peine acclimaté à sa réussite, mon Canadien songe vivement à jeter aux orties, telle une défroque crasseuse, sa nationalité de français du Canada. Il s'ingénie à singer la démarche dégingandée et le flegme morose de son modèle britannique, il s'habille chez Smith, dîne chez Black, exige les armoiries d'un lord d'Angleterre sur les étiquettes de ses caleçons ou ses pots de cornichons.» (Paul Dumas, *Nos raisons d'être fiers*, Tract 1, novembre 1934, p. 7-8.) Et comment pourrions-nous nous entendre avec les anglophones, puisque: «Les aspirations des deux peuples sont totalement distinctes: ils sont utilitaires, nous sommes idéalistes; ils sont protestants, hérétiques, nous sommes catholiques romains.» (Paul Simard, «Notre idéal politique», *Qui sauvera Québec?*, *op. cit.*, p. 28.)
125. D. O'Leary, *op. cit.*, p. 11.
126. P. Dumas, *op. cit.*, p. 14-15.
127. P. Dansereau, «Allocution du président», *op. cit.*, p. 9.
128. Marie-Claire Daveluy, «L'éducation nationale et le couvent», *L'éducation nationale*, Montréal, A. Lévesque, 1935, p. 151-152. Et une soixantaine d'années auparavant, l'heureusement unique juge Adolphe-Basile Routhier écrivait sans sourciller dans ses *Causeries du dimanche*: «Ce n'est pas une ambition exagérée que de rêver pour notre race le premier rang, dans l'agriculture, et dans les sciences et les lettres.»
129. Émilien Brais, «L'idéal historique de la nation canadienne-française», dans *Le Canadien français, ses droits, son idéal*, Tract 3, avril 1935, p. 21: «[...] ayant pour cœur le Québec actuel rayonnant alentour dans l'Ontario-Nord, le Nouveau-Brunswick, la Nouvelle-Angleterre» (A. Laurendeau, *Notre nationalisme, op. cit.*, p. 45).
130. L. Groulx, *Mes mémoires*, *op. cit.*, p. 284.
131. *Le Devoir*, 9 avril 1935.
132. «Pour éviter ce magma informe que fut la dépression, il n'y avait pas de bergers en tête du troupeau ni de vigies en haut des mâts. Le dirigisme naturel d'aujourd'hui est né de la carence d'hier.» (Georges-Émile Lapalme, *Le bruit des choses réveillées*, Montréal, Leméac, 1969, p. 239.)
133. L. Groulx, «Langue et survivance», *L'Action nationale*, septembre 1934, p. 61-62. Et loin de désavouer ce texte devant la montée des dictatures, il reprendra exactement les mêmes idées — et presque les mêmes mots — cinq ans plus tard. Voir «La bourgeoisie et le national», *L'avenir de notre bourgeoisie*, Montréal, Valiquette, 1939, p. 125.
134, L. Groulx, *Mes mémoires*, *op. cit.*, vol. III, p. 261. Et d'ajouter: «Aujourd'hui [donc vers 1956], je relis cette lettre avec un certain plaisir. Elle me rappelle ma façon d'alors de parler à la jeunesse et l'existence d'une jeunesse qui, en ce temps-là, avait le goût de vivre.» Mais, mon cher chanoine, elle l'a encore et l'aura toujours.

135. «Un chef», *L'Action nationale*, janvier 1935, p. 4.
136. *La Province*, 12 janvier 1935.
137. *L'illustration*, 13 février 1935.
138. André Laurendeau, qui demande «à la Providence de nous envoyer cet homme qui nous tirera du désarroi social et national» (*Le Devoir*, 28 février 1935).
139. Dollard Dansereau, «La Constitution canadienne est-elle illogique?», *L'Action nationale*, novembre 1934, p. 182.
140. Louis Dupire, dans *Le Devoir*, 22 mai 1936. Il reprenait d'ailleurs en cela les idées du patron Bourassa.
141. Albert Pelletier, «Revue des livres», *Les idées*, février 1939, p. 190. Et de poursuivre: «Il saute aux yeux que l'action est un domaine où il s'est montré avec constance et presque infailliblement dans des attitudes d'égaré, toujours négatives et parfois gauchement anarchiques.»
142. L. Groulx, *Mes mémoires*, *op. cit.*, vol. III, p. 225.
143. Georges Langlois, *Histoire de la population canadienne-française*, Montréal, Lévesque, 1934, p. 240.
144. Victor Barbeau, *op. cit.*, p. 20.
145. Et pas un seul au Quebec Central Railway, exclusif au Québec (Louis Dupire, *Le Devoir*, 28 mars 1935).
146. Claude Berre et Jean-Louis Gagnon, *Vivre*, novembre 1934, p. 15.
147. Jean-Louis Gagnon, *Vivre*, 26 avril 1935.
148. *Le Devoir*, 9 avril 1935.
149. D. O'Leary, «*L'Inferiority Complex*», *op. cit.*, p. 15.
150. «Essai sur l'inquiétude des jeunes», *L'Action nationale*, mars 1936, p. 166.
151. *L'Action nationale*, avril 1936, p. 235-242, note 1: «Le chœur parlé est une nouvelle forme de théâtre.»

Bibliographie sélective

Annuaire statistique, Québec 1940, Imprimeur de Sa Très Excellente Majesté le Roi, 1941, 444 p.

COMEAU, Robert et coll., *Le droit de se taire*, Montréal, VLB éditeur, 1989, 545 p.

DUMONT, Fernand et coll., *Idéologies au Canada français, 1930-1939*, Québec, PUL, 1978, 361 p.

JEUNE-CANADA, *Cahiers* et *Tracts*, Montréal, «Le Devoir», 1933-1935.

Pour la restauration sociale au Canada, Montréal, E.S.P., n°s 232-233, 1933, 64 p.

Programme de restauration sociale expliqué et commenté, Montréal, E.S.P., n°s 239-240, 1934, 80 p.

RUMILLY, Robert, *Histoire de la province de Québec*, Montréal, Fides, vol. XXXII-XXXIV, 1959-1963.

WESTLEY, Margaret W., *Grandeur et déclin — L'élite anglo-protestante de Montréal, 1900-1950*, Montréal, Libre Expression, 1990, 332 p.

CHAPITRE V

Québec: La Crise — Politique et démagogie, 1935-1939

L'Action libérale nationale

En 1935, l'Occident dérape, et inévitablement, le Canada et le Québec suivent. L'économie capitaliste est une faillite et la politique emboîte le pas. Devant les insuffisances des partis traditionnels, de nouveaux partis apparaissent, tant au fédéral — Crédit social et Coopérative Commonwealth Federation — qu'au provincial. À Québec, les libéraux règnent depuis une quarantaine d'années avec tout ce qu'une telle longévité peut impliquer.

Aussi une scission se créé-t-elle au sein même de ce parti, rupture dirigée par nul autre que Paul Gouin, fils de l'ex-premier ministre Lomer Gouin, qui avait désigné l'actuel premier ministre Taschereau pour lui succéder. Avocat âgé de trente-six ans, Paul Gouin l'idéaliste regroupe autour de lui nombre de jeunes enthousiastes — tels Jean Martineau et Roger Ouimet — et fonde en 1934 le parti de l'Action libérale nationale. S'inspirant abondamment du tout récent Programme de restauration sociale parrainé par le père Archambault, ce nouveau parti préconise une aide accrue à la colonisation pour remédier au chômage, la nationalisation de l'électricité, dont le docteur Philippe Hamel se fera le champion, et l'abolition des trusts, dont Alexandre Taschereau ayant «partie liée avec les monopoles[1]» paraissait le puissant protecteur! Grand admirateur de l'abbé Groulx, Gouin désire orienter toute cette politique en fonction des besoins immédiats du Québec. Mais si son honnêteté et sa sincérité semblent indéniables, il n'en va pas de même pour ses capacités de «chef». Inexpérimenté, hésitant, accusé de trahison par certains ministres fossilisés qui se scandalisent qu'un fils et petit-fils de premiers ministres libéraux tente de s'adjoindre les députés de ce même parti qui sont dégoûtés par les manigances de Taschereau et de sa clique, Gouin le désargenté, malgré tous les espoirs qu'il suscite, ne peut contrebalancer les trustards. D'autant qu'en 1933, Maurice Duplessis, avocat, venait de se faire élire à la tête du Parti conservateur du Québec. Or ce fils de juge, lui, n'est pas du tout naïf et bouscule en vrai «chef». D'un autre côté, le Parti conservateur a des sous, mais... pas d'idéal! Pourquoi ne pas se refaire une virginité en s'alliant à ces jeunes Croisés, quitte à les avaler par la suite? Toujours dans la perspective d'obtenir une caution morale, Duplessis obtient une rencontre avec Groulx, espérant que ce dernier lui gagnera les suffrages de la jeunesse. Mal lui en prend et, dès cette «première» en 1934, l'abbé jauge définitivement son homme:

> Esprit vif, surtout retors, mais capable du plus beau patinage de fantaisie autour des plus graves problèmes. Esprit superficiel en somme, et de combien peu d'élévation! [...] «Est-ce possible que nous ayons tant travaillé, tant peiné depuis vingt ans pour ce désolant résultat: mettre à la tête de la province un Maurice Duplessis[2]?»

Eh oui... tout est possible!

Élections du 25 novembre 1935: des libéraux fatigués

Dans un magouillage digne de King — «l'insurpassable comédien de la politique canadienne[3]» —, Duplessis fait paraître en 1935 une plaquette intitulée *Le catéchisme des électeurs*[4], dans lequel, sous forme de questions et réponses, il démontre la corruption du régime Taschereau, tout en ridiculisant ce dernier plus qu'abondamment. Des exemples? Dans un chapitre intitulé «Des taxes et des taxeux», on demande si Taschereau, «fidèle à ses promesses, a diminué les taxes?» Réponse: la liste *in extenso* de 112 taxes, nouvelles ou augmentées!

Veut-on quelques détails sur «le système de la Commission des liqueurs?»

> Ce système rappelle exactement celui qui fut créé et mis en force aux États-Unis par le roi des bandits (gangster) Al Capone. [...] La différence qui peut exister entre le système du gangster Al Capone et celui de la Commission, c'est que l'un était illégal tandis que l'autre était légalisé. Ajoutons une autre différence: la boisson d'Al Capone était reconnue aux États-Unis comme étant légèrement supérieure à la boisson de la Commission de Québec.

Quant au chapitre intitulé «Du *Family Compact*», on s'interroge:

> Y aurait-il, par hasard, des parents ou alliés de l'honorable Alexandre Taschereau qui vivent à même la crèche?
>
> Sans compter les femmes, il y a une quarantaine d'individus qui, parents ou alliés de M. Taschereau, vivent directement ou indirectement à la crèche ou de la crèche. Il s'agit évidemment d'une pure coïncidence!

S'ensuivent 46 noms — frères, fils, cousins, neveux et j'en passe — avec salaires et fonctions.

Ces renseignements permettent alors à l'abbé Lavergne de lancer un concours nouveau genre dans sa *Bonne Nouvelle*: aux 10 premiers lecteurs qui répondront correctement aux 4 questions suivantes, il fera parvenir — et c'est sérieux! — un Évangile. Et que demande-t-on?...

1. Quelle est la famille privilégiée à laquelle notre trésorier provincial verse bon an mal an 168 070 $?
2. Comment s'appelle le chef de cette famille?
3. Que fait-il?
4. Quel montant lui donne notre trésorier provincial[5]?

Enfin, le 7 novembre 1935, coup de tonnerre dans la pérennité libérale, Duplessis et Gouin déclarent à la radio leur alliance. Contre Taschereau, «l'ennemi commun», ils ne présenteront qu'un candidat — soit conservateur, soit de l'Action libérale nationale — par comité et, une fois victorieux, Duplessis sera le «chef» du nouveau parti maintenant appelé l'Union nationale, mais Gouin nommera la plupart les ministres! Gouin se révélait moins perspicace que Groulx...

Le dimanche 17 novembre, un nouvel orage éclate dans un ciel rouge. Malgré l'interdiction faite au clergé une soixantaine d'années auparavant d'exercer toute influence indue auprès des électeurs, l'increvable curé Lavergne déclare du haut de sa chaire de Notre-Dame-de-Grâces à Québec:

> Je vous ai promis dimanche dernier que je vous dirais comment voter [ce qui, évidemment, a attiré curieux et journalistes]. Je vais tenir parole. [Et aux journalistes qui s'apprêtent à prendre des notes:] Ne vous fatiguez pas avec vos crayons et vos calepins. [...] C'est écrit[6]. Si vous en voulez, je vous fournirai moi-même des copies. [Et aux fidèles: délaissez] l'esprit de parti [... et] les mânes de Laurier et de Mercier. [...] Laissez aussi de côté les élections fédérales. Il ne s'agit pas ici du gouvernement d'Ottawa dont le compte est réglé, mais du régime qui nous écrase à Québec dont il faut régler le compte. [... Il faut avant tout] libérer la province des chaînes que lui font porter les puissances d'argent acoquinées dans de multiples directorats avec les puissances politiques rouges. [... Et s'ils sont encore élus cela signifiera] que dans la province de Québec, la fierté nationale est morte, que la liberté agonise et que la nation est en deuil. Prions Dieu que dans sa miséricorde, il [...] nous préserve d'une telle calamité, [... et] daigne Notre-Dame-des-Victoires, nous assurer le triomphe contre les éléments mauvais qui combattent notre vie nationale et religieuse.
>
> Ainsi soit-il.

Malgré ce sermon et malgré le fait aussi que *L'Action catholique* et son pendant *Le Devoir* s'entendent pour démolir ce neveu déchu de cardinal[7], Taschereau[8], en ce soir du 25 novembre 1935, remporte à nouveau les élections, mais avec, cette fois, 48 députés plutôt que 79, alors que l'opposition passe de 11 à 42, dont 26 actionnistes et 16 conservateurs. Toutefois — «Québec me voici» —, Duplessis est devenu le chef de l'opposition!

Élections du 17 août 1936: des conservateurs fatigants

Contre la «clique de Taschereau» et ses «maîtres-ès-perfidies» — ainsi sont qualifiés les libéraux dans *Le Journal*, périodique conservateur de Québec alors animé par Bona Arsenault, futur ministre libéral! — tous se déchaînent. Les acclamés depuis quarante ans deviennent responsables de tous les maux et la Crise dépend sans doute d'eux, puisque

> TOUS les intellectuels qui se disent de gauche — donc à tendance plus ou moins communiste — émargent [...] au compte en banque de Louis-Aristide Taschereau et servent les intérêts des canailles orangistes et des crapules de la rue Saint-Jacques[9].

À ce «gauchiste notoire[10]» qu'est Taschereau le «trustard» notre clergé oppose Paul Gouin, porteur du message jésuitique de la *Restauration sociale*, et Duplessis, lesquels

> venus des deux partis, ont rompu leurs liens, et librement face au public se sont donné la main pour lutter ensemble et libérer la Province [...] des trusts qui nous pressurent et nous volent au bas mot un milliard par année[11].

Comme si les intellectuels, gauchistes, clercs et nationalistes ne suffisaient pas, Duplessis enfonce deux clous supplémentaires: une enquête sur les dépenses publiques et une réédition de son *Catéchisme*!

Au cours des mois de mai et de juin 1936, il mène tambour battant les séances du Comité des comptes publics. Systématiquement, tout rouge, avant même qu'il ouvre «la bouche, [se voit qualifié par Duplessis] de canaille, de débris d'ancien régime, de prévaricateur. [...] C'est un lieu de torture comme on n'en invente qu'en Russie[12].»

Les résultats sont toutefois probants. Toute la famille Taschereau pige dans les fonds publics, à commencer par Antoine, frère du premier ministre, qui, à titre de comptable de l'Assemblée législative, dépose les fonds publics à son compte personnel, ce qui lui permet d'en retirer les intérêts, et en continuant par ses fils Robert et Paul, avocats «des compagnies ayant besoin des faveurs et privilèges du gouvernement». Mais la révélation la plus cocasse fut que le ministre de la Colonisation, Irénée Vautrin, s'était fait payer une «paire de culottes» par son ministère pour une visite des colonies. Si le ridicule ne tue généralement ni les politiciens ni les snobs, cette fois, «les culottes à Vautrin» seront dévastatrices! Dépassé et déphasé, Taschereau, qui a soixante-dix ans, démissionne le 11 juin et se fait remplacer à la tête du Parti libéral par Adélard Godbout, jusqu'alors ministre de l'Agriculture. Notre Thémis Duplessis, chassant les «voleurs du temple[13]», peut s'écrier, sans même sourire:

> La lutte actuelle n'est pas une lutte bleue, rouge ou de toute autre couleur; c'est la lutte de l'honnêteté contre la canaillerie. [...] C'est le cri de toute une race dont nous sommes l'écho. [...] Dehors la canaille et vive les honnêtes gens[14]!

C'est alors que, pour parfaire le tout, Duplessis fait publier, comme nous l'avons déjà mentionné, une seconde édition de son *Catéchisme*[15] afin de «mener à bonne fin le travail [...] commencé le 25 novembre dernier», car

> un grand vent de justice va bientôt passer sur la province, orage bienfaisant qui emportera les fils d'araignées, la vermine, les replâtrages, les déchets, les ordures, les oripeaux et... les masques du Régime.

Et comme

> le régime Taschereau-Godbout se cramponnait désespérément au pouvoir depuis le 25 novembre dernier et ne pouvait durer devant la réprobation universelle du corps électoral qui avait été volé, trahi et vendu lors de cette élection,

Maurice Duplessis, l'homme du «réveil national», enfourchant sa rossinante, s'engage à démolir, entre autres,

> le plus pernicieux des trusts dans la province de Québec, [...] le trust de l'électricité [... comprenant] quatre ou cinq grandes compagnies [... où «crèchent» les Taschereau-Godbout, et] qui tiennent la majorité des journaux dans le silence à coups d'annonces formidables et qui gavent leurs directeurs d'opulents dividendes.

Devant cette confusion généralisée, la session est prorogée et les élections sont fixées au 17 août, ce qui fait dire à Duplessis: «Avec un régime aussi dissolu, la dissolution s'imposait!»

La campagne a porté fruit puisque, en ce soir du 17 août 1936, la province subit un balayage conservateur, alors que l'Union nationale remporte 76 sièges contre 14 pour les libéraux. Godbout est défait, et Gouin... muet! Nationalistes, anti-trustards et clercs jubilent, et Paul Bouchard, dans *La Nation*, pense que l'heure du séparatisme a sonné! Mais comme «rien ne change au pays du Québec», nous verrons que, politiquement, Duplessis déçoit encore plus rapidement que prévu. En ce qui a trait à l'économie, la remontée est déjà amorcée depuis 1934, et, quant à notre québécitude, elle s'exacerbe à la pensée d'une participation à un prochain conflit mondial. Tel est le triptyque que nous examinerons pour ce premier mandat duplessiste.

Du pareil au même

Si, depuis une dizaine d'années, les Québécois réclamaient à grands cris un «chef», avec Duplessis, ils en auront un, mais pas celui qu'ils escomptaient. Grâce à son travail de «tortionnaire» durant les audiences du Comité des comptes publics, à son sens inné de la repartie, à son entregent vaguement populiste et à son manque complet de scrupules politiques, il a totalement éclipsé Gouin et les idéalistes de l'Action libérale nationale, pour s'affirmer le «seul ministre, les autres, dira le syndicaliste Philippe Girard, font le balayage des bureaux[16]».

À peine au pouvoir, il imite exactement les pratiques de favoritisme reprochées avec tant de véhémence à Taschereau. Hauts fonctionnaires et avocats rouges sont immédiatement remplacés par des bleus, et tous les contrats gouvernementaux sont donnés aux «fournisseurs de caisse électorale». Quant à la fierté nationaliste éveillée par Gouin et ses fidèles, le nouveau «cheuf» — comme il sera appelé de 1944 à 1959 alors qu'il brandira l'étendard de l'autonomie provinciale — la renvoie aux calendes britanniques. Il était mortifiant d'avoir toujours un trésorier anglophone? Duplessis s'empresse d'en nommer un autre, Martin-Beattie Fisher, député de Huntingdon. La Royal Bank of Canada — multi-trustarde — finance le gouvernement, pendant que les assurances des fonctionnaires sont accordées à la Dominion Life d'Ontario. M. Aplaventrisme-Thomas Chapais, qui avait été nommé président du Conseil législatif en... 1895, le redevient le 7 octobre 1936, en plus d'être nommé ministre[17]. Mais là où Duplessis se surpasse, c'est lorsqu'il refuse carrément toute nationalisation des ressources hydro-électriques, alors qu'à peine quelques semaines avant les élections, pour se gagner les actionnistes, il avait signé — avec une vingtaine de ses candidats — l'engagement formel de procéder à ladite nationalisation! Cette fois, les ex-membres de l'Action libérale nationale — dont aucun n'a été nommé à l'exécutif — comprennent qu'ils ont été totalement bernés. Aussi, dès février 1937, le docteur Philippe Hamel, infatigable champion de cette éventuelle étatisation, demande-t-il — avec nombre d'actionnistes — la démission de Duplessis. Ce dernier se contente de les traiter d'«hydro-maniaques»!

❑

Avant les élections d'août 1936, tous se liguaient contre Taschereau. Quelques mois après, Duplessis subit le même sort! Admettons que le contexte — crise économique et montée des dictatures — favorise les exaltés de tout acabit. «*Left... right... left*» hurleront bientôt nos *drillers* patentés; gauche... droite... gauche pour l'instant vont se bousculer. Et malheur au pouvoir!

Tous cherchent une cause, et l'Espagne — pas celle des châteaux! — la fournira. Aux élections hispaniques de février 1936, l'*Espagne rouge*, celle des prolétaires et paysans, républicaine et anticléricale, défait l'*Espagne noire*, celle de la noblesse et de l'Église gorgées de terres et de *pesetas* et s'appuyant sur l'armée. Ces deux positions totalement inconciliables provoqueront, durant trois ans, des massacres dignes de tous les *conquistadores*, alors que, selon le mot d'Hemingway, tous s'entre-égorgeront «pour Dieu et pour le diable». L'Occident déchiré lui-même entre démocraties et dictatures en fera son cobaye préféré. Mais qu'allait donc faire le Québec dans cette galère?

Les extrémistes incitant forcément à une réaction extrême, les communistes, comme nous le verrons, commencent à s'agiter même dans le catho-Québec. Ils se doivent donc d'appuyer le *Frente Popular* de l'*Espagne rouge* et recrutent à cet effet le bataillon Mackenzie-Papineau, comptant quelque 1200 hommes, dont... une trentaine de Québécois francophones. Il faut comprendre que, catholicisme et communisme étant de toute éternité aux antipodes l'un de l'autre, il sera plus aisé de «faire parader [à Montréal] cent mille hommes en prières lors de la fête du Christ-Roi» en octobre[18] 1936, que d'y accueillir en ce même mois une délégation d'Espagnols désireux de nous expliquer les positions de leur gouvernement républicain. En effet, alors que ces derniers avaient été invités par le professeur Frank Scott de l'université McGill à y exposer leurs idées, près de 300 étudiants de l'Université de Montréal, ne se limitant pas à empêcher cette rencontre, fracasseront «les vitrines de commerces juifs[19]» environnants! On peut se douter qu'on ne déroulera pas le tapis rouge en avril 1937 pour recevoir cette «resplendissante canaille[20]» qu'est l'André Malraux des Brigades internationales…

Nous nous contenterons plutôt — et il n'y a pas de quoi pavoiser — de créer contre le Frente Popular notre Front commun autonomiste[21], annonçant, entre autres, un «Grand meeting du mouvement séparatiste et fasciste contre le Front populaire et le parti communiste[22]». Ajoutons à cela la parution de quelques brochures — *La vérité sur l'Espagne*, *À propos de la guerre civile en Espagne*, où, précise-t-on, «on a joué au football avec le crâne du grand évêque Torras y Bages[23]» — et nous avons là le tableau de «notre participation».

Mais si l'Espagne et le football n'embrasent pas nécessairement le cœur de tous les Québécois, même de droite, il n'en va pas de même des problèmes économiques bien de chez nous, domaine où la gauche trouvera son compte.

Forcément, la Crise a conscientisé le prolétariat. Lorsque l'économie était à son plus bas — principalement en 1933 —, la situation était telle qu'on ne pouvait pratiquement pas songer à la grève comme moyen de pression. Mais avec la lente reprise, on commence à relever la tête. En outre, nous avons vu que, depuis 1927, le Parti communiste canadien avait permis l'ouverture d'une première section francophone du parti au Québec, laquelle, on s'en doute, avait été violemment combattue, principalement par le Comité des œuvres catholiques de Montréal. Malgré tout, l'Université ouvrière d'Albert Saint-Martin ainsi que quelques universitaires de McGill et de Sir George-Williams parviennent à susciter un certain intérêt pour les mouvements de gauche auprès des laissés-pour-compte. Et même si le fasciste Jean-Louis Gagnon affirme: «Quand l'ouvrier travaille et qu'il a de quoi faire une vie propre, il n'a pas le temps d'être communiste[24]», le périodique communiste *Clarté*, né à Montréal le 14 janvier 1935, n'en tire pas moins à 3000 exemplaires, dont plusieurs pour «intellectuels de gauche». Enfin, le Parti communiste canadien, interdit depuis 1931 par le gouvernement Bennett, redevient légal à compter de juin 1936, grâce aux libéraux de King. Telle est la situation «gauchiste» lorsque Duplessis l'ambigu — mais le questionnement face à sa politique sociale ne durera guère — prend le pouvoir le 17 août.

Six semaines plus tard, peut-être pour l'inciter à s'orienter dans la «bonne voie» dès le début, l'archevêque coadjuteur de Montréal adjure ses fidèles de se prémunir contre les tactiques communistes, atteignant à «la perfection, [... et consistant à] noyauter [...] tous les organismes essentiels [... afin] de paralyser au moment voulu les moyens de défense de la société[25]».

Et faisant preuve d'une perspicacité qu'aurait eu avantage à posséder notre intelligentsia québécoise de 1975, il ajoutait: «Si nos intellectuels voulaient se rendre compte qu'ils sont manœuvrés par des meneurs beaucoup plus habiles qu'eux, ils reviendraient sans doute à la prudence[26]».

Mais qu'il est doux — chuchotait la noblesse française pré-guillotine — de faire semblant qu'on est libéral... Contentons-nous pour l'instant de Maurice Le Noblet — c'est bien son nom! — Duplessis et constatons qu'on voit alors du communisme partout. À un tel point que, au début de mars 1937, après avoir voté comme des moutons les crédits militaires demandés par King et Lapointe, nos députés libéraux au fédéral, accusés d'impérialisme par leurs électeurs québécois, répondront qu'ils ont agi de la sorte «pour protéger le clergé, les églises et les presbytères contre les communistes[27]».

Devant une menace aussi évidente qu'imminente — et sans même attendre son pont télédynamité en janvier 1951 depuis Moscou... —, Duplessis fait adopter, le 17 mars, la Loi dite du Cadenas. On y stipule en particulier:

> [qu']il est illégal pour toute personne qui possède ou occupe une maison dans la province de l'utiliser ou de permettre à une personne d'en faire usage pour propager le communisme ou le bolchevisme par quelque moyen que ce soit.

On prend bien soin de ne définir ni le communisme ni le bolchevisme, et on permet au procureur général, sur «preuve satisfaisante» et sans que l'accusé puisse se défendre, de faire «cadenasser» tous ces hauts lieux de perdition, droit dont il se prévaudra à cinq reprises entre novembre 1937 et avril 1938[28].

Le 1er septembre 1937, Duplessis récidive avec sa «Loi des salaires raisonnables», permettant à l'État de «substituer son arbitrage» à la libre négociation entre employeurs et employés. Et l'année suivante, il interdit l'«atelier syndical fermé», laissant ainsi la liberté au travailleur de s'affilier ou non au syndicat reconnu, et l'affaiblissant d'autant.

Toute cette législation patronaliste provoque rapidement la mobilisation ouvrière et, définitivement, le désenchantement des actionnistes. Trois jours seulement après sa «loi du Cadenas», on se demande dans *Clarté* si «Duplessis veut [...] célébrer le centenaire de 1837 en répétant les actes de répression d'alors[29]», considérant que «depuis neuf ans, les suceurs de sueur humaine se gavent de la misère du peuple[30]». C'est ce qui s'appelle jouer avec le feu... Si bien que Duplessis, également procureur général, fait cadenasser les bureaux de *Clarté* le 16 novembre 1937. Quatre jours plus tard, le périodique paraît à nouveau, clandestinement, en titrant: «Avis à Duplessis. Personne, jamais, n'étouffera *Clarté*». Et enfourchant Pégase, le journal poursuit:

> Chômeurs disparaissez, Duplessis se réveille,
> Et en dictateur vil le pouvoir l'a changé,
> Quel est dans Montréal ce journal égorgé?
> Tremble politicien, tremble homme perfide,
> Des droits des citoyens malheureux homicide,
> De son amour pour toi, Québec s'est dépouillé,
> Ton régime à ses yeux est infâme et souillé, [...]
> Duplessis a détruit nos moindres libertés[31].

Les suites ne se font pas attendre: alors que, pour les années 1935-1936 et 1938-1939, les ouvriers totalisent une moyenne annuelle de 23 000 journées de grève, ils en accumuleront 358 000 pour la seule années 1937[32], dégoûtés qu'ils sont «de travailler, de suer et de se faire mourir pour enrichir quelques millionnaires[33]». On peut comprendre que, dans un tel contexte, même si *Le Devoir* s'offre le luxe élitiste de disserter sur «les sources empoisonnées du communisme[34]», les «fils de Marx» décuplent au Québec leurs effectifs, si minimes soient-ils[35], tandis que les unions internationales, sérieusement concurrencées par les syndicats catholiques au plus fort de la Crise, et détestées par un Duplessis incapable de les dominer, regroupent en 1938 un peu plus de 80 % des syndiqués!

Aux gauchistes et droitistes anti-duplessistes vont bientôt s'ajouter les centristes! En effet, nombre d'étudiants, décontenancés par tous ces charriages idéologiques, réclament une formation pratico-chrétienne qui leur permettrait de jouer éventuellement un rôle utile dans la société. Or un jeune dominicain, le père Georges-Henri Lévesque, qui avait étudié la sociologie en France de 1931 à 1933, sera happé dès son retour par le père Archambault «pêcheur d'hommes», pour démolir le *Regina Manifesto* de la Cooperative Commonwealth Federation paru en 1933. Nous avons vu que, dès le mois de mai de cette même année, dans la brochure intitulée *Pour la restauration sociale au Canada*, le père Lévesque mitraillait cette «conception matérialiste de la société», alors que le père Chagnon, lui, proposait une restructuration de la société en préconisant un corporatisme où l'État interviendrait en faveur des démunis. Nous savons que l'Action libérale nationale de Gouin adoptait la majeure partie de ces recommandations pour son programme politique et que Duplessis prenait le pouvoir en s'alliant aux actionnistes et en simulant l'acceptation de ces beaux principes. Il y avait donc là une demande, que Duplessis s'empressera de décevoir! Le père Lévesque, charismatique s'il en fut, convainc le cardinal Villeneuve de la nécessité de créer une faculté de sciences sociales à l'Université Laval. Et six mois avant son ouverture, on s'enthousiasme déjà, car on a constaté que

> [...] trois choses manquent à notre élite ou, si on aime mieux, à notre classe instruite: des connaissances sociales, du dévouement, puis une ambiance. Notre ferme espoir, c'est que l'École des sciences sociales et politiques puisse procurer à notre classe instruite les connaissances propres à susciter chez elle un normal désir de dévouement, puis à engendrer une ambiance au milieu de laquelle les esprits un peu sociaux cesseront d'apparaître comme des fous en liberté[36].

Aussi, affirme-t-on avec le début des cours que:

> Sous la direction habile, fascinatrice et pratique du R.P. Lévesque, quelques-uns des pionniers du mouvement social catholique canadien-français et les plus brillants de nos jeunes professionnels formeront des chefs capables de faire triom-

pher la sociologie catholique dans tous les domaines de notre vie économique[37].

Et effectivement, parmi «les plus brillants», on retrouve, entre autres, le rubicond juriste Marie-Louis Beaulieu pour l'enseignement du droit du travail, l'infatigable notaire Joseph Sirois pour le droit constitutionnel et le renommé philosophe thomiste Charles de Koninck pour la méthodologie des sciences. Ces jeunes intellectuels aussi passionnés qu'idéalistes exerceront une influence puissamment libéralisante sur la pensée de la génération montante, et se mettront d'autant à dos un Duplessis sarcastique, lorsqu'il reprendra le pouvoir en 1944.

Une très lente reprise économique

En 1936, la production québécoise rejoint celle de 1929. Après sept années de misère et d'interrogation, on semble de plus en plus convaincu que, pour contrer la mainmise des anglophones sur l'industrie et des Juifs sur le commerce, «la dernière planche de salut des Canadiens français», comme l'écrit Victor Barbeau, réside dans la coopération. Et si le père Lévesque, en digne fils du *Bœuf muet*, place l'Évangile en premier lieu, il le fait suivre immédiatement par «la coopération, l'arme la plus puissante qu'un peuple puisse avoir entre les mains[38]». En somme, depuis les caisses populaires Desjardins en passant par *L'Action catholique*, le programme de *Restauration sociale* et son adoption par l'alliance provisoire Gouin-Duplessis, on se répète *ad nauseam* que c'est avec des sous qu'on fait des dollars. Et ça va… Mais le problème, c'est qu'il faut des dollars pour faire des millions, et là, ça va beaucoup moins. Et de toute façon, Duplessis s'est empressé de renier les actionnistes pour instaurer son propre programme: l'opportunisme. Ce en quoi il ne déroge guère aux traditions bien établies par ses prédécesseurs, sauf que ça semble plus évident chez lui, même s'il tente de camoufler son absence de politique économique derrière le bel étendard de l'«autonomie provinciale» — alors qu'il troquera aux Américains nos richesses naturelles contre des fonds pour ses élections et des salaires pour ses électeurs — et derrière de théoriques surplus budgétaires, tout en endettant la province à un rythme jusqu'alors insurpassé, que seul Trudeau dépassera par la suite au fédéral. Mais revenons au premier mandat de Duplessis…

Dès 1936, Duplessis instaure le Crédit agricole provincial, qui, tout en étant rentable électoralement, se révélera particulièrement bénéfique pour ses quelque 10 000 bénéficiaires, dont 99 % rembourseront leur emprunt. Cette même année, il accepte le programme fédéral des pensions de vieillesse pour lequel on payait sous Taschereau, mais que ce dernier refusait parce qu'elles étaient de compétence provinciale. Et en 1937, il fait octroyer des pensions aux aveugles et aux mères nécessiteuses.

Mais, en fait, aucune ligne directrice n'oriente cette politique de bouts de chemin. En veut-on quelques exemples? Les indépendantistes, qui n'ont même pas réussi à obtenir la nationalisation de l'électricité pour laquelle Duplessis avait donné son accord *signé*, parlent maintenant d'étatiser «les banques, [...] le téléphone et le tabac[39]».

Nombre de catholiques nostalgiques considèrent que:

> Pour restaurer cette société mal bâtie, une chose s'impose: l'étude d'une doctrine sociale dont on s'inspirera pour concevoir enfin une architecture économique rationnelle. Et cette doctrine sociale, c'est celle de l'Église, juste milieu entre deux doctrines également pernicieuses: la prétention injuste d'un certain capitalisme vicié, puis l'utopie égalitaire du socialisme[40].

À partir de cette «triple évidence», une quatrième s'impose: «Il faudrait voir dans le retour à la terre bien organisé l'un des principaux remèdes à la crise[41]». Un autre son de cloche se fait pourtant entendre:

> La nature veut que le Canada français soit un domaine forestier et un pays industriel. [... Et] si on persiste à condamner les Canadiens français à une vocation agricole, ils seront un jour forcés, comme leurs grands-pères, d'aller exercer leurs aptitudes loin du sol natal[42].

Car, comme le précise aux physiocrates le toujours tranchant Jean-Charles Harvey:

> Vous ne tenez nullement compte des faits de nature et d'histoire. Vous allez contre Dieu même. C'est pourquoi, la seule colonisation rationnelle que pouvait faire la province de Québec était une colonisation de concitoyens et non d'ermites.

> [...] Le nationalisme commercial, ça n'existe pas; c'est un mensonge énorme dans la bouche des ignorants ou des fourbes ou des démagogues[43].

Mais que nous reste-t-il donc, si on ne veut pas être fourbe, contre Dieu et pour un capitalisme ou socialisme également viciés? Pas grand-chose, sauf pour les Québécois de constater «qu'ils constituent une population entretenue presque malgré elle par la richesse de ses ressources naturelles[44]».

À l'aise dans ce bourbier, et tripotant dans le budget divisé en dépenses ordinaires, extraordinaires et capitales, Duplessis annonce triomphalement pour son troisième budget en février 1938 qu'il se retrouve avec un surplus de 4 millions de dollars, alors que, depuis son arrivée au pouvoir un an et demi auparavant, il a endetté la province de 73 millions[45]! Taschereau enfoncé...

Que conclure? Évidemment, comme partout en Occident — le phénomène ne dépend surtout pas de Taschereau ni de Duplessis — on connaît une légère, très légère reprise. Mais il faudra attendre la guerre pour que tous les Azarius Lacasse de Saint-Taudis puissent enfin redonner par leur mort un sens à la vie. En attendant, on constate que les nostalgiques de la terre n'ont plus qu'à se terrer, puisque la production agricole ne compte plus que pour 10 % en 1939 contre 64 % pour l'industrie, avec capitaux américains et sueur québécoise, situation de laquelle découle d'ailleurs le seul aspect réellement positif: nos ressources hydro-électriques comptent pour la moitié de celles du Canada tout entier. Par contre, au cours des trois années de son premier mandat, Duplessis a réussi ce tour de force de doubler la dette provinciale — laquelle atteint 340 millions en 1939[46] — tout en créant le mythe persistant d'une excellente administration avec d'infaillibles surplus budgétaires.

TABLEAU II
Situation économique du Québec, 1929, 1933, 1936, 1939*

	1929	1933	1936	1939
Population	2 700 000 (app.)	2 950 000 (app.)	3 100 000 (app.)	3 220 000 (app.)
Revenus gouvernementaux ($)	43 585 000	28 283 000	46 280 000	60 836 000
Dépenses gouvernementales ($)	39 375 000	33 877 000	42,311 000	55 948 000
Dette consolidé nette ($)	54 023 000	98 020 000	160 878,000	339 804 000
Production industrielle ($)	1 106 475 000	604 497 000	859 687 000	1 046 000 000
Valeurs des récoltes ($)	153 664,000	67 512 000	91 276 000	88 376 000
Importation ($)	320 549 000	131 984 000	174 000 000	220 394 000
Exportations (S)	422 136 000	238 338 000	339 039 000	333 679 000
Part de la province de Québec dans le commerce global du Canada (%)	27,9	39,3	35,9	35,1
Forces hydrauliques, c.v.	2 595 000	3 493 000	3 883 000	4 085 000

Sources: *Annuaire statistique, Québec*: 1934, 1940.
Canada, 1934, 1940.

* Années charnières:
1929: prospérité
1933: au creux de la Crise
1936: prise du pouvoir par Duplessis
1939: perte du pouvoir par Duplessis et début de la Deuxième Guerre mondiale

Chicanes de famille sur fond d'hécatombe

Si tout semble prêt à exploser en Europe, chez nous perdurent les éternelles disputes entre les «deux solitudes». Nous verrons que durant ces quelques années de totale incertitude précédant la guerre, l'Église porte en triomphe sa fidélité alors que les séparatistes s'enfièvrent et qu'un Groulx plus adulé que jamais cultive l'ambiguïté patriotique.

Pour fêter le vingt-cinquième anniversaire d'accession au trône de «Georges [*sic*] V, notre Souverain, et de sa gracieuse épouse la Reine Marie», «L'Éminentissime Cardinal» Villeneuve ainsi que «nos Seigneurs les Archevêques et Évêques» décident d'organiser le 5 mai 1935, «une solennelle cérémonie religieuse dans toute notre Province». Profitant de cette occasion rêvée, l'ex-séparatiste Villeneuve fait parvenir le 8 avril, de son «palais cardinalice», une lettre pastorale[47] à tous ses clercs et fidèles. Après avoir rappelé à ses ouailles que «celui qui résiste à l'autorité légitime résiste à Dieu», et salué au passage la conduite digne de tout éloge de nos premiers prélats, il précise:

> Au fait, pour celui qui considère d'un œil serein l'histoire de notre province depuis deux siècles, n'y a-t-il point lieu d'admettre, selon l'évidence, qu'une miséricordieuse Providence l'a enveloppée de tendresse et qu'elle s'est servie à cette fin, nonobstant les vues et les passions humaines, du sceptre des rois d'Angleterre, lesquels nous ont couverts de leur prestige dans l'univers.

Louons par la même occasion le récent statut de Westminster, «récompense d'une indiscutable loyauté» maintes fois renouvelée, qui a permis à l'Angleterre de conserver sa colonie, notamment en 1775 grâce à Mgr Briand, d'une «sagesse admirable», et, en 1812, grâce à Mgr Plessis, «esprit d'une si large envergure et caractère si fortement trempé». En somme, ils furent — et tout «historien juste» l'admettra — les «sauveurs de la race française en Amérique». Poursuivons donc dans cette voie, et «le Canada constituera de la sorte, aux regards du monde, l'un des plus beaux joyaux du Domaine royal et impérial de Sa Majesté George V». N'est-ce point là la grâce ultime que tout «patriote éclairé» ne peut que souhaiter? Après tout, la liberté religieuse reconnue par l'Acte de Québec, ça exige une certaine reconnaissance, non?

NON, clament en chœur les séparatistes Pierre Chaloult et Jean-Louis Gagnon dans leur mensuel *Vivre* fondé en 1934, et NON répètent encore entre 1935 et 1937 les séparatistes Patrice et Dostaler O'Leary, Michel Chartrand, Philippe Vaillancourt, Jean Séguin, ainsi que les pères Carmel Brouillard et Rodolphe Dubé des Jeunesses Patriotes ayant succédé aux Jeune-Canada, et NON toujours proclament les séparatistes Paul Bouchard, Albert Pelletier, Roger Vézina et Pierre Letarte dans leur hebdomadaire *La Nation* fondé en 1936[48].

Cette belle unanimité négativiste se poursuit selon les moyens envisagés pour *bouter les Anglais hors du Québec*, dirons-nous en nous inspirant de la tolérante Hélène Jobidon[49]. Pour combler nos carences économiques, et se prenant pour Papineau, Jean-Louis Gagnon préconise le boycottage des marchandises britanniques, parce que, enchaîne-t-il: «Papineau, au contact de la réalité brutale, s'était bien mis dans la tête que l'Anglais possédait une anatomie particulière: pas un cœur — un signe de piastre[50].»

Albert Pelletier pense de la même façon lorsque, après avoir constaté que cette faiblesse économique, due à «la constitution de 1867 [... qui] fut un asphyxiant», il conseille à ses compatriotes de cesser leur «xénophilie» et d'acheter *maison*[51].

Quant au fameux *fair-play*[52], ineptie mythifiée,

> c'est avec cette mystique que les *Britishers* ont déporté les Acadiens, ont assassiné les héros du Transvaal, ont affamé toute l'Irlande, ont trucidé les Égyptiens, continuent à asservir 250 000 000 d'Hindous. Crève l'humanité pourvu que Londres devienne le nombril du monde.

De fait, précise Marcel Hamel, «la truie grasse» ne songe qu'à «manger du Boer, du Nègre, du Papou, de l'Égyptien, de l'Australien, de l'Hindou, du Canadien, de l'Arabe et du Juif[53].» Soyons donc réalistes:

> Les rêveurs et les désaxés, ce ne sont pas nous, mais bien plutôt ceux qui croient encore et malgré tout ce qu'enseigne la vie quotidienne, en ces châteaux de cartes qui nous tiennent lieu de vie nationale et s'appellent la bonne entente, le «*british fair play*», le bilinguisme intégral et cette charte bâtarde qui les résume tous: la Confédération, [...] régime qui ne survit plus chez nous que par la puissance gélatineuse du *statu quo*.

Aussi, poursuit Pierre Chaloult, imitons la Pologne, la Yougoslavie, la Tchécoslovaquie, le Portugal, l'Irlande, l'Allemagne et l'Italie qui se sont récemment affranchis. Autrement, il semble

> [qu']il n'y aurait donc que nous qui refuserions d'agir et de nous réveiller? [...] Si notre inertie est un fait regrettable, elle n'est pas une raison de persévérer dans notre état d'esclavage[54].

Les déménagements du 1er mai. *Source: Musée McCord,* MP 105/84 (21), c. 1930.

«Le p'tit gars de Sainte-Marie.» *Source:* Normand Hudon, *La tête la première,* Québec, Institut littéraire, 1958.

«Baptême! qu'est-ce que vous avez à tant brailler contre les Juifs, vous êtes tout le temps fourrées chez eux pour vos achats.» *Source*: J. Charlebois, *Montréal juif*, Montréal, Bilaudeau, 1913.

«Sans le séparatisme…» Juifs et Anglais nous décapiteront. Dessin d'Hélène Jobidon. *Source: La Nation,* 25 juin 1936.

«Bon Pasteur Adolf.» *Source: Le Jour,* 12 novembre 1938.

Le *Fair play*. *Source: La Nation,* 7 mai 1936.

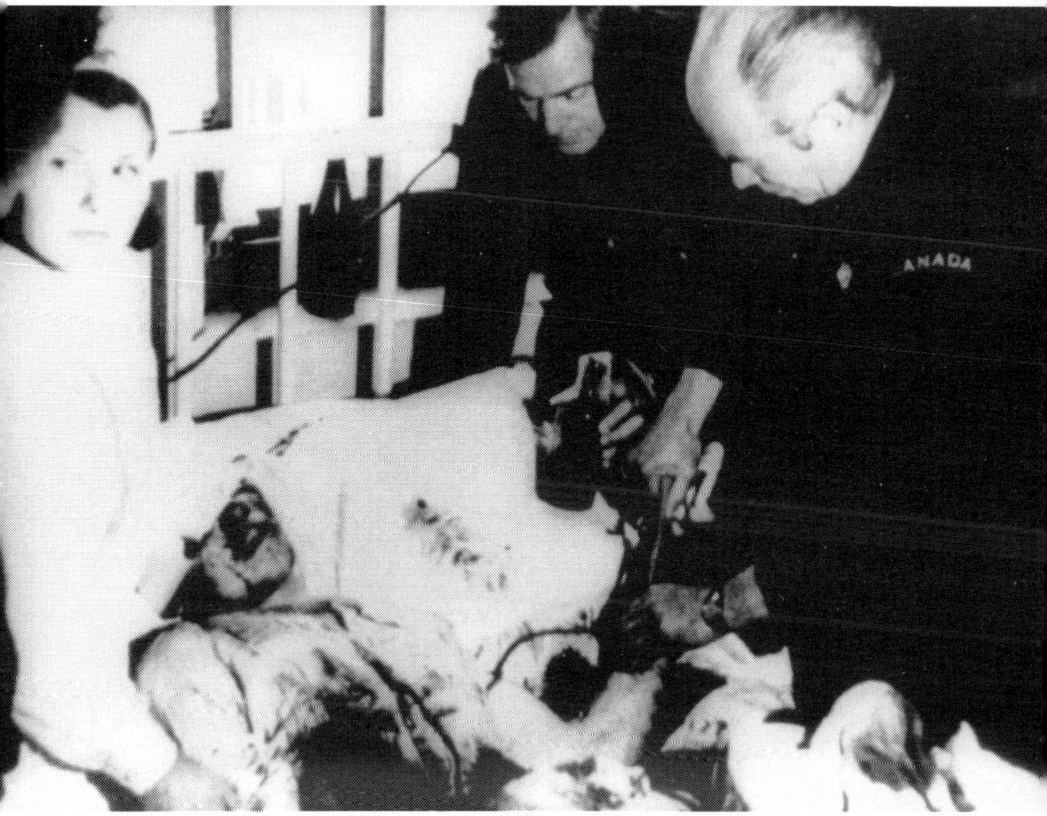

Le Dr Béthune (à droite) opérant en Espagne. Il est assisté par Henning Sorenson, infirmière canadienne. Le Dr Béthune organisa le Servicio Canadiense de Transfusion de Sangre. *Source: ONF,* Série 1, vol. 27. *La politique extérieure du canada 1919-1939.* Diapositive 19.

«Le seul ministre…» *Source: Le Jour,* 30 juillet 1938.

Maurice — Mon cher Adélard c'est le seul cadeau que je puis te laisser

Adélard — Je vais te le dégonfler ton cadeau!

La succession de Duplessis. *Source: Le Jour,* 11 novembre 1939.

Les Azarius Lacasse de Saint-Taudis… *Source: Le Jour,* 7 octobre 1939.

Montréal pavoise. 18 mai 1939. Conrad Poirier, photographe. *Source: ANQ,* M.P. 48/14/4225.

Et au tour des Mohawks… «*awaiting the Great White Father and Mother*», 18 mai 1939. Carte postale. *Source: ANQ,* M.P. 144/3/702.

Les «*so charming french speaking people*», tels qu'illustrés par une brochure provinciale. Sans date.

Et que pense notre mage de cet esclavage?

«L'ambiguïté groulxiste»

Certes, nul n'en disconviendra, l'abbé historien fut toujours aussi profondément et clairement catholique que patriote. Mais de là à prétendre — comme le font certains de ses défenseurs à tout crin et sans nuances — qu'il n'a jamais joué la note séparatiste et frôlé une glorification vaguement raciste pour son «petit peuple», il y a sans doute un Saint-Laurent à ne pas franchir.

Nous avons vu que, depuis sa nomination à titre de professeur d'histoire du Canada à l'Université de Montréal en 1915, et la direction de la revue *L'Action française* qu'il assume peu après, l'abbé Groulx s'est incontestablement affirmé comme la plaque tournante de la pensée nationaliste québécoise. Dans la vingtaine d'années qui suivent, il multiplie de façon littéralement incroyable écrits et conférences sur ce sujet.

Dès les premiers grenouillages duplessistes, il juge et jauge l'homme et lui refuse tout semblant d'appui. Pendant que ce dernier écrase par tous les moyens Taschereau le népotique, Groulx, lui, s'attaque aux problèmes majeurs de l'heure. En pratique, ce qui fait sa force et son succès, c'est qu'il tente de les résoudre, et trouve invariablement le moyen de redonner espoir et fierté à ses compatriotes.

Le 12 février 1936, devant la Jeune Chambre de commerce de Montréal, il prononce une conférence intitulée «L'économique et le national[55]». À partir de cette idée qu'il n'y a «de peuple et d'État viables [.. que s'ils sont] maîtres de leur vie économique», et constatant que notre «majorité est à la remorque de la minorité», ce qui fait de nous «un peuple de manœuvres et de domestiques», il recommande que notre patrimoine national — sol, sous-sol, travail et fruits de ce travail — demeure «principalement aux mains des nationaux». Car après tout, «ce n'est pas prendre la place des autres que de prendre la nôtre[56]». Pour être bien franc, le discours ne défonce rien, mais ces truismes sont énoncés avec une telle passion par un homme d'une telle intégrité qu'ils emportent l'enthousiaste adhésion des jeunes.

Dans un domaine où il évolue sûrement plus à l'aise, celui de notre identité et de notre éducation, il écrit en mars 1937 — sans doute pour célébrer le soixante-dixième anniversaire de la Confédération — un article intitulé «Notre destin français[57]». Après avoir rappelé que notre histoire se divise en trois parties: «épique» de 1534 à 1760, «ascensionnelle» de 1760 à 1867, et caractérisée par l'«immobilisme» depuis ce temps, il ajoute: «Il y a eu dans notre histoire la capitulation de Québec, la capitulation de Montréal. Je crois bien qu'il y a eu, au lendemain de la Confédération, la capitulation du bon sens.»

Comme tous les historiens nostalgiques et quelque peu romantiques, Groulx, constatant l'ineptie contemporaine, se réfugie dans un passé qu'il idéalise: cet éternel «âge d'or» ou ce «bon vieux temps»... Certes, on ne s'attendait pas à ce qu'il vantât l'AANB. Mais là où il surprend, c'est lorsqu'il s'attaque également à notre système d'éducation — dépendant entièrement du clergé: «Depuis soixante ans, constate-t-il, un enseignement et une éducation déficitaires nous ont nourris de la plus fumeuse, de la plus flasque des idéologies nationales.»

Certes encore, les élucubrations pseudo-historiques des Adjutor Rivard, Camille Roy, Thomas Chapais et consorts n'ont pu qu'endormir dans «le confort et l'indifférence» des Québécois lassés par tous ces gargarismes. Mais Groulx lui-même, qu'a-t-il à proposer, sinon cette finale lyrique:

> Nous renouer à un grand passé, réaliser un grand avenir, c'est notre programme de vie et notre seule chance de vie. Pour accepter ce destin, sans peur comme sans orgueil, il suffirait de nous souvenir que c'est le propre de tout peuple catholique d'avoir une grande histoire[58].

Voilà qui est peut-être plus sympathique que convaincant... mais passons... à la soirée d'un indéniable triomphe pour Groulx, celle du 29 juin 1937, alors que se tenait au Colisée de Québec — du 27 juin au 1er juillet — le deuxième Congrès de la langue française. Depuis l'avant-veille, tous les grands bonzes du «gâtisme national[59]» — le cardinal Villeneuve, lord Tweedsmuir, gouverneur général du Canada, Mgr Camille Roy de l'université Laval, M. Olivier Maurault de l'Université de Montréal, Maurice Duplessis, le juge Adjutor Rivard, des représentants d'Ontario, de Louisiane et d'Acadie — défilaient en prêchant la bonne entente et en proclamant «l'affreux impérialiste Thomas Chapais notre premier historien». On répétait 1908 alors que, pour commémorer le tricentenaire de la fondation de Québec, on avait glorifié Wolfe!

Dans la soirée du 29 juin, pendant que le juge Mignault discourait savamment — mais «on ne savait pas si c'était du français, de l'anglais, ou de l'Iroquois» —, l'abbé Groulx fit son entrée.

> D'un seul élan, le peuple se dressa et entonna l'hymne national. C'était la seule façon [...] de saluer notre unique chef national depuis Papineau. [...] Et l'abbé Groulx parle. [...] Et la foule vibre comme notre peuple a dû palpiter d'espoir et d'audace, il y a un siècle, aux grands jours de Papineau.

Et l'abbé Groulx parle, et durant plus d'une heure, il martèle son amour du Québec[60], de la terre québécoise, de cette terre «dont aucun pouce n'appartient au marchand de bois, au *landlord* américain, au *sportman* parasite, avant d'appartenir au fils du paysan[61]». Et l'abbé Groulx parle...

> Et quand je vois qu'avec ces Français, entraînés hier à la conquête d'un empire, l'on voudrait faire aujourd'hui un peuple de domestiques et de manœuvres, pas même maître de sa *réserve* québécoise, je comprends que la jeunesse s'insurge contre ce destin, et qu'elle jure sur la tête de ses pères, de ne jamais l'accepter.

C'est inéluctable, dira-t-il encore, «notre État français, nous l'aurons, nous l'aurons jeune, fort, rayonnant et beau, foyer spirituel, pôle dynamique pour toute l'Amérique française». Et l'abbé Groulx conclut:

> Les snobs, les bonne-ententistes[62], les défaitistes peuvent nous crier, tant qu'ils voudront: «Vous êtes la dernière génération de Canadiens français...» Je leur réponds, avec toute la jeunesse: «Nous sommes la génération des vivants. Vous êtes la dernière génération des morts!»

Et l'abbé Groulx a parlé... et «notre haute pègre antinationale et défaitiste en resta abasourdie de stupeur idiote[63]».

Mais après de telles affirmations — et nous en citerons d'autres —, pourquoi jouer à la vierge offensée lorsqu'on le considère comme séparatiste, un peu comme Mgr Savard reniant son *Menaud* au référendum de 1980? Serait-ce une maladie honteuse? Tout en sachant fort bien que la mentalité de 1935 n'est pas nécessairement celle d'aujourd'hui — mais encore là, nuançons, et nous avons vu que, dans les années vingt, les fidèles de Groulx et de *L'Action française*, le futur cardinal Villeneuve en tête, affirmaient constamment que la Confédération râlait ses dernières heures! —, il faut reconnaître qu'on flirtait alors drôlement avec l'idée séparatiste. Précisons. Dans *La Nation* du 22 février 1936, on lit entre autres, en première page et en première colonne, en exergue de l'article de Pierre Chaloult intitulé «L'idée»: «C'est entendu, nous sommes séparatistes!» Ce même Chaloult, ayant demandé à l'abbé Groulx de «publier un article programme dans nos colonnes», ajoutait dans sa présentation de la lettre reçue:

> Il y a quelque temps, j'écrivais dans les *Idées* de Montréal, un article intitulé: «À travers l'œuvre de l'abbé Groulx», où je tentais d'établir que tous les travaux de notre historien nationaliste nous dirigeaient dans le sens de la tradition intelligemment comprise, c'est-à-dire vers le séparatisme.

Et que répond l'abbé, juste sous cette présentation?

> Je vous remercie de votre article assurément fort sympathique. Avez-vous interprété très au juste mes idées? Je crois qu'en somme, je puis vous répondre: oui. Que depuis toujours, notre avenir me soit apparu sous l'aspect d'un Canada français indépendant, il me serait bien difficile d'en disconvenir. Dès 1904, ma *Croisade d'adolescents* en fait foi, je proposais à mes jeunes gens de Valleyfield cet idéal, politique et national. J'y ai toujours vu l'aboutissement naturel de notre vie.

Pourtant, que signifie son «notre État français, nous l'aurons», ça veut dire quoi? Est-ce l'équivalent d'«Un Québec indépendant dans un Canada uni» du monologuiste Deschamps? Et, lorsqu'en 1939 Groulx réclame «pour notre province [...] l'autonomie la plus complète[64]», comment définit-on ladite autonomie obtenue en se séparant d'un pouvoir central? Mais alors, pourquoi un tel byzantinisme sur ce sujet? Quelques semaines seulement après son percutant «État français», il déclare à des religieuses qui étudient à l'université Laval:

> Je ne suis pas séparatiste, et je le répète sans espoir d'être mieux compris — non par vous mes Sœurs, mais par le grand public. Quand je parle de l'État français, c'est d'un État fédératif que je parle[65].

Immuable, une vingtaine d'années plus tard, il explique dans ses *Mémoires*, l'attitude de ceux qui l'avaient qualifié de séparatiste, et dit qu'ils

> n'obéissaient qu'à l'hypocrisie partisane. Ils savaient fort bien ce que j'avais toujours entendu par «État français»: un Québec aussi souverain que possible, dans la ligne de ses institutions constitutionnelles, et gouverné pour les fins qu'il avait revendiquées en 1867. Mais les politiciens au pouvoir, politiciens canadiens-français à Ottawa comme à Québec, trouvaient si puissant intérêt à me prêter des intentions séparatistes. On noie son chien comme on peut si on le croit nuisible[66].

Évidemment, l'abbé, maintenant chanoine, est catholique, et son Église a toujours prêché la soumission à l'autorité établie. Et la prudence est vertu cardinale, et un quart de siècle après le décès de Groulx, nos politicailleurs fricotent encore autour du pot, en parlant de souveraineté, d'association, de société distincte, mais surtout pas d'indépendance. Il reste que, de la part du fier Groulx — sempiternel contempteur de tous nos «politiciens affairistes, à demi émasculés de sentiment national[67]» — on se serait attendu à moins de patinage boubouiste.

Autre terrain glissant sur lequel on ne se risque qu'en biaisant: celui de la race. Mais avant tout, il importe de ne pas confondre nationalisme militant et racisme. Dans le premier cas, il s'agit de prendre sa place — ce que Groulx ne cesse de prôner —, alors que dans le second, il s'agit plutôt de la vider, comme Lawrence d'Acadie l'a fait en 1755[68]. En outre, nous nous retrouvons à une époque — l'entre-deux-guerres — où l'Europe cherche à donner ses lettres de noblesse au racisme.

Quant à Groulx[69], auteur du célèbre *Appel de la race* publié en 1922, il joue sur la ligne de feu[70]... Son cher-brillant-et-riche avocat Jules de Lantagnac s'est anglicisé pour réussir. Mais, à l'âge de quarante-trois ans, grâce au brave-équilibré-et-austèrement-serein oblat le père Fabien, il entend enfin *l'appel de la race*! Craque la famille Lantagnac! Maud Fletcher, l'épouse anglaise, le quitte avec leurs deux enfants assimilés, alors que le beau Jules demeure seul avec son fils Wolfred devenu André et que sa fille Virginia francisée entre au couvent. Camille Roy vitupère cet appel de la race briseur de foyer, alors que le père Rodrigue Villeneuve démontre que Lantagnac a théologiquement bien agi «en vertu même du *volontaire indirect*[71]», impliquant la possible rupture du lien conjugal comme effet indirect du choix politique de Lantagnac. Sans nous attarder à ce «sexe des anges», passons à la conclusion du futur cardinal: «*L'appel de la race* n'est pas seulement un ouvrage, il est un événement. Il marque, pour la culture du sens national chez nous, une étape significative[72].»

Si nous rapaillons quelque peu dans l'œuvre de Groulx, nous trouvons qu'en 1937, dans sa conférence à la Jeunesse indépendante catholique, il précisait:

> En Amérique, une race faible n'a pas de chance de survie. À quoi bon d'ailleurs travailler à la survivance d'une race de rachitiques? Nous n'avons, Dieu merci, ni le sang malade ni le sang épuisé des vieilles races ou des civilisations décadentes[73].

Dieu merci... Ajoutons que ce «distingué ultra-nationaliste ou plutôt raciste» — tel que le qualifie Jean-Charles Harvey[74] — reprenait quelques mois avant la Deuxième Guerre mondiale son «éloge à la chefferie» dans des termes bien semblables à ceux de 1934, mais d'autant plus compromettants à la veille de l'hécatombe:

> Et vous, jeunesse, qui tant de fois nous avez déçus, mais qui toujours avez ranimé nos espoirs, faites que, par tous vos labeurs et par toutes vos prières, nous arrive ce qui, pour tout peuple trop affaissé, est une indispensable condition de ressaisie, faites que nous arrive ce qui est arrivé au Portugal, à l'Espagne, à l'Irlande, à la Pologne, à l'Italie, même à la Turquie: un chef, un entraîneur, un excitateur d'enthousiasmes et de volonté, qui soit aussi un calme ordonnateur d'énergies, un homme qui sache par quelle politique organique, persévérante, l'on sauve un pays; et alors, par vous, jeunesse, c'en sera fini de porter nos âmes en berne; nous les hisserons à hauteur d'homme, à la hauteur des grands Français, nos aïeux[75].

Et il soulignait par la même occasion que «les peuples, comme les poissons, pourrissent par la tête». Quant aux Juifs, ils forment une «caste intolérable» rêvant de «dictature». «Et l'on s'étonne après cela que l'antisémitisme ait de plus en plus tendance à exploser en notre province[76].» Certes, on ne peut s'empêcher de relever dans ces quelques textes ce qu'on a appelé «l'ambiguïté groulxiste». Mais admettons que le contexte — «l'herbe tendre» aurait corroboré le fabuliste… — pouvait y inciter. Souvenons-nous en outre qu'en 1927, lorsque Groulx, pour aider sa mère malade, avait demandé à l'Université de Montréal une hausse de traitements, nombre d'universitaires avaient alors voulu lui faire «signer une formule où il s'engagerait à respecter la Confédération et les Anglais[77]». Souvenons-nous encore que, dix ans plus tard, Duplessis menaçait l'Université de Montréal — qui «voit assise en permanence sur son seuil la *hideuse banqueroute*» — de lui couper toute subvention si elle ne se débarrassait pas dudit abbé[78]. Souvenons-nous également — n'est-ce point notre devise? — qu'en 1818 le voyageur Francis Hall constatait que «*the Canadian peasant is still the same unsophisticated animal whom we may suppose to have been imported by Jacques Cartier*[79]». Et souvenons-nous toujours que Durham nous avait prévenus en 1839 du fait que «la race supérieure doit à une époque prochaine dominer sur tout le continent de l'Amérique du Nord», et que John Charlton, député libéral de Norfolk, Ontario, avait déclaré pour sa part en 1890: «L'espoir de l'Anglo-Saxon est que le jour viendra […] où la race anglaise sera la race dominante du monde de manière que l'Anglo-Saxon accomplira la destinée que Dieu lui a évidemment assignée sur cette terre[80].» Quant au Mordecai Richler du *Oh Canada! Oh Quebec!* oh qu'il semble bien comprendre cette façon de penser. Morale? Le Dieu de Jeanne d'Arc et de John Charlton y a déjà pourvu en invitant les «sans péché» à lancer la première pierre… mais, souvenons-nous enfin, pas dans une maison de verre!

Lèche-visites

Au printemps de 1939, l'Europe, à nouveau, délire. Après avoir grugé pendant trois siècles les matières premières de ses colonies, elle exige maintenant, pour la deuxième fois en vingt-cinq ans, ses colons. La raison? Pour nous protéger contre la barbarie des Teutons nazis. Rien de tel comme d'aller se faire tuer à 6000 kilomètres de chez soi pour se protéger.

Et pour nous convaincre de cette évidence, organisons donc quelques voyages transatlantiques. Nous en avons d'ailleurs l'habitude, puisque 8000 Canadiens s'étaient rendus à Londres en 1937 pour le sacre de George VI[81]. Mais deux ans plus tard, ce sont leurs Gracieuses Majestés elles-mêmes qui pousseront l'obligeance jusqu'à venir dans leur cher dominion. Au Québec toutefois, on a sondé le terrain, et certains songent à annuler ce voyage[82], car plusieurs protestent contre cette visite «pour nous droguer[83]». Et parmi les ténors, se retrouvent Georges et Émile Chartier, auteurs d'une brochure paradoxalement intitulée «Vive le Roi!» Après avoir prévenu les députés en faveur de la conscription que «de robustes jeunes hommes [... leur] alourdiraient de quelques balles la tête», les auteurs concluent par un éloquent raccourci de notre histoire:

> Depuis 1763, tu essaies de nous étouffer sur les rives du Saint-Laurent. [...] En 1837, tu assassines nos habitants coupables de réclamer un peu haut leur droit de vivre. Après 1840, tu chasses les nôtres aux États-Unis, pendant que tu nous forces à importer tes détritus, et ce, à nos frais. [...]
>
> Avec tous les civilisés de l'univers, nous trinquons à l'anéantissement de l'empire britannique, nous crions de toute notre âme, de tout notre être: À MORT L'ANGLETERRE!

Mais elle en a vu d'autres, la fière et perfide! Ne prenant toutefois pas de risque, elle nous délègue ses policiers de Scotland Yard qu'épauleront les agents de la Gendarmerie royale du Canada, ainsi que ceux de la province et des municipalités. En attendant, la presse chauffe la population à blanc, en lui suggérant «des acclamations nombreuses et spontanées», et en l'exhortant à pavoiser maisons et cœurs d'Union Jack.

Aussi, lorsque Leurs Gracieuses Majestés débarquent le 17 mai à Québec — quel «sujet d'orgueil d'avoir été les premiers à souhaiter la bienvenue [...] à nos royaux visiteurs[84]» — «l'enthousiasme gagna [...] les foules». Leurs Majestés nous «ravirent» en parlant souvent français, et «en écoutant avec admiration [nos] gais refrains canadiens». Alouette ma toute gentille, ce qu'on te plumera, ce qu'on te plumera. Le cardinal Villeneuve fait carillonner toutes ses cloches et Duplessis se sent transporté d'allégresse devant ces «très gracieuses et excellentes Majestés que la Providence, dans sa bonté, nous a données pour Souverains[85]».

Grâce à la Providence et au Train royal, les souverains parviennent à Montréal le 18 mai, date de sa fondation. Sachant que Camillien Houde, son faubourien maire, s'était violemment prononcé contre la politique fédérale de réarmement, et avait en outre manifesté récemment ses préférences pour Mussolini, les souverains s'attendaient bien à quelque impair. Mais au contraire, le bedonnant «p'tit gars de Sainte-Marie» déride l'atmosphère, la reine redemande notre «Alouette» nationale, les toasts se multiplient au fastueux et très *british* hôtel Windsor, pendant que «les tramways arboraient le Union Jack» et qu'une *nanny* du *Golden Square Mile* écrivait: «J'avais le cœur serré, les yeux pleins d'eau, mais je ne pleurais pas car j'étais tellement heureuse. J'espère qu'ils ont autant d'amour pour nous que nous en avons pour eux[86].»

En fait, les *morituri* exultent et «la métropole n'avait jamais connu pareil délire, n'avait jamais porté de toilette plus pimpante, où les trois couleurs se mariaient si harmonieusement aux couleurs de l'Angleterre et de l'Écosse[87]».

La routine, quoi, puisque, au Congrès eucharistique de 1910, l'hôtel de ville de Montréal arborait en place d'honneur le drapeau vert d'Irlande, comme le lui avait intimé son maire Edmund William Guerin, d'ascendance irlandaise.

Et le 15 juin, après avoir vu «leurs sujets canadiens de l'Atlantique au Pacifique», Leurs Majestés retournent à Londres. *Toast to the Empire.*

Entre-temps, prend place un autre itinérant sur l'échiquier des lèche-visites: le cardinal Villeneuve. Le 17 mai, nous l'avons vu saluant Leurs Majestés, au Conseil législatif, alors que tous étaient à même de constater «la considération respectueuse du monarque britannique à l'égard du prince du Vatican[88]». Après tout, de futurs Dieppe, ça vaut bien une — ou plusieurs — «considérations respectueuses». Dès le lendemain, 18 mai, le cardinal part pour la France, parce qu'il a été choisi par Pie XII, récemment élu pape, pour le représenter, à titre de légat, aux fêtes qui se dérouleront à Domrémy en l'honneur de Jeanne la Pucelle. Comme par hasard, notre Québécois se retrouve en terre d'héroïsme aussi sacré que français, accompagné de six évêques français et d'un anglais, et roule dans «la voiture qui avait transporté le roi et la reine d'Angleterre[89]» qui, comme par hasard, avaient visité la France l'année précédente. Saint Louis, Jeanne d'Arc, Alouette, et le lendemain 8 juin, comme par hasard, l'Académie française lui décerne sa médaille d'or[90]. Tous — incluant le président de la République — l'honorent et le consultent, et notre Éminence aux oiseaux — mais sans Alouette cette fois — déclare, avant de quitter la France, que Jeanne d'Arc a rapproché en sa personne «Rome, la France, le Canada et l'empire britannique».

Revenue à Québec le *16 juillet 1939*, Sa Perspicace Éminence déclare peu après: «À moins d'événements fortuits, imprévus, il n'y aura pas de guerre en Europe. L'heure de la guerre est passée, de l'avis de militaires bien renseignés[91].»

À quand le dogme de l'infaillibilité cardinalice?

«Si la guerre ne vient pas à nous, nous irons à la guerre»

Nous avons vu que la Société des Nations (SDN) avait été créée aux lendemains de la Première Guerre mondiale pour «développer la coopération entre les nations, leur garantir la paix et la sécurité». Paroles... paroles... Le Japon attaque la Chine, est désavoué par la SDN, et la quitte en mars 1933; l'Allemagne réarme — oublie de payer ses «réparations de guerre» devant s'échelonner jusqu'au 31 mars 1988 —, est désavouée par la SDN, et la quitte en octobre 1933; l'Italie envahit l'Éthiopie, est désavouée par la SDN et la quitte en 1935.

En 1933, les fascistes espagnols avaient fondé un mouvement — la Phalange — pour une *España, una, grande y libre*. En février 1936, la gauche — *Frente popular* — prend le pouvoir. En juillet de la même année, le général Franco, épaulé par l'armée, les phalangistes, les grands propriétaires, les clercs et les monarchistes, entreprend depuis le Maroc espagnol sa *reconquesta*. Trois ans et un million de morts plus tard, il l'achève à Madrid, devenant alors le «guide» du pays, c'est-à-dire *Caudillo* en espagnol ou *Führer* en allemand. La France craint une résurrection allemande, l'Angleterre est tout insultée de voir l'Italie et l'Allemagne jouer dans ses plates-bandes maritimes, et, devant cette folie envahissante, le Québec s'interroge: «Irons-nous défendre la nation vingt fois maudite[92]?»

Mais NON, rassure King le 19 janvier 1937, puisque toute dépense militaire ne sera faite que «pour la défense du Canada[93]». Et durant les deux ans qui suivent, lui et ses acolytes ne cesseront d'ânonner ce même refrain.

Il n'empêche que la tension monte et que des pressions s'exercent de partout. Les Anglais veulent notre participation au nom de la loyauté, et les Français au nom de l'amour... En 1937, André Siegfried, économiste et sociologue français, publie *Le*

Canada, puissance internationale. Il y écrit, entre autres, que durant la Première Guerre mondiale, les Canadiens français n'ont pas fait leur devoir, «soit envers la France, soit envers l'Angleterre: en fait, ils n'ont pas marché!» Toujours cette même ritournelle selon laquelle notre deux pour cent de la population nord-américaine — consacrant déjà toutes ses énergies à sa survie — devrait allègrement se faire massacrer pour l'Angleterre qui nous a battus, ou la France qui ne nous a pas défendus.

Un certain Jacques Michel — une enquête du comte de Dompierre, ambassadeur français suffocant, révélera qu'il s'agit de l'abbé Camille Poisson — publie l'année suivante, aux très catholiques éditions de l'Action canadienne-française à Montréal, sa réponse intitulée: *La participation des Canadiens français à la première grande guerre.*

D'abord, précise-t-il, nous sommes des pacifistes et n'avons rien à faire dans les disputes mondiales, et cette affirmation

> que «la première ligne de défense du Canada est dans les Flandres», n'est qu'une vulgaire «vérité de guerre» inspirée par les besoins du moment et qui [ne] mérite absolument aucune créance[94].

Et de quel droit l'Angleterre et la France vont-elles nous faire la leçon en *1937*, ces vierges offensées qui, de 1933 à 1935, n'ont rien fait contre le Japon, l'Allemagne et l'Italie, alors qu'elles avaient *le devoir* de s'y opposer en vertu de leurs «engagements solennels» qu'elles avaient signés à la SDN? Du reste, nous n'avons «aucun devoir envers la France», qui ne s'est jamais préoccupée de nous depuis 1760, sauf pour nous demander nos fils en 1914 et rejouer actuellement la même note. Quant à l'Angleterre, «notre histoire nous enseigne que nous n'avons jamais connu d'autre ennemi que l'Anglais: l'Anglais de Londres, l'Anglais de Washington, l'Anglais de Toronto».

Mais la perle revient à notre Camillien Houde municipal lorsque le 7 février 1939, ce maire bien particulier déclare à un auditoire anglophone:

> Les Canadiens français de la province de Québec sont fascistes par le sang sinon par le nom, et si l'Angleterre doit aller en guerre contre l'Italie, leurs sympathies iront vers les Italiens[95].

L'échevin John Kerry le qualifiera de «complice des agents d'Hitler au Canada»; Leurs Gracieuses Majestés s'attendront au pire trois mois plus tard; et Houde sera emprisonné de 1940 à 1944, pour s'être opposé à la loi sur l'enregistrement national! Vive le *fair-play*!

En fait, tout le monde jouait à l'autruche depuis 1917. À ce moment-là, les conservateurs de Borden, en imposant la conscription, s'étaient mis le Québec à dos pour un bon quart de siècle — en fait jusqu'au moment où les libéraux se révéleraient aussi hypocrites.

Entre-temps, il était plus que patent que le Canada se fourvoyait dans le même engrenage qu'avant 1914 et que nul n'avait besoin d'être prophète pour déclarer — comme le réaffirmaient fréquemment les nationalistes —: «L'intervention, c'est la conscription.» Mais King, ses libéraux, et tout particulièrement son bras droit au Québec, Ernest Lapointe, proclament à qui mieux mieux que jamais — ô grand jamais! — le Canada ne s'engagerait dans des guerres extérieures. Toutefois, au cours de l'été 1939, comme il devient évident — sauf pour le cardinal Villeneuve — que la guerre va éclater, ceux qui s'opposent à toute participation virent capot. Peut-être — on peut deviner ce que signifiera ce «peut-être» en temps opportun — devra-t-on participer, mais alors jamais au grand jamais, il ne saurait être question de conscription, comme le firent jadis les combien déloyaux conservateurs!

Les événements se bousculant, *The Gazette* en vient à considérer qu'il s'agit d'un *primo vivere* «pour la survivance britannique», surtout lorsque, le 1er septembre 1939, Hitler envahit la Pologne. Cette fois — après l'*Anschluss*, la Tchécoslovaquie, les accords (?) de Munich, et le pacte germano-soviétique! —, on se décide enfin à ne plus faire semblant de croire au pacifisme hitlérien, et, le 3 septembre, la France et l'Angleterre déclarent la guerre à l'Allemagne en se rangeant aux côtés de leurs alliés polonais, sans pour autant intervenir afin d'empêcher leur massacre. Il y faut du temps!

Alors que Mitchell Hepburn, premier ministre de l'Ontario, déclarait le 31 août: «Combattons comme un seul homme et mettons derrière la Grande-Bretagne toutes les ressources du Canada», Omer Héroux, éditorialiste du *Devoir*, titre pour sa part le 1er septembre: «Gardons notre tête!», et affirme que, si on se met le doigt dans l'engrenage, «ce sera selon toute probabilité le prélude de nouvelles interventions en Europe, en Asie ou aux Antipodes[96].»

Et n'oublions surtout pas que «le Canada n'est pas pays d'Europe[97]»! Car

> la vérité que l'on devrait avoir le courage et la décence d'avouer, la vérité, c'est que si le Canada s'engage dans cette effroyable bagarre, s'il risque d'y ramasser quelques nouveaux milliards de dettes, d'y sacrifier ou d'y gâcher des milliers et des milliers de vies humaines, c'est uniquement parce que l'Angleterre s'y est elle-même jetée, [...] dans la poursuite d'une politique où nous n'avons eu rien à faire[98].

Tout cela paraît tellement évident que c'est d'une tristesse infinie que de voir avec quelle insistance défaitiste, on tente de s'en convaincre en brandissant notre chiffon de Westminster, tout comme Chamberlain avait agité celui de Munich l'année précédente. Or tout ce que nous donnera Westminster par rapport à 1914, c'est une semaine de délai! En effet, lors de la Première Guerre mondiale, l'Angleterre étant en guerre, nous suivions automatiquement. Lors de la deuxième — comme, depuis 1931, les dominions sont des États autonomes avec une «commune allégeance à la Couronne» —, King peut majestueusement convoquer les parlementaires à des fins de discussions... Du 4 au 10 septembre, on n'y manquera pas!

Dans des envolées oratoires à faire étouffer Démosthène avec ses petits cailloux, députés et sénateurs suinteront à l'envie leur éternel attachement à l'Empire. Car, déclare le sénateur Jules Prévost, «le Canada, pays britannique, pays autonome et libre», se doit d'intervenir puisque «notre état de nation autonome dans le Commonwealth britannique ne comprend pas seulement des droits, mais aussi des devoirs[99]». N'insistons pas sur cette anthologie d'éloquence et contentons nous de citer le plus représentatif de nos Québécois, Ernest Lapointe, ministre de la Justice, déclarant, imperturbable:

> En restant neutres, nous prendrions bel et bien parti pour Adolf Hitler. [...]. La province entière de Québec — et je parle ici avec toute ma responsabilité et la solennité que je puis donner à mes paroles — ne voudra jamais accepter le service obligatoire ou la conscription en dehors du Canada. [...]. Telle est aussi mon opinion personnelle. Je suis autorisé par mes collègues de la province de Québec dans le cabinet [...] à déclarer que nous ne consentirons jamais à la conscription, que nous ne serons jamais membres d'un gouvernement

> qui essaiera d'appliquer la conscription et que nous n'appuierons jamais un tel gouvernement. Est-ce assez clair[100]?

C'est tellement clair que, moins de trois ans plus tard, son gouvernement votait la conscription. Soyons toutefois honnête — du moins plus qu'eux — en précisant que Lapointe était décédé le 26 novembre 1941, cinq mois avant ce «vote de race[101]». Mais revenons à notre avalanche de beaux discours tous plus patriopétardistes les uns que les autres.

Le 10 septembre 1939, on procède au vote à la Chambre des communes au sujet d'une éventuelle déclaration de guerre à l'Allemagne. Alors que la députation québécoise affirmait, depuis au moins trois ans, la main sur le cœur et le cœur sur les entrailles, que jamais, ô Seigneur de toutes les paix, elle ne laisserait le pays s'embarquer dans des conflits extérieurs, ne voilà-t-il pas que, ce 10 septembre, ô Seigneur de toutes les armées, 62 des 65 députés du Québec votent épiquement pour envoyer leurs concitoyens à la tuerie. Seuls Maxime Raymond, Liguori Lacombe et Wilfrid Lacroix votent contre, appuyés par l'unique autre député fédéral opposé à la participation du Canada: le socialiste J. S. Woodsworth[102].

25 octobre 1939: «Le rempart» écrase l'«Union-Nazi-Onale»!

Après semblable prostitution, nos valeureux députés fédéraux trouveront le moyen de retourner complètement la situation en faisant triomphalement annoncer dès le 11 septembre dans leur presse stipendiée: «Le danger de la conscription est complètement écarté»! Tentons donc de dégager les lignes directrices de la politique canado-québécoise, depuis cette déclaration de guerre d'Ottawa décidée le 10 septembre 1939 jusqu'aux élections dans notre province un mois et demi plus tard.

Duplessis pourrait en principe demeurer au pouvoir encore un an et demi, mais ce pseudo-nationaliste s'étant manifesté contre «toute forme de conscription», les fédéralistes veulent sa tête, et ça se comprend bien avec celle qu'ils ont. Aussi, lorsque, le 24 septembre, Duplessis décide, au nom du «respect de l'autonomie provinciale», de déclencher des élections qui auront lieu un mois plus tard, les grandes manœuvres de la bassesse s'enclencheront-elles rapidement.

Pour se maintenir au pouvoir et gagner ses élections, «le cheuf» a besoin d'argent. Or, nous avons vu que, contrairement au mythe qu'il entretiendra toujours d'un budget équilibré, il n'avait cessé d'accroître la dette de la province à un rythme inégalé, la faisant passer en trois ans de 161 à 340 millions! Mieux encore, alors qu'il prévoyait dans son budget des dépenses s'élevant à 105 millions, les revenus réels de la province, eux, n'atteignaient que 49 millions.

Ayant par conséquent besoin d'emprunter plus que jamais, il se retrouvera face à une machination fédérale dite «Conspiration des banques». Tout simplement, le Canada étant en guerre depuis le 10 septembre, King — profitant en cela des recommandations centralisatrices du rapport Rowell-Sirois — empêchait à toutes fins utiles les emprunts provinciaux à l'extérieur et épuisait en outre le crédit des provinces en empruntant lui-même trois quarts de milliard tant au Canada qu'aux États-Unis pour les besoins de ladite guerre[104].

Après ce sabotage économique, reste le psychologique. Duplessis veut tabler sur la fierté nationaliste? On va la lui «boomeranġniser»! Ressuscitant les vieux fantômes obsessionnels des conservateurs favorisant la conscription lors du premier conflit mondial[105], Ernest Lapointe, — bras droit de King, avons-nous écrit, mais deux bras en ce qui concerne le Québec — engage une sale lutte contre un Duplessis vulnérable et son «Union-Nazi-Onale[106]»!

Écoutez bien, Québécois: «Nous sommes le rempart entre vous et la conscription. Nous sommes la muraille qui vous protège[107]». Mais si vous élisez Duplessis, nous devrons démissionner. Il faudra alors de nouvelles élections. Mais connaissant la volonté de participation des *Canadians* clairement exprimée le 10 septembre, vous vous retrouverez avec un gouvernement conservateur, lequel, comme en 1917, vous imposera la conscription. Et nous ne serons plus là pour vous protéger. Conséquemment, «un vote pour Duplessis, c'est un vote pour la conscription». D'ailleurs, conclut Lapointe dans son allocution radiodiffusée du 9 octobre: «La province de Québec ne rendra pas un verdict qui serait acclamé à Berlin et à Moscou.» Quant à son collègue, Arthur Cardin, ministre des Travaux publics, il gémit:

> Mères de familles, soyez tranquilles, ne versez pas de larmes inutiles: vos enfants ne vous seront pas arrachés, ils resteront

> chez vous tant qu'ils le voudront, avec les libéraux au pouvoir[108].

Et qu'en pense Adélard Godbout, chef du Parti libéral provincial? Car après tout, il s'agit bien de son élection, dit-on...

> Je vous affirme, avec toute la force dont je suis capable, que le gouvernement d'Ottawa ne décrétera jamais la conscription militaire tant que vous laisserez la politique libérale diriger nos destinées. Et si mes paroles ne sont pas assez vigoureuses, si vous pensez qu'elles sont peut-être dictées par les circonstances, je m'engage sur l'honneur, en pesant chacun de mes mots, à quitter mon parti et même à le combattre si un seul Canadien français, d'ici la fin des hostilités en Europe, est mobilisé contre son gré sous un régime libéral ou même sous un régime provisoire auquel participeraient nos ministres actuels dans le cabinet de M. King[109].

Tous les grands bonzes politiques foudroyant Duplessis, qu'en est-il des autres groupements? Comme c'est normal pour l'opposition libérale: tout va mal. Aussi, dans sa réponse au Discours du Trône prononcé lors de l'ouverture de la session en janvier 1939, T.-D. Bouchard, après avoir démoli systématiquement toutes les vantardises duplessistes, conclut:

> Promesses non tenues, patronage éhonté, danse des millions, élections malhonnêtes, achat des consciences, débauches électorales, souscriptions forcées à la caisse de l'Union nationale, pléthore de ministres, lois votées à la hâte, contrats sans soumission, emprunts favorisant des courtiers amis, influence indue auprès des journaux, pléthore de commissions, administration par arrêtés ministériels, mesures arbitraires, dédain des privilèges des députés, destitutions imméritées[110].

Comme il fallait s'y attendre également, «Maurice Duplessis, notre Don Quichotte national, [...] armé de cadenas en guise de lance[111]», n'a certes pas la faveur du monde ouvrier, car son «régime s'engage sur la pente qui conduit à l'illégalité et à la violence érigées en système: le fascisme[112]». En somme, «Duplessis est l'homme des tours de force: il est parvenu à rallier contre lui l'unanimité ouvrière[113]»! Mais le bouquet, c'est de voir les communistes du Québec gober l'éléphantesque supercherie King-Lapointe et titrer dans leur ineffable *Clarté* du 4 octobre 1939: «Contre les trustards impérialistes — Unité pour battre Duplessis», et en sous-titre: «Duplessis nous livrera aux conscriptionnistes». Dans cette même *Clarté* guère éclairante, on lira comme article suivant, et ce quelque cinq semaines après le pacte germano-soviétique: «L'URSS Poursuit sa Politique de la Paix», avec trois majuscules, comme pour Sa Sainteté le Pape... Comme quoi et une fois de plus, l'extrême gauche et l'extrême droite — l'URSS et l'Allemagne de 1939 en l'occurrence — se rejoignent toujours en une extrême folie.

Et le clergé? Rien de très clair. Certes, dans l'ensemble, il s'était montré plus que réservé face au régime Taschereau des dernières années. Et depuis 1936, l'astucieux «Maurice-le-Cadenas[114]» avait multiplié les efforts pour se rallier cette sainte Mère conservatrice de toute autorité. Ainsi, dès la première session, il fait placer bien en vue un crucifix au-dessus du siège du président de l'Assemblée législative. Il légifère en outre en faveur d'une aide aux mères nécessiteuses, en prenant soin toutefois d'exclure les filles mères — qualifiées de «filles indignes» par le chanoine Victorin Germain — et les femmes séparées[115]. La morale est sauve. Quant aux syndiqués, qu'ils respectent donc «l'autorité établie», et ils ne s'en porteront que mieux, comme Jésus-Ouvrier. Enfin, à l'occasion du Congrès eucharistique national qui se déroule à Québec en juin 1938, fiancé rougissant, Duplessis glisse au doigt du cardinal Villeneuve un anneau — «améthyste cardinalice entourée de diamants[116]» — en proclamant son catholicisme et son rejet des principes chers à la Révolution française: fraternité, égalité et liberté! Malgré tout ce lèche-balustres, on peut lire dans *L'Action catholique* du 19 décembre 1938:

> Le fait est indéniable: la politique descend de plus en plus bas. [... Et si on n'assainit pas les mœurs électorales], le peuple sera le dindon d'une sinistre farce appelée bien à tort régime parlementaire.

En somme, à la toute veille des élections, alors qu'on lit dans *Le Soleil*: «Quelle satisfaction ce serait pour Hitler si un parti nazi triomphait au Canada[117]», on constate qu'il n'y a plus que *Le Devoir* à prendre fait et cause — par défaut d'ailleurs! — pour l'Union nationale, car, avec les libéraux, «Québec ne serait qu'une succursale d'Ottawa. Québec ne pourrait vivre, penser, souffler, bouger sans l'autorisation d'Ottawa[118]».

Et comme, en plus, Duplessis n'a pas d'argent, on ne doit donc pas se surprendre de voir que le lendemain, 25 octobre, les libéraux de Godbout se retrouvent au pouvoir avec 70 députés, l'Union nationale dans l'opposition avec 15 députés, auxquels on doit ajouter un indépendant: l'unique Camillien Houde, Officier de l'empire britannique. Quelques mois plus tard, King le fera emprisonner pour quatre ans, parce qu'il avait osé dire que King ne détenait pas le mandat pour «lancer le pays dans une guerre[119]». Ce premier ministre King, sans doute conseillé par le fantôme de sa maman et par son chien Pat I bien en vie[120], pourra de la sorte déclarer le soir du 25 octobre: «Une victoire pour M. Duplessis aurait été reçue, tout comme son élection, avec joie en Allemagne nazie[121].»

Dans le domaine du chantage, Duplessis — ce qui n'est pas peu dire — avait rencontré ses maîtres. Pour les six années à venir, hélas, il ne sera pas le seul!

❑

Mais ceci est une autre histoire. Quant à la présente, elle sera reprise en parallèle dans un deuxième tome consacré cette fois à la littérature, et intitulé *Dieu le ber*. Nous y verrons alors que durant le premier conflit mondial, par un repli compensatoire, notre littérature se fit essentiellement terroiriste. Dans la décennie qui suit, *the American way of life* nous envahit, admiré par nombre de consommateurs, mais décrié par nos clercs pourfendeurs du «veau d'or». Enfin, face à la misère généralisée des années trente, nous aurons droit à une écriture sainte: notre pauvreté terrestre sera inversement proportionnelle à notre béatitude céleste. Une conclusion coiffera ces deux tomes.

Notes

1. *Le Devoir*, 20 août 1934. Et Georges Pelletier précise dans son «Bloc-notes»: «Quel mépris ils [les dirigeants de trust] ont envers les hommes de gouvernement, qu'ils tiennent dans leur poche et dont ils se gaussent.»

2. L. Groulx, *Mes mémoires*, Montréal, Fides, 1972, vol. III, p. 315-316. Ce qui ne diffère guère de la description qu'en donne Jean-Charles Harvey, dans *Le Jour*,

9 avril 1938: «La médiocrité de sa culture, la paresse de sa pensée et la rudesse de son langage se compensent par une intelligence vive, quoique superficielle, par une grande rapidité de conception et de repartie, par un esprit cinglant et sarcastique, par une activité sans cesse en éveil et par une étonnante technique de manœuvre. J'ajouterai qu'il a du cœur et qu'il est capable de générosité autant que de haine et de cruauté.»

3. L. Groulx, *op. cit.*, p. 306.

4. *Le catéchisme des électeurs*, d'après l'ouvrage d'A. Gérin-Lajoie, Montréal, J.-B. Thivierge, 1935, 122 p. Les citations qui suivent proviennent des pages 41-43, 49-51, 52-63.

5. Cité dans R. Rumilly, *Histoire de la province de Québec*, Montréal, Fides, vol. XXXIV, p. 189-190.

6. Et même imprimé! «Votez en hommes libres, en patriotes, en bons chrétiens.» *Sermon prononcé dans l'église Notre-Dame-de-Grâces le 17 novembre 1935, par l'abbé Ed.-V. Lavergne, Ptre, Curé*, 7 p.

7. Il faut dire que les libéraux étaient envahissants: sous prétexte d'éviter tout dérangement à certaines communautés religieuses, on y installait des bureaux de vote spéciaux, cette gentillesse permettant de savoir pour qui la communauté avait voté (R. Rumilly, *op. cit.*, vol. XXXV, p. 67). Duplessis, si louangé par l'abbé Lavergne, fera exactement de même!

8. Taschereau réussit à faire dire à son trésorier Stockwell, dans le discours du budget, que la province de Québec est celle qui s'en tire le mieux avec la Crise (*ibid.*, vol. XXXIV, p. 158). Ce que semble confirmer, en date du 1er janvier 1936, «un état dressé par la Maison Wood, Gundy and Co. de Toronto», où on constate que la dette *per capita* au Québec est de 57,93 $, alors que dans toutes les autres provinces — sauf celle de l'Île-du-Prince-Édouard —, elle dépasse 146 $ (*ibid.*, vol. XXXV, p. 117). Par contre, on lit le contraire dans le rapport Rowell-Sirois, (vol. I, p. 210, 249). Qui ment le plus?

9. Jean-Louis Gagnon, «Le Tovaritch Edmond Turcotte — Les intellectuels de gauche», *La Nation*, 7 mai 1936 (les majuscules sont de Gagnon). Il précise: «Étant fasciste, [...] il m'est difficile d'aimer les nègres. Or le Duce a eu trop de succès avec ceux de Sélassié, pour que, moi, je n'ambitionne pas de faire la guerre aux nègres d'Aristide-Alexandre Taschereau.»

10. «Le progrès est à gauche et le parti libéral est à gauche», écrit T.-D. Bouchard, ministre libéral, dans *Le Canada*, 10 juin 1935.

11. Il s'agit toujours du sermon du 17 novembre 1935 de l'abbé Lavergne. Pour le punir de cette «influence indue», le cardinal Villeneuve lui donne 200 $ et l'envoie se reposer en Floride (R. Rumilly, *op. cit.*, vol. XXXV, p. 97). Ce même cardinal faisait paraître en 1937 *Discipline diocésaine* (Québec, Éd. de l'Action catholique) où il était précisé qu'il fallait «toujours être convenable et respectueux à l'égard des autorités ecclésiastiques et civiles [... et] éviter les railleries, les sarcasmes, les suppositions injurieuses à la réputation» (p. 358).

12. Cléophas Bastien, député libéral de Berthier, cité dans R. Rumilly, *op. cit.*, vol. XXXVII, p. 63.

13. *La Presse*, 5 août 1936.

14. *Ibid.*, 29 juillet, 8 et 11 août 1936.

15. Montréal, J.-B. Thivierge et fils, 1936, 159 p. Les citations qui suivent proviennent des pages 6-7, 26, 28, 37-38.

16. Cité dans R. Rumilly, *op. cit.*, vol. XXXVII, p. 103.
17. Et lorsque Duplessis reprendra le pouvoir en 1944, Chapais, alors âgé de quatre-vingt-cinq ans, redeviendra ministre sans portefeuille! C'est ce même Chapais qui, en 1939, présentera à la Chambre haute le projet de loi supprimant la circonscription de Kamouraska — la sienne — parce que Duplessis veut se débarrasser de René Chaloult, son propre député qui avait eu l'audace de se déclarer — devant Duplessis l'autonomiste — contre toute participation à la guerre. Bel exemple de duplicité duplessiste.
18. J. Hamelin et N. Gagnon, *Histoire du catholicisme québécois, 1898-1940*, Montréal, Boréal Express, 1984, p. 382.
19. Lucie Laurin, «Communisme et liberté d'expression au Québec: la *Loi du cadenas*, 1937-1957», dans R. Comeau et coll., *Le droit de se taire*, Montréal, VLB éditeur, 1989, p. 113-115.
20. Marcel Hamel, dans *La Nation*, 8 avril 1937. Malraux ne sera accueilli que par des anglophones «réfugiés dans la Presbytarian American Church de Montréal» (Jacques Blais, *De l'ordre et de l'aventure*, Québec, PUL, 1975, p. 169).
21. S'y retrouvent Walter O'Leary, des Jeunesses patriotes, Paul Dumas et Dostaler O'Leary des Jeune-Canada, puis Philippe Ferland et Émile Latrémouille de la Jeunesse libérale nationale» (André-J. Bélanger, *L'apolitisme des idéologies québécoises. Le grand tournant de 1934-1936*, Québec, PUL, 1974, p. 348-349).
22. *La Nation*, 16 au 23 juillet 1936. Et l'ineffable Jean-Louis Gagnon d'étaler ses lettres: «L'heure du chirurgien a sonné, que le médecin s'écarte…»
23. Montréal, Imprimerie populaire, septembre 1927, p. 14.
24. *La Nation*, 30 juillet 1936.
25. «Circulaire de Monseigneur l'Archevêque coadjuteur au clergé du Diocèse», 1er octobre 1936, *Mandements, lettres pastorales, circulaires et autres documents de Montréal*, vol. XVIII, p. 512.
26. *Ibid.*, 14 avril 1937, p. 532.
27. R. Rumilly, *op. cit.*, vol. XXXVI, p. 94. Également, Jean-Charles Harvey: «Contre ceux qu'on ne peut réfuter ou combattre par des armes loyales, il est commode de lancer le canard du communisme. C'est l'épouvantail des temps modernes. Si on contrecarre les idées reçues dans les milieux consacrés, on est communiste; si on ne pense pas comme le dernier bedeau venu, on est communiste; si on défend parfois la cause du faible, on est communiste. Ce reproche, on le fera longtemps encore à tous ceux à qui on n'a rien à reprocher que leur courage, leur sincérité et leur franchise.» (*Le Jour*, 2 octobre 1937.)
28. L. Laurin, *op. cit.*, p. 112-113.
29. *Clarté*, 20 mars 1937.
30. *Ibid.*, 13 mars 1937. Et même Alfred Charpentier, pourtant modéré, de constater: «Voilà, bref, un ensemble d'agissements digne du pire attentat politique contre la vie même du syndicalisme ouvrier dans la province de Québec.» (*Vie syndicale*, septembre 1937.)
31. C. D. «À la plèbe», *Clarté*, 11 décembre 1937. Et Évariste Dubé ajoute dans ce même numéro: «Pour la première fois, les agences nazies et fascistes ont réussi à s'implanter dans l'administration d'une province canadienne qui sert les intérêts des puissances fascistes étrangères. […] Québec est transformé en une base pour la réaction.»

32. *Annuaire statistique, Québec 1940*, p. 406.
33. *Clarté*, 7 mai 1938.
34. Adjurant ses lecteurs de ne pas être «dupes de leur [les communistes] machiavélisme et de leur cynique amoralité» (Paul Sauriol, *Le Devoir*, 21 janvier 1938).
35. Marcel Fournier, «*Clarté*, ou le rêve d'un front populaire», dans F. Dumont et coll., *Idéologies au Canada français, 1930-1939*, Québec, PUL, 1978, p. 289. En 1930: 80 communistes au Québec, dont 20 francophones et, en 1940: 1000 dont 200 francophones. Il faut dire que certains communistes ne cultivaient guère notre amour. Ainsi, dans son mémoire à la commission Rowell-Sirois, leur chef Tim Buck disait que le Québec était une «province d'illettrés, contrôlée par les réactionnaires» (R. Rumilly, *op. cit.*, vol. XXXVII, p. 57). Mordecai Richler dans une vie antérieure?
36. *L'Action catholique*, 4 mars 1938.
37. *Ibid.*, 14 septembre 1938.
38. R. Rumilly, *op. cit.*, vol. XXXVII, p. 233.
39. *La Nation*, 4 février 1937.
40. *L'Action catholique*, 15 septembre 1938.
41. *Ibid.*, 29 juin 1938. Et comme «l'ouvrier des villes s'amuse et se divertit plus que le cultivateur moyen [... il faudrait] remettre en lumière les véritables avantages de la campagne [... afin de redonner] l'estime de la profession agricole.» «Lettre pastorale collective [...] sur le problème rural au regard de la doctrine sociale de l'Église», 30 novembre 1937, dans *Mandements... de Montréal*, *op. cit.*, vol. XVIII, p. 548-551.
42. *L'Événement*, 29 juillet 1938.
43. *Le Jour*, 8 janvier 1938; 9 juillet 1938.
44. *Ibid.*, 7 mai 1938.
45. *Le Devoir*, 11 février 1938; *Annuaire statistique, Québec 1940*, p. 218.
46. «Dette consolidée nette», dans *Annuaire statistique, Québec 1940*, p. 219. En 1936, lorsque Duplessis prend le pouvoir, la dette s'élève à 161 millions et elle était de 54 millions en 1929.
47. «Lettre pastorale de l'Éminentissime Cardinal, Archevêque de Québec et de nos Seigneurs les Archevêques et Évêques de la Province Civile de Québec. À l'occasion du Jubilé d'argent de Sa Majesté Georges V», 8 avril 1935, n° 69, p. 805-819.
48. Robert Comeau, «L'idéologie petite-bourgeoise des indépendantistes de *La Nation*, 1936-1938», dans F. Dumont et coll. *op. cit.*, p. 201-214.
49. «La femme canadienne qui a été au pays de Québec la gardienne de l'héritage latin, doit faire son devoir encore une fois, et aider ce mouvement de redressement national. Il faut se souvenir que c'est une femme — Jeanne d'Arc — qui a bouté les Anglais hors de France» (*La Nation*, 7 mars 1937).
50. *Ibid.*, 18 avril 1936.
51. *Ibid.*, 29 février 1936. Ce serait d'ailleurs tout à l'avantage de nos marchands, puisque, leur dit Paul Bouchard — qui deviendra deux ans plus tard le propagandiste en chef de l'Union nationale —, «un État libre, maître de son immigration, de ses douanes et de sa législation commerciale ne vous apporterait pas une plus grande protection qu'un état fédéral édifié contre nous et où nous sommes noyés dans une masse hostile d'Anglo-Saxons plus puissants que nous qui cherchent à

vous briser commercialement pour mieux nous détruire» (*La Nation*, 7 mars 1937).

52. L'abbé Lavergne l'avait déjà excellement défini: «Partout où ils sont la majorité, les anglo-protestants ont démontré qu'ils sont meilleurs pour prêcher aux autres la tolérance, la largeur d'esprit et le "fair play" que pour les pratiquer eux-mêmes. Qu'il s'agisse des écoles du Manitoba, du Nouveau-Brunswick, de l'Alberta, de la Saskatchewan, du Keewatin, de l'Ontario, toujours ils ont agi en fanatiques étroits, toujours ils ont réussi à organiser la persécution.» (*La Bonne Nouvelle*, 6 septembre 1930.)

53. Marcel Hamel, dans *La Nation*, 2 juillet 1936 et 17 septembre 1936.

54. *La Nation*, 22 février, 1936.

55. En 1935, il publiait *Orientations* (Montréal, Éd. du Zodiaque) comprenant un certain nombre de ses conférences prononcées entre 1928 et 1935. En 1937, il récidive avec *Directives* (Montréal, Éd. du Zodiaque), incluant ses principales conférences en 1936 et 1937. Les citations qui suivent proviennent des pages 52, 58, 65 de la deuxième édition (Saint-Hyacinthe, Alerte, 1959, 256 p.).

56. Sept mois plus tard, le 13 septembre, dans sa conférence pour les Jeunesses patriotes de Montréal, intitulée «Labeurs de demain», il poursuit dans cette même ligne imagée: «Changer notre rôle de domestique pour celui de maître». Ou encore, parlant de «la locomotive qui emporte chez nous le train économique»: «En réalité, pour nous, Canadiens français, le train va à reculons; brutalement la locomotive nous écrase.» (*Ibid.,* p. 103-104.)

57. Dans *L'Action française*, mars 1937, p. 130-142.

58. *Ibid.*, p. 142. Ou encore, s'adressant à la jeunesse: «Un peuple peut toujours se refaire en ses fils. Eh bien! change l'atmosphère de tes écoles.» (*Notre maître le passé*, Montréal, Granger, 2e série, 1936, p. 20.) Alors que dans le journal communiste *Clarté*, 12 décembre 1936, E. Roger titre: «L'éducation ANTI-NATIONALE de M. Lionel Groulx», reprochant au catholicisme de prêcher «sans rougir la nécessité de la pauvreté».

59. Paul Bouchard, «Apothéose à l'abbé Groulx», *La Nation*, 1er juillet 1937. À moins d'indications contraires, les citations qui suivent en proviennent. Pour le représentant de l'Acadie, le juge Leblanc, il prononça «la déclaration de soumission impérialiste la plus aplaventriste». Un journaliste murmura: «Voilà au moins un Acadien qui mériterait certainement la déportation!»

60. Dans son *Appel de la race* (Montréal, BAF, 1922), Groulx écrivait «le Québec», «du Québec». Mgr Camille Roy le timoré écrivait alors dans son compte rendu: «L'article devant Québec [...] a contre lui nos oreilles, le bon goût et la grammaire. Cet emploi est horriblement et détestablement barbare.» (*À l'ombre des érables*, Québec, Éd. de l'Action sociale», 1924, p. 295.)

61. Les extraits de sa conférence proviennent de «l'histoire, gardienne des traditions vivantes», dans *Directives*, *op. cit.*, 1937, p. 205-242.

62. Qu'il a toujours particulièrement choyés, et dont il dira, dans sa conférence du 29 novembre 1943, intitulée «Pourquoi nous sommes divisés»: «Pour se faire aimer des Anglais, [ils] seraient capables de changer de sexe, si même ça n'est déjà fait.» (*Constantes de vie*, Montréal, Fides, 1967, p. 138.)

63. *La Nation*, 1er juillet 1937. Et Bouchard conclut: «En 1912, le premier Congrès fut la réussite d'un homme: Bourassa. Il est mort à la pensée nationale.

Un siècle après Papineau, en 1937, le second Congrès de la langue française marque l'apogée d'un bien plus grand homme encore, animateur d'une idéologie salvatrice: L'ABBÉ LIONEL GROULX.» On lit par contre dans le journal conservateur *L'Autorité* du 3 juillet 1937: «On crut bien à un moment donné que certains extrémistes n'hésiteraient pas à pousser la jeunesse jusqu'à la guerre civile. [...] Mais des orateurs mieux équilibrés [... Duplessis, Mgr Yelle, archevêque coadjuteur de Saint-Boniface] ont heureusement endigué ce flot éperdu d'éloquence qui, selon l'expression de ce dernier, tournait au scandale.»

64. «La bourgeoisie et le national», dans *L'avenir de notre bourgeoisie*, Montréal, Valiquette, 1939, p. 122. Et dans son discours aux Jeunesses patriotes: «Création d'un État français dans le Québec — dans la Confédération si possible — en dehors de la Confédération si impossible» (*Le Droit*, 16 septembre 1936).

65. 3 août 1937. Dans R. Rumilly, *op. cit.*, vol. XXXVI, p. 190.

66. L. Groulx, *Mes mémoires*, *op. cit.*, p. 343.

67. *Ibid.*, vol. II, p. 360. Et il poursuit: «[...] ces politiciens, courtisans du conquérant: traîtres, peut-être inconscients, mais troupeau de faméliques toujours prêts à tout sacrifier pour la gloriole d'un homme ou pour la mangeoire d'un parti!» (p. 381.)

68. Et comme Trudeau — bramant qu'avec la société distincte le Québec pourrait déporter les anglophones — l'a fait au parc Forillon et à Mirabel.

69. Séraphin Marion, «L'abbé Groulx, raciste?», *Cahiers des Dix*, n° 43, 1983, p. 185-205. Non, écrit-il...

70. À propos de Groulx, Marcel Trudel parlera de «racisme ou, sous une forme analogue, de nationalisme exclusif» (*Le Devoir*, 24 février 1992).

71. J.-M. Rodrigue Villeneuve, o.m.i., «L'appel de la race et la théologie du père Fabien», *L'Action française*, février 1923, p. 88 (en italique dans le texte).

72. *Ibid.*, p. 103.

73. L. Groulx, *Directives*, *op. cit.*, p. 244.

74. *Le Jour*, 9 octobre 1937. Deux semaines auparavant, Harvey s'adressait aux jeunes: «Si vous n'avez pas de carrières, demandez-en le pourquoi à ceux qui n'ont pas su préparer ni vos pères ni vous-mêmes à la lutte pour la vie et qui vous ont plongés dans un nationalisme isolant et stérilisant.» (*Ibid.*, 25 septembre 1937.)

75. Conférence intitulée «La bourgeoisie et le national» prononcée le 27 février 1939, pour la jeunesse indépendante catholique, reprise dans *L'avenir de notre bourgeoisie*, Montréal, Valiquette, 1939, p. 125. En pleine guerre, il écrit encore: «Dans le domaine politique, deux obstacles apparemment insurmontables barrent le chemin à toute réforme: le suffrage universel, la dictature financière. Le premier choisit mal les représentants du peuple; la seconde les avilit.» (*Parole à des étudiants*, Montréal, Éd. de l'Action nationale, 1941, p. 46.)

76. Jacques Brassier [prudent pseudonyme de l'Abbé Groulx], «Pour qu'on vive», *L'Action nationale*, juin 1933, p. 363-364.

77. *L'Action nationale*, juin 1968, p. 1071.

78. «Une nouvelle cochonnerie de Duplessis — La tête de l'abbé Groulx serait la rançon du sauvetage de l'Université de Montréal», *La Nation*, 30 septembre 1937.

79. Francis Hall, *Travels in Canada and the United States, in 1816 and 1817*, Boston, Re-Published from the London Edition by Wells and Lilly, 1818, p. 42-43.

80. John Charlton, 14 février 1890, *Débats de la Chambre des communes du Canada*, 1890, p. 687.
81. R. Rumilly, *op. cit.*, vol. XXXVI, p. 155. Et en sens inverse, le 20 juillet 1938, le duc de Devonshire invitait les Anglais à émigrer au Canada afin de «contrebalancer la forte natalité canadienne-française» (*ibid.*, vol. XXXVII, p. 113).
82. André Beaulieu et coll. *La presse québécoise*, Québec, PUL, vol. VII, p. 155.
83. Georges et Émile Chartier, «Vive le Roi!», *Les cahiers de Baptiste*, Montréal, Cahier I, mai 1939, 25 p. Les citations proviennent des pages 13, 15, 24-25.
84. *Almanach Beauchemin*, 1940, p. 113.
85. Cité dans Conrad Black, *Duplessis*, Montréal, Éd. de l'Homme, 1977, vol. I, p. 326.
86. Cité dans Westley, *Grandeur et déclin — L'élite anglo-protestante de Montréal, 1900-1950*, Montréal, Libre Expression, 1990, p. 286-287.
87. *Almanach Beauchemin*, 1940, p. 114.
88. C. Black, *op. cit.*, p. 326.
89. R. Rumilly, *op. cit.*, vol. XXXVII, p. 221.
90. *Annuaire statistique, Québec 1940*, p. 34.
91. *L'Action catholique*, 2 août 1939.
92. *La Nation*, 17 septembre 1936.
93. Et son député Maurice Lalonde (Labelle) de renchérir: «Tous les vrais patriotes ne doivent avoir qu'un mot d'ordre: le Canada d'abord! Et l'intérêt du Canada n'est pas dans les Flandres, dans la péninsule ibérique ou en Éthiopie, mais bien sur les rives du Saint-Laurent.» (*Le Devoir*, 18 janvier 1937.)
94. *La participation des Canadiens français à la première grande guerre*, Montréal, Éd. de l'Action canadienne-française, 1938, p. 1. Les citations qui suivent proviennent des pages 52, 132, 168.
95. Cité par Claude Painchaud et Richard Poulin, «Les Italiens au Québec», *Le Québec littéraire*, vol. I, automne 1988, p. 81.
96. Citation de Hepburn et Héroux dans *Le Devoir*, 1er septembre 1939.
97. Titre de l'article de Georges Pelletier, *Le Devoir*, 2 septembre 1939.
98. Omer Héroux, «Un fait d'extrême importance», *Le Devoir*, 5 septembre 1939. Ou, comme disait l'abbé Groulx, le 12 septembre 1936: «Quand on ne peut tout sauver, on sauve ce que l'on peut. Et rien ne servirait de périr tous ensemble sous prétexte de s'entraider.» (*La Nation*, 17 septembre 1936.)
99. *Débats du Sénat du Canada*, 9 septembre 1939, dans M. Brunet, *Histoire du Canada par les textes*, Montréal, Fides, vol. II, p. 123.
100. *Débats de la Chambre des communes*, 9 septembre, cité dans *ibid.*, vol. II, p. 127.
101. F.-A. Angers, «Un vote de race», *L'Action nationale*, mai 1942, p. 299-312.
102. R. Rumilly, *op. cit.*, vol. XXXVIII, p. 24.
103. C. Black, *op. cit.*, p. 374.
104. *Ibid.*, p. 338.
105. «Pendant longtemps, par un jeu d'une simplification excessive, on a feint d'attribuer aux conservateurs tout l'odieux de notre douloureuse équipée, comme si Laurier lui-même n'y avait pas consenti.» (Roger Duhamel, «Se battre?... contre qui?», *L'Action nationale*, février 1937, p. 107.)

106. *Time*, 6 novembre 1939, cité dans C. Black, *op. cit.*, p. 360.
107. *La Presse*, 10 octobre 1939.
108. *La Presse*, 9 octobre 1939.
109. *Le Soleil*, 6 octobre 1939.
110. *The Montreal Gazette*, 20 janvier 1939, cité dans C. Black, *op. cit.*, p. 313.
111. *Clarté*, 19 mars 1938. Et une vingtaine de mois avant les élections, Duplessis prévoyait: «Comme dans le roman de Cervantes, les moulins sortiront du combat victorieux.»
112. Évariste Dubé, *Pourquoi la Loi du cadenas*, Montréal, s.é., 1937, p. 1.
113. *Clarté*, 5 mars 1938.
114. *Clarté*, 4 octobre 1939.
115. J. Hamelin et N. Gagnon, *op. cit.*, p. 447-448.
116. C. Black, *op. cit.*, p. 302.
117. *Le Soleil*, 24 octobre 1939.
118. *Le Devoir*, 24 octobre 1939.
119. Hertel La Roque, *Camillien Houde*, Montréal, Éd. de l'Homme, 1961, p. 93.
120. Dans C. P. Stacey, *La vie doublement secrète de Mackenzie King* (Montréal, Tisseyre, 1979, 287 p.), on apprend que King consultait ainsi souvent sa mère décédée et ses chiens. De tous les premiers ministres du Canada, c'est King qui a «régné» le plus longtemps: vingt-trois ans. Quant à ses conseillers canins, Pat I décédait en 1941, âgé de dix-sept ans. Pat II, appelé «The Little King», mourait du cancer en 1947. Enfin, Pat III lui survécut. Mais de façon patente, Pat I fut des trois Pat le plus épatant des patauds.
121. *Montreal Gazette*, 26 octobre 1939.

Bibliographie sélective

Annuaire statistique, Québec 1940, Imprimeur de Sa Très Excellente Majesté le Roi, 1941, 444 p.

BLACK, Conrad, *Duplessis — L'ascension*, Montréal, Éd. de l'Homme, 1977, 487 p.

DUMONT, Fernand et coll., *Idéologies au Canada français, 1930-1939*, Québec, PUL, 1978, 361 p.

GROULX, Chanoine Lionel, *Mes mémoires*, Montréal, Fides, 1972, vol. III, 412 p.

LA ROQUE, Hertel, *Camillien Houde*, Montréal, Éd. de l'Homme, 1961, 159 p.

LAURENDEAU, André, *La crise de la conscription*, Montréal, Éd. du Jour, 1962, 158 p.

RUMILLY, Robert, *Histoire de la province de Québec*, Montréal, Fides, 1966-1968, vol. XXXV-XXXVIII.

Index*

---

* Index réalisé par François Bouchard (exclut «Province de Québec» et «Canada»).

Table

Cet ouvrage composé en Times corps 11
a été achevé d'imprimer
le premier avril mil neuf cent quatre-vingt-quatorze
sur les presses de l'Imprimerie Gagné
à Louiseville
pour le compte des
Éditions de l'Hexagone.

Imprimé au Québec (Canada)